福州大学 21 世纪海上丝绸之路核心区建设研究院研究成果
海上丝绸之路与中国海洋强国战略丛书

2015 年主题出版重点出版物

S D R

海上丝绸之路与中国海洋强国战略丛书

总主编／苏文菁

人民币区域化法律问题研究

——基于海上丝绸之路建设的背景

丁国民 陶菁 著

社会科学文献出版社
SOCIAL SCIENCES ACADEMIC PRESS (CHINA)

"海上丝绸之路与中国海洋强国战略丛书"总序

中国是欧亚大陆上的重要国家,也是向太平洋开放的海洋大国。长期以来,中国以灿烂的内陆农耕文化对世界文明产生了巨大的影响。近百年来,由于崛起于海洋的欧洲文明对世界秩序的强烈影响,来自黑格尔的"中国没有海洋文明""中国与海不发生关系"的论调在学术界应者甚众。这种来自西方权威的论断加上历史上农耕文化的强大,聚焦"中原"而忽略"沿海"已是中国学术界的常态。在教育体系与学科建设领域,更是形成了一个"中""外"壁垒森严、"中国"在世界之外的封闭体系。十八大提出了包括建设海洋强国在内的中华民族全面复兴的宏伟目标。2013年以来,习总书记提出以建设"一带一路"作为实现该宏伟目标的现阶段任务的重要战略构想。国家战略的转移需要新的理论、新的知识体系与新的话语体系,对于农业文明高度发达的中国而言,建设富有中国气质的、与海洋强国相适应的新知识体系、新话语体系、新理论更是刻不容缓。

从地球的角度看,海洋占据了其表面的约70.8%,而陆地面积占比不到30%,陆域成了被海洋分割、包围的岛屿。从人类发展的角度看,突破海洋对陆域的分割、探索海洋那一边的世界、把生产生活活动延伸至海洋,是人类亘古不变的追求。而人类对海洋的探索主要经历了四个不同的阶段。

第一阶段是远古至公元8世纪，滨海族群主要在近海区域活动。受生产力，特别是造船能力的影响，滨海人民只能进行小范围的梯度航行，进行近海的捕捞活动。除了无潮汐与季风的地中海之外，其他滨海区域的人民尚无法进行远程的跨文化交换与贸易。目前的知识体系还不足以让我们准确了解该阶段的发展状况，但我们仍然可以从各学科的发现与研究中大致确定海洋文化较为发达的区域，它们是环中国海区域、环印度洋区域、环北冰洋区域，当然也包括环地中海区域。在这一阶段，滨海区域开始出现与其地理环境相应的航海工具与技术，这是各地滨海族群为即将到来的大规模航海储备力量的阶段。

第二阶段是8世纪至15世纪，滨海族群逐渐拓展自己的海洋活动空间。随着技术的不断发展，他们由近海走向远洋，串联起数个"海"而进入"洋"。海上交通由断断续续的"点"连接成为区域性、规模化的"路"。环中国海的"点"逐渐向西扩展，与印度洋进行连接；印度洋西部阿拉伯海区域的"点"向地中海及其周边水域渗透。由此，海上丝绸之路"水陆兼程"地与地中海地区连接在一起，形成了跨越中国海、南洋、印度洋、红海、地中海的贸易与交通的海洋通道。从中国的历史看，该阶段的起点就是唐代中叶，其中，市舶司的设立是中国政府开始对海洋贸易实施管理的代表性事件。这一阶段，是中国人与阿拉伯人共同主导亚洲海洋的时代，中国的瓷器、丝绸以及南洋的各种物产是主要的贸易产品。

第三阶段是15世纪至19世纪中叶，东西方的海洋族群在太平洋上实现了汇合。这是海上丝绸之路由欧亚板块边缘海域向全球绝大部分海域拓展的时代。在这一阶段，欧洲的海洋族群积极开拓新航线，葡萄牙人沿非洲大陆南下，绕过好望角进入印度洋；西班牙人向西跨越大西洋，踏上美洲大陆。葡萄牙人过印度洋，据马六甲城，进入季风地带，融入亚洲海洋的核心区域；西班牙人以美洲的黄金白银为后发优势，从太平洋东岸跨海而来，占据东亚海域重要的交通与贸易"点"——吕宋。"大航海"初期，葡萄牙、西班牙的海商是第一波赶赴亚洲海洋最为繁忙的贸易圈的欧洲人，紧接着是荷兰人、英国人、法国人。环中国海以及东南亚海域成为海洋贸易与交通最重要的地区。但遗憾的是，中国海洋族群的海洋活动正受到内在制度的限制。

第四阶段是19世纪下半叶至当代，欧洲的工业革命使得人类不再只能依靠自然的力量航海；人类依靠木质帆船和自然力航海的海洋活动也即将走到尽头；中国的海洋族群逐渐走向没落。"鸦片战争"之后，中国海关系统被英国等控制，世界上以东方物产为主要贸易物品的历史终结了，包括中国在内的广大东方区域沦为欧洲工业品的消费市场。

由上述分析，我们能够充分感受到海上丝绸之路的全球属性。在逾千年的历史过程中，海上丝绸之路唯一不变的就是"变化"：航线与滨海区域港口城市在变化；交换的物产在变化；人民及政府对海洋贸易的态度在变化……但是，由海上丝绸之路带来的物产交换与文化交融的大趋势从未改变。因此，对于不同的区域、不同的时间、不同的族群而言，海上丝绸之路的故事是不同的。对于非西方国家而言，对海上丝绸之路进行研究，特别是梳理前工业时代东方文明的影响力，是一种回击欧洲文明优越论的文化策略。从中国的历史发展来看，传统海上丝绸之路是以农耕时代中国物产为中心的世界文化大交流，从其相关历史文化中可汲取支撑我们继续前行的力量。

福州大学"21世纪海上丝绸之路核心区建设研究院"在多年研究中国海洋文化的基础上，依托中国著名的出版机构——社会科学文献出版社，策划设计了本丛书。本丛书在全球化的视野下，通过挖掘本民族海洋文化基因，探索中国与海上丝绸之路沿线国家历史、经济、文化的关联，建设具有中国气质的海洋文化理论知识体系。丛书第一批于2015年获批为"2015年主题出版重点出版物"。

丛书第一批共十三本，研究从四个方面展开。

第一，以三本专著从人类新文化、新知识的角度，对海洋金融网、海底沉船进行研究，全景式地展现了人类的海洋文化发展。《海洋与人类文明的生产》从全球的角度理解人类从陆域进入海域之后的文明变化。《海洋移民、贸易与金融网络——以侨批业为中心》以2013年入选世界记忆遗产的侨批档案为中心，对中国海洋族群在海洋移民、贸易中形成的国际金融网络进行分析。如果说侨批是由跨海成功的海洋族群编织起来的"货币"与"情感"的网络的话，那么，人类在海洋上"未完成"的航行也同样留下了证物，《沉船、瓷器与海上丝绸之路》为我们整理出一条"水下"的海上丝绸之路。

第二，早在欧洲人还被大西洋阻隔的时代，亚洲的海洋族群就编织起亚洲的"海洋网络"。由中国滨海区域向东海、南海延伸的海洋通道逐步形成。从中国沿海出发，有到琉球、日本、菲律宾、印度尼西亚、中南半岛、新加坡、环苏门答腊岛区域、新西兰等的航线。中国南海由此有了"亚洲地中海"之称，成为海上丝绸之路的核心区域，而我国东南沿海的海洋族群一直是这些海洋交通网络中贸易的主体。本丛书有五本专著从不同的方面讨论了"亚洲地中海"这一世界海洋贸易核心区的不同专题。《东海海域移民与汉文化的传播——以琉球闽人三十六姓为中心》以明清近六百年的"琉球闽人三十六姓"为研究对象，"三十六姓"及其后裔在向琉球人传播中国文化与生产技术的同时，也在逐渐地琉球化，最终完全融入琉球社会，从而实现了与琉球社会的互动与融合。《从龙牙门到新加坡：东西海洋文化交汇点》、《环苏门答腊岛的海洋贸易与华商网络》和《19世纪槟城华商五大姓的崛起与没落》三本著作从不同的时间与空间来讨论印度洋、太平洋交汇海域的移民、文化与贸易。《历史影像中的新西兰华人》（中英文对照）则以图文并茂的方式呈现更加丰厚的内涵，100余幅来自新西兰的新老照片，让我们在不同历史的瞬间串连起新西兰华侨华人长达175年的历史。

第三，以三部专著从海洋的角度"审视"中国。《海上看中国》以12个专题展现以海洋为视角的"陌生"中国。在人类文明发展的进程中，传统文化、外来文化与民间亚文化一直是必不可少的资源。就中国的海洋文化知识体系建设来说，这三种资源有着不同的意义。中国的传统文化历来就有重中原、轻边疆的特点，只在唐代中叶之后，才对东南沿海区域有了关注。然而，在此期间形成了海洋个性的东南沿海人民，在明朝的海禁政策下陷入茫然、挣扎以至于反抗之中；同时，欧洲人将海洋贸易推进到中国沿海区域，无疑强化了东南沿海区域的海洋个性。明清交替之际，清廷的海禁政策更为严苛；清末，中国东南沿海的人民汇流于17世纪以来的全球移民浪潮之中。由此可见，对明清保守的海洋政策的反思以及批判是我们继承传统的现实需求。而《朝贡贸易与仗剑经商：全球经济视角下的明清外贸政策》与《明清海盗（海商）的兴衰：基于全球经济发展的视角》就从两个不同的层面来审视传统中华主流文化中保守的海洋政策与民间海商阶层对此的应对，从中可以看出，当时国家海洋政策的失误及其造成的严重后果；此外，在对中西海商（海盗）进行对比的同时，为中国海商翻案，指出对待海商（海盗）的态度或许是中国走向衰落而被西方超越的原因。

第四，主要是战略与对策研究。我们知道，今天的国际法源于欧洲人对海洋的经略，那么，这种国际法就有了学理上的缺陷：其仅仅是解决欧洲人纷争的法规，只是欧洲区域的经验，并不具备国际化与全球化的资质。东方国家有权力在21世纪努力建设国际法新命题，而中国主权货币的区域化同理。《国际法新命题：基于21世纪海上丝绸之路建设的背景》与《人民币区域化法律问题研究——基于海上丝绸之路建设的背景》就对此展开了研究。

从全球的视野看，海上丝绸之路是人类在突破海洋的限制后，以海洋为通道进行物产的交流、思想的碰撞、文化的融合进而产生新的文明的重要平台。我们相信，围绕海上丝绸之路，世界不同文化背景的学者都有言说的兴趣。而对中国而言，传统海上丝绸之路是以农耕时代中国物产为中心的世界文化大交流，源于汉唐乃至先秦时期，繁荣于唐宋元时期，衰落于明清时期，并终结于 1840 年。今天，"21 世纪海上丝绸之路"建设是重返世界舞台中心的中国寻找话语权的努力，在相同的文化语境之中，不同的学科与专业都有融入海洋话语时代的责任。欢迎不同领域与学科的专家继续关注我们的讨论、加入我们的航船：齐心协力、各抒其才。海洋足够辽阔，容得下多元的话语。

苏文菁

2016 年 12 月

内容提要

海上丝绸之路建设在推进中国与沿线国家经贸往来的同时，也面临着不断增加的跨境货币流通问题，而人民币正式加入 SDR 货币篮子，则为此带来了新的机遇与风险。本书结合这一背景，分析比较了海上丝绸之路沿线国家货币政策与制度实践的经验，在此基础上深入探讨了 SDR 框架下人民币区域化存在的法律问题，并集中从法律制定、法律实施两大方面论述了相关法律制度的完善。

目 录

001／导　言

　　003／第一节　研究缘起
　　006／第二节　主要内容与方法
　　009／第三节　研究贡献与不足

011／第一章　**海上丝绸之路的机遇：人民币加入 SDR 货币篮子的背景概述**

　　013／第一节　SDR 的制度意义
　　036／第二节　SDR 与人民币区域化的逻辑关系
　　055／第三节　SDR 货币国际化制度对人民币
　　　　　　　　区域化的启示
　　071／第四节　海上丝绸之路沿线地区人民币区域化的
　　　　　　　　必要性及可行性

097／第二章　**海上丝绸之路的经验：中国货币区域化的历史进程**

　　099／第一节　海上丝绸之路货币史概述
　　106／第二节　中国古代货币区域化的历史
　　142／第三节　中国近代货币区域化的历史

157 / 第三章　**海上丝绸之路的实践：人民币区域化的法律制度构成**

　　159 / 第一节　SDR框架下的国际货币法律制度

　　176 / 第二节　SDR框架下海上丝绸之路沿线地区的货币法律制度

　　197 / 第三节　SDR框架下的国内货币法律制度

229 / 第四章　**海上丝绸之路的困局：SDR框架下人民币区域化的法律障碍**

　　231 / 第一节　人民币区域化的制度风险

　　237 / 第二节　人民币区域化法律规范的制度缺失

　　254 / 第三节　人民币区域化法律规范的效力冲突

289 / 第五章　**海上丝绸之路的出路：SDR框架下人民币区域化法律制度的探索**

　　291 / 第一节　海上丝绸之路沿线地区人民币区域化的立法完善

　　303 / 第二节　海上丝绸之路沿线地区人民币区域化法律实施机制的建构

314 / 参考文献

324 / 索　引

328 / 后　记

导　言

第一节　研究缘起
第二节　主要内容与方法
第三节　研究贡献与不足

第一节　研究缘起

一　问题提出

自有人类经济活动以来，货币便以一般等价物的身份在市场交易中活跃着。世界金融与贸易体系的深化，促使货币在现代社会中的作用不断升华，其不仅成为国民经济发展的基础与根本要素，而且间接影响着一国的政治前途与社会生活发展水平。曾有学者指出，"货币是一个制高点"，货币发行权的掌控，直接关系利益的垄断、资源的掠夺，乃至对未来世界政治、经济、文化等方面一切事物的控制。[①]

"一带一路"建设是中国推进区域经济一体化进程的重大战略构想，它在传承古代"丝绸之路"文明的同时，顺应了当前世界的发展形势，对增强沿线国家或地区经贸往来与促进其共同繁荣发展具有重要意义。随着"一带一路"战略的实施，相邻区域双边、多边经济往来、文化旅游将更加频繁与深入，客观上对区域货币合作提出了更高的要求。人民币在加入SDR货币篮子后，将在周边国家货币计价、结算、支付等方面发挥更加重要的作用。中国的崛起与中国经济的飞速发展必然促使人民币在国际货币金融体系中的地位发生变化，进而对既有利益格局提出新的挑战。因此，人民币区域化进程的推

[①] 涂永前：《人民币国际化的法律路径及法治建设》，《政法论丛》2015年第5期。

进，以及人民币国际地位的提升，是"一带一路"战略实施中无法忽视的基本问题。

随着中国综合国力的不断加强，"一带一路"战略、"特别提款权（SDR）"、"人民币国际化"无疑将成为21世纪上半叶国际社会政治、经济发展中备受瞩目的几个关键词汇。三者的交互作用，为国内外理论及实践研究提供了更加丰富的议题，与此同时也带来了更多可控性之外的风险。在国际社会法制化的大背景下，法律风险便是其中之一。如何在"一带一路"战略中，把握好人民币加入SDR货币篮子后的区域化发展走向，应对其制度障碍与法律风险，是当前研究需要积极应对的重点课题。

二　研究意义

现阶段，我国"一带一路"战略正在不断推进，而货币金融理论研究，以及区域货币合作法律制度设计，已不能满足高速发展的区域经贸往来的需求。在实践已经为理论准备了丰富的检验条件、对既有制度提出了种种挑战之际，对海上丝绸之路沿线国家或地区人民币区域化问题的研究便显得尤为必要。

在理论意义层面，首先，本书的研究可以在一定程度上充实我国货币金融理论研究体系，适当弥补目前我国专门针对21世纪海上丝绸之路沿线国家或地区人民币区域化的理论研究的不足之处；其次，本书对人民币"入篮"、区域货币合作，以及21世纪海上丝绸之路几个理论热点进行了整合研究，更加突出了研究的问题指向性以及对理论重点的关注；再次，本书对海上丝绸之路沿线国家或地区人民币区域化法律障碍与制度出路的探索，有助于拓展和加大国际货币金融法的研究范围与深度，为相关战略政策的实施奠定理论基础。

本书在实践层面的意义主要体现在以下几方面。其一，对人民币区域化现行法律规范的梳理，有助于发现立法实践中存在的问题，从而为我国立法规划或法律法规修订提供参考。其二，对21世纪海上丝绸之路沿线国家或地区货币制度的比较研究，有利于促进我国在立法、司法、执法过程中与国际制度接轨，并有可能在一定程度上，为周边国家或地区货币制度建设起到示范作用。其三，系统的人民币区域化法律制度研究，亦可以作为沿线国家或地区间具体金融案件的解决及当事人权益保护的参考依据。其四，通过对海上丝绸之路沿线国家或地区人民币区域化现存问题的研究及其制度进路的探索，可以引导货币体系的规范化运行，促进沿线国家或地区经济的互利共赢，推进人民币区域化的深入发展。

第二节 主要内容与方法

一 主要内容

海上丝绸之路建设在加强中国与沿线国家或地区经贸往来的同时,也面临着不断增加的跨境货币流通问题,而人民币正式加入 SDR 货币篮子,则为此带来了新的机遇与风险。本书结合这一背景,分析比较海上丝绸之路沿线国家或地区货币政策与制度实践的经验,在此基础上深入探讨 SDR 框架下人民币区域化存在的法律问题,并从法律制定、法律实施两大方面集中论述相关法律制度的完善。

导言部分旨在展示研究的基本情况。首先,介绍本书研究的选题依据及意义;其次,阐述本书研究的主要内容与方法;再次,概括研究的贡献及尚存在的不足之处。

第一章为"海上丝绸之路的机遇:人民币加入 SDR 货币篮子的背景概述"。结合当前人民币加入 SDR 货币篮子的背景及海上丝绸之路建设的契机,分析加入 SDR 货币篮子对人民币区域化的影响。首先,简要介绍 SDR 机制;其次,研究人民币加入 SDR 货币篮子的法律背景及法律意义;最后,通过比较已有 SDR 货币国际化制度对人民币区域化的启示,分析加入 SDR 货币篮子对人民币区域化的影响。

第二章为"海上丝绸之路的经验:中国货币区域化的历史进程"。首先,回顾海上丝绸之路的地理范围及其沿线国家或地区之间经贸往来的史料;其次,在此基础上,按照历史时间顺序分别介绍海上丝绸之路沿线地区先秦时期的货币交流历史、汉唐宋元时期的货币区域化发展历史、明清时期的海禁政策与货币区域化历史、民国及新中国的货币区域化历史。

第三章为"海上丝绸之路的实践：人民币区域化的法律制度构成"。通过对SDR框架下国际货币法律制度、海上丝绸之路沿线区域货币法律制度，以及国内货币金融法律制度的归纳梳理，对当前人民币区域化的法律制度现状进行实证分析。

第四章为"海上丝绸之路的困局：SDR框架下人民币区域化的法律障碍"。人民币加入SDR货币篮子，在法律制度领域给我国带来了新的挑战。通过对境外投资风险中典型事例的分析，重点揭示现行人民币区域化进程中存在的法律规范缺失、法律规范效力冲突等制度性障碍。

第五章为"海上丝绸之路的出路：SDR框架下人民币区域化法律制度的探索"。主要从法律运行的整体框架出发，分别从法律制定与法律实施两个方面论述SDR框架下人民币区域化法律制度的完善。

二 研究方法

人民币区域化法律问题的研究横跨法学与经济学两大学科，同时又涉及国际关系学、历史学、社会学等领域，属于多学科交叉性研究，因此，本书在研究方法上也需要适当兼顾不同学科的方法。本书的研究方法将以法学规范研究方法和法律经济分析方法为主，并辅之以其他相关研究方法。

法学中的规范研究方法不同于经济学中的规范分析，其着眼点在于客观的法律规范自身，严格以法律文本为对象展开。[1] 本书中对海上丝绸之路沿线国家或地区人民币区域化现行法律规范的归纳梳理，以及对其制度漏洞和完善进路的研究均基于此方法。

---

[1] 具体方法可参见朱景文主编《法理学》，中国人民大学出版社，2008，第17~18页。

法律经济分析方法，在本书中可等同于法经济学的研究方法，简单而言即是一种运用经济学理论、模型等对法律制度进行分析的方法。① 目前，国内经济学领域的人民币区域化问题研究已成果颇丰，但将该问题引入法学领域的研究文献仍较为少见，其中一部分原因或可被归结于受不同学科研究方法的局限。因此，本书在对人民币区域化的铸币税、资源转移效应、交易成本效应等问题的分析中，尝试借鉴经济学，尤其是微观经济学的方法进行跨学科研究。

此外，本书还将综合运用历史文献分析法、比较研究法、案例分析法，以及法社会学的调查、问卷、访谈等多种研究方法。

---

① 更为复杂的内容可参见〔美〕波斯纳《法律的经济分析》，蒋兆康译，中国大百科全书出版社，1997。

第三节　研究贡献与不足

本书的研究特色在于呼应了当前人民币加入 SDR 货币篮子的时代背景，从海上丝绸之路建设的视角出发，研究人民币区域化进程中的法律问题。其创新性主要体现在以下方面。

其一，研究视角方面。当前对人民币区域化问题的关注大多集中在中国－东盟区域、丝绸之路经济带沿线等地，而专门针对海上丝绸之路沿线国家或地区人民币区域化问题的研究仍较为有限。因此，本书研究视角的选取具有一定的新颖性。

其二，研究内容方面，注重理论对现实的指导意义。本书以传统海上丝绸之路沿线国家或地区货币区域化历史，以及 21 世纪海上丝绸之路战略理论为基础，同时注重理论对现实的指导意义。本书较强的现实指向性在于，旨在深入探索在人民币加入 SDR 货币篮子后，其区域化实践操作中可能面临的法律障碍与风险，进而提出相关制度的完善思路。

其三，研究方法方面，综合运用法学规范研究方法与法律经济分析方法进行跨学科研究。人民币区域化与经济密切相关，同时在实践中也存在着诸多法律规范性问题，因而需要在传统研究方法的基础上进行一定的创新，以增强人民币区域化战略的合法性、合理性、实效性、可操作性。

此外，由于理论水平等多方面因素所限，本书的研究尚存在诸多方面的不足。在跨学科研究中，在涉及经济学、国际关系学、历史学等学科知识时，明显感到单纯以法学思维进行解读是不够专业的，而个别研究方法的综合与借鉴，仍远远无法解决研究思维方式受限的问题。而针对遭遇的部分实践性问题，由于缺乏跨国、跨部门调研的客观条件，本书的研究在很大程度上仍停留在政策法规的文本分析与人民币区域化的理论预测层面，寄希望于未来的研究可以更加深入透彻地实现实践检验。

第 一 章

海上丝绸之路的机遇：人民币加入 SDR 货币篮子的背景概述

第一节 SDR 的制度意义
第二节 SDR 与人民币区域化的逻辑关系
第三节 SDR 货币国际化制度对人民币区域化的启示
第四节 海上丝绸之路沿线地区人民币区域化的
　　　 必要性及可行性

第一节　SDR 的制度意义

一　SDR 机制概述

(一) 基本概念

SDR 的全称为 Special Drawing Right，即"特别提款权"，别名为"纸黄金"。[①] SDR 是国际货币基金组织（IMF）在"二战"之后，为修复被战争破坏的国际货币体系并保证国际货币体系在"二战"后能够在一定范围内保持稳定有序的发展，而于 1969 年创设的一种储备资产及记账单位。它是 IMF 创设的，用于弥补原有普通提款权的固有缺陷，因此被官方定义为"特别提款权"。"特别提款权"是在布雷顿森林体系的理论指导下衍生而出的特有概念，其存在目的是为了给予全球各项金融制度的正常运作一道安全屏障。与此同时，IMF 和世界银行（WB）出台了与 SDR 制度配套的规章制度，以将其用于维护固定汇率制度、推动世界经济持续发展。

在 SDR 创设之初，其本身价值由不同国家、地区的共计 16 种货币共同决定。经过多年的实践变化，逐渐演化为基于 4 种货币（它们构成所谓的"货币篮子"）以不同的固定比例按加权方式计算特别提款权的单位价值，这 4 种货币分别为美元、欧元、日元和英镑。2015 年 12 月 1 日，IMF 对外公布官方文件，正式将人民币

[①] 张健：《特别提款权》，《国际贸易》1983 年第 3 期。

纳入 SDR 货币篮子，并指出该文件将于 2016 年 10 月 1 日正式产生法律效力。人民币于该日起可在世界范围内用于 SDR 的交易结算，地位等同之前的美元等 4 种货币，可实现无障碍流通。

SDR 是在成员国之间自由流通的特殊货币。[①] 在成员国经济出现困境之际，或者发生国际收支逆差的情况下，IMF 为了维护国际货币体系的稳定性，使其不受不良影响，会以发放一定 SDR 的形式向有需要的成员国提供短期贷款及相应的技术支持。但与美元等货币不同的是，IMF 所提供的 SDR 只是一种记账单位，并不是真正意义上的可用于支付的货币，不可直接在贸易中使用或用于支付相应款项。因此在使用 SDR 时首先要经过的流程便是将其兑换成可实际流通、自由兑换的货币。因此，遇有经济瓶颈的成员国可以将 SDR 用于向其他成员国换取相对应的外汇，并将所换取的外汇用于偿还国际收支逆差或支付国际贷款，最终实现经济难题在一定程度上的缓解。

SDR 是一种新形式的国际储备。布雷顿森林体系以黄金与美元的紧密联系为核心，通过美元与其他币种的交换规则间接使黄金与其他币种产生关联，最终在世界货币范围内稳定汇率，并使之逐步趋于固定不变。但是，"二战"之后，全球经济迅猛增长，随之而来的变化便是美元的供应量在世界范围内大幅度增长。美元源源不断地向国外输出，导致美国的收支逆差大大超出预估上限，美元的内在价值也紧接着降低，从而使美元与其他国家、地区货币的比价在保持多年稳定不变之后也因此受到影响，其稳定性被打破。自此，美元作为布雷顿森林体系的基础受到动摇，整个体系不断遭到各界质疑。因此，IMF 为了缓解美元已产生的不稳定性风险，创设 SDR，使之作为新形式的国际储备在一定范围内代替美元。

---

① 马之騆：《国际货币基金组织的性质和作用》，《世界经济》1980 年第 7 期。

（二）主要特点

①SDR 的权利指向为成员国自身储备资产。[①] IMF 给参与特别提款权部的每个成员国提供一个 SDR 账户，每个成员国在该账户内储存一定的资产，资产的货币形式以"货币篮子"中的币种为准。成员国对该类账户内的资产的权利即为 SDR。通常来说，成员国在组织内的一般资源账户下对标的所享有的权益为借贷性质的提款权，针对的标的为种类物，然而，SDR 的标的因所属成员国的不同而在性质上属特有物，这是该权利的一大亮点。另外，IMF 对 SDR 使用限制的规定格外简略，依据《国际货币基金协定》可知，成员国在使用 SDR 时，必须且只要求是出于国际支付的目的，其他条件在该协定中不能被寻得一丝踪迹。IMF 不仅对 SDR 的使用所设的限制少，而且还对其使用附加了其他优惠条件。第一，成员国使用该权利时所获得的提款不要求偿还给 IMF。第二，成员国储存在该类账户内的自由资产有权按照 IMF 关于 SDR 存款利率[②]的计算方法获得相应的利润收入。

②SDR 是受集体监管的国际储备资产。SDR 是 IMF 在全面、综合地分析了各成员国的不同清偿能力之后，依据具体需求情况而发行的。并且各 SDR 账户内的资产并不受拥有账户的成员国所监管，在成员国存入资产后，资产由特别提款权部内的所有成员国集体监管。因此在属性上，SDR 是一种国际储备资产。关于 SDR 的分配，《国际货币基金协定》规定以成员国在组织内的一

[①] 陈坚：《特别提款权——国际货币基金组织创设的储备资产工具》，《国际金融研究》1989 年第 6 期。

[②] 在 SDR 制度创立之初，IMF 为 SDR 设立的利率并不高，甚至比不上同期世界资本市场的平均利率。根据 IMF 公布的官方文件可知，1970 年 SDR 的利率仅为 1.5%，直至 4 年后的 1974 年 6 月，IMF 方才修改相关文件将 SDR 利率水平提高到 5%。随着经济的发展、国际形势的变化，SDR 的利率计算方法大致演化为一个固定公式，即取美、德、日、英、法共计 5 个国家的金融市场短期利率的加权平均值。但众所周知，短期利率波动较大，不能保持动态稳定，因此，该计算公式每个季度都须进行一次更新调整。（参见映如《国际货币基金组织》，《中国金融》1980 年第 6 期）

般资源账户下的配额为基础，同时兼顾发展中国家的经济发展需求，采取按比例而有区别的分配方式。并且，任一分配或撤销某一国家 SDR 的决议都必须获得特别提款权部成员国 85% 及以上的加权赞成票。《国际货币基金协定》赋予了每一成员国完全的投票自由权，首先，成员国可以在 SDR 相关投票会议上无阻碍地投上反对票；其次，在得知参与投票会议的通知时，有权利同意或拒绝参加该次会议。

同时，IMF 在《国际货币基金协定》中规定，SDR 的发行必须充分评估、分析国际经济贸易在不同阶段的发展状况对国际储备资产的不同需求程度，并且不可频繁开展，而要将其周期控制在至少数年以上。SDR 发行的最终目的是为了解决国际经济发展过程中出现的不良波动，维护整体国际储备的良性发展。但是，在发行规定方面，发展中国家意见颇多。第一，它们认为 IMF 在 SDR 的发行条件上设置得过于严苛，与当前各国对国际储备的要求不断增长的现状格格不入。第二，它们提出 SDR 作为国际储备资产的一种，同其他储备资产相比，分量过轻，不能充分发挥缓解经济问题的作用。第三，IMF 在《国际货币基金协定》中对 SDR 分配原则的规定并未充分考量发展中国家的现实状况，未重视发展中国家的经济发展需求。

③SDR 是一种补充性国际储备工具。SDR 是在布雷顿森林体系解体之后才被 IMF 创设出来的，其存在目的是使国际储备方式多元化，用以弥补 IMF 原有储备手段单一的固有缺陷。IMF 赋予其两种基本作用：第一，作为成员国之间、成员国与 IMF 之间的国际支付工具，SDR 可以很好地解决不同币种之间汇率不稳定的问题，在国际支付中作为货币定值单位；第二，各成员国可以将 SDR 兑换为所需的外汇，流程简单、计算方便。SDR 是一种超主权储备货币，可以在各成员国之间自由兑换为国际储备货币。

（三）主要用途

①SDR 可帮助 IMF 成员国解决国际收支逆差问题。[①] 特别提款权部各成员国在往各自 SDR 账户内储存一定数量的货币资产，并根据分配规则取得与所存货币相对应的 SDR 后，即可将其转化为本国的国际储备资产之一，该资产在所有国发生国际收支逆差时可被用于解决经济问题。SDR 的使用须经由 IMF 按照《国际货币基金协定》事先规定好的程序进行。需要 SDR 的成员国必须提供 IMF 规定的"货币篮子"内的货币同 IMF 进行交换，方可获得对应数量的 SDR，而 SDR 货币篮子内的货币正是前文所提到的美元、欧元、日元和英镑。需要注意的是，人民币已获得 IMF 的正式承认，并于 2016 年 10 月 1 日正式成为 SDR 货币篮子的一员。

②SDR 可被用于向 IMF 和其他成员国偿付贷款和支付利息费用。国际经贸往来日益频繁，多方合作趋势日益增加。在涉及不同国家、地区的货币结算中，如果像往常那般经过繁复的汇率折算，冗杂的结算过程无疑会给经济发展造成一定障碍，不利于经济更好更快的发展。但是 SDR 可以很好地解决该弊端，它作为准国际货币可不需经过汇率折算，可直接被用于向 IMF 和其成员国偿付所借贷款；同理，借款方也可以用 SDR 支付借款的利息费用。

③SDR 在成员国之间经双方同意可用于多项金融业务。成员国之间的经济贸易往来越来越多，合作领域越来越宽泛，经济联系越来越密切，因此在金融业务上的结算也日益依赖 SDR 这一简易方式。只要双方同意，SDR 可被直接用于出借和偿付贷款，甚至赠与，在外汇业务和出口信贷担保等各项金融业务上也可以直接使用 SDR 进行结算。

（四）定值规则

按照《国际货币基金协定》的规定，SDR 的价值由"货币篮

[①] 叶彩文：《特别提款权的由来及展望》，《国际贸易问题》1984 年第 5 期。

子"内的各币种共同决定。① 由于世界经济格局随着时间的推移变化较大，不同种类的货币在世界经济发展中的影响亦随之不断发生变化。因而，IMF 每隔 5 年会对 SDR 货币篮子内的各个币种展开一次复审，复审内容主要是 SDR 货币篮子内的币种在当下的国家贸易中是否依然频繁被使用，是否依然在交易中占据重要地位，是否在世界各个币种中具有代表性。并且，IMF 会通过计算各币种在国际贸易中所占的权重来分析该货币在国际贸易和金融体系中是否占据核心地位，进而估算该货币在整个货币体系的大致排名。

2000 年 10 月 11 日，IMF 有关部门专门组织专业人员开始针对 SDR 的定值规则展开调研，根据当时的经济格局分析该定值规则的可行性及科学性。调研结果表明，当时的 SDR 定值规则与当时的世界货币发展状况存在严重脱轨现象，并且存在 SDR 利率过低的问题。在对 SDR 定值规则的复审结束之后，结果报告被上交给 IMF 执行董事会审查，执行董事会通过组织会议进行深入讨论，最后通过对 SDR 定值规则进行修改的方法，同时针对 SDR 的利率做出了与世界经济发展相协调的确定方法。上述决议内容已于 2001 年 1 月 1 日正式生效。

IMF 通过会议讨论决定，首先，SDR 货币篮子内币种的选择方法应顺应世界经济格局的变化优先选用在世界经贸中占据重要地位的币种；其次，要结合各币种的发展状况对 SDR 货币篮子内现有币种的占有权重做出相应的修改，避免产生不可协调的矛盾。其实，IMF 的这些先行条件的准备是为了迎接欧元加入 SDR 货币篮子而做的铺垫工作。IMF 选择欧元加入 SDR 货币篮子的首要原因在于，当时欧盟已经发展到相对成熟的程度，欧元在欧盟内部成员国内的推行已日渐稳定。欧元的使用范围逐步扩大，在世界经济贸易中取代了多数币种，发展为重要货币。欧元在国际金融市场中的地

---

① 桂詠评：《试论特别提款权定值的缺陷》，《中国经贸》2009 年第 8 期。

位显而易见，IMF 让欧元加入 SDR 货币篮子理所当然。

IMF 引入 SDR 货币篮子内货币的标准如下。第一，考虑的第一要素是商品和劳务出口额。国际经济贸易中最活跃的领域就是出口，出口促进商品和劳务在世界范围内不断保持流动，推动经济不断发展。IMF 会综合评估商品和劳务出口额，进而将其作为判断成员国货币出口额的重要依据。但是成员国之间有另外的货币联盟存在的，必须排除该联盟之间的成员国互相的出口额。第二，所引入的货币必须是在世界经贸中使用得最广泛的。入选 SDR 货币篮子的币种数量有限，因此必须选择在世界经济贸易往来中最为广泛使用的，将那些影响平平的货币毅然摒弃在外。进一步讲，IMF 必须将搜索范围锁定在最普遍使用、流通范围最大的货币上。换言之，在国际交易结算、外汇市场交易上，使用率最高的几种币种往往是最有可能加入 SDR 货币篮子的。

IMF 对 SDR 货币篮子内的各货币的占有权重的分配主要参考两个要素。其一，成员国或者成员国共同参与的货币联盟的商品及劳务出口额。如同上文提到的 SDR 货币篮子的币种选择，出口额是衡量一类货币在世界货币体系中的地位的重要标准。因此，入选 SDR 货币篮子的货币的占有权重当然要同该货币在世界货币体系中的地位相适应，这样的权重分配才是科学的、公平的，才能保证各货币的占有权重在一定程度上保持平衡。其二，SDR 货币篮子中的货币被 IMF 中非货币所属国的其他成员国所接受使用的总量。虽然 SDR 货币篮子内货币在世界货币体系中被广泛使用，但是也要考量该货币在 IMF 内的接受程度，体现成员国对 SDR 货币篮子内货币的公平、自愿的接受程度，判断该货币在 IMF 内的使用分布状况。

基于上述 SDR 货币篮子内货币的选入及权重份额规则，IMF 在世界范围内对各货币展开了分析研究，最后确定 4 种货币入选 SDR 货币篮子，分别为美元、欧元、日元及英镑。并于 2000 年针对 SDR 定值规则的复审结束后，在之后的 5 个年度（2001~2005 年）

周期内将它们作为 SDR 权重考量的"篮子货币"。这 4 种货币在 SDR 货币篮子中所占的具体比重是 IMF 综合分析各货币在国际经济贸易中的地位以及在国际货币体系中的分量而确定的。在给定 SDR 货币篮子内各币种权重的情况下，可对 SDR 进行定值。以 SDR 的美元价值为例，IMF 首先参照伦敦外汇市场每日中午对外公开的外汇牌价确定欧元、日元和英镑与美元之间的汇率，其次在此基础上将单位 SDR 中的欧元、日元和英镑折算成美元，最后结合这 4 种货币在 SDR 货币篮子中的权重求解最终的美元值，该美元值即单位 SDR 的美元价值。SDR 的定值结果由 IMF 通过其官方网站对外公布。

IMF 对 SDR 进行定值的主要目的是确定 SDR 的单位价值，但这并不意味着 IMF 赋予了 SDR 可直接用于流通使用的功能。需要注意的是，确定 SDR 的价值是为了方便在账目上支付、结算，弥补 IMF 内部不同成员国的数量众多的币种之间的汇率结算造成的繁杂程序的弊端。SDR 仅仅是一种账面资产，并不像有形货币那般可在现实交易中自由流通。

(五) 分配规定

《国际货币基金协定》对 SDR 的规定以自愿原则为基础，各国可以根据本国经济发展的实际需要，自愿决定是否将自有资产兑换成 SDR 货币篮子内的货币存入 SDR 专有账户。[①] IMF 按照《国际货币基金协定》规定的分配规则对成员国进行 SDR 的分配。成员国有自由选择的权利，可以根据实际情况随时向 IMF 申请设立本国专有 SDR 储存账户。即使在加入 IMF 特别提款权部后，各成员国也有权利向 IMF 提交书面报告正式提出退出特别提款权部，按照兑换规则将持有的 SDR 兑换成货币篮子中任一币种，并取得相应的利息。

IMF 还在《国际货币基金协定》中规定，SDR 的分配工作并不

---

① 张行：《关于特别提款权第三轮分配的新论章》，《世界经济文汇》1997 年第 5 期。

随机进行，而是稳定在五年一次的周期里。SDR在国际经贸中发挥着越来越重要的作用，各个成员国对它的需求量也日益增长。但如果没有一个专门的分配周期原则对其进行约束，SDR的使用势必会不受控制，导致滥用现象频发，那么SDR在经济发展中本应发挥的作用将大打折扣，甚至还有可能造成分配不均。

对此，第24届国际货币基金组织年会就SDR的分配周期通过一项决议，将SDR的分配周期确定为五年制，同时在自1970年起的第一个分配周期内，IMF计划向成员国发行累计93.148亿特别提款单位。分配标准以成员国在特别提款权部内所摊付的基金份额比例为基准，因此所摊付的基金份额越多的成员国就能够相应获得越大比例的SDR。在此次的SDR摊派工作中，以工业发展为经济重心的成员国累计获得69.97亿特别提款单位。工业在20世纪70年代属蓬勃发展型行业，众多经济发达国家不约而同地将工业作为本国第一发展领域。同时，工业也带动了各个国家整体经济的发展。故而，在此次SDR分配中，以工业为核心产业的成员国最终取得发行总量74.05%的特别提款单位，遥遥领先于其他成员国。其中，取得最多特别提款单位的国家为美国，美国以工业大国形象在IMF中独占一席，经济强国当之无愧，因此分配到共计22.94亿特别提款单位，占据总额的24.63%。

此种SDR分配方法一直为发展中国家所不满。该分配规定的本质就是以经济为基础，成员国的经济实力越雄厚，就能获得越多的SDR。SDR在世界经济贸易中所扮演的角色越来越重要，它带动拥有SDR的国家经济发展的效果也越来越显著。如果IMF依然坚持以成员国所持有的基金份额为SDR分配标准，最后那些发达国家的经济发展将如虎添翼，会以不可阻挡的势头迅猛增长；反观发展中国家，由于持有的基金份额少，分配到的SDR也相应偏少，这对于本身经济发展就滞后的发展中国家而言无异于雪上加霜。SDR这一有利资源几乎被发达国家所垄断，那么结果只会是发达国家与发展中国家的经济差距越来越大。此种以经济实力为基准的分配规定看似客观公正，但是在本质上对于发展中国家而言是非常不公平的。对此，发展中国家呼吁改变该项规定，以公平但有区别的分配方法为原则，兼顾发展中国家的经济发展需求，适当向发展中国家多分配一些份额，帮助发展中国家更快发展经济，缩小与发达国家的经济差距。

（六）分配程序

1. SDR 的一般分配

SDR 是成员国储存在 IMF 内的货币资产，作为国家的备用资金，是国家经济紧张时的救命稻草。SDR 作为一种账面资产，亦可在成员国资金紧缺时充当临时性资产，用于填补实际资金的空白，继续保障成员国储备资产的充足，但不可提现。换言之，当成员国计划发展长期性经济项目，但国家的现有资金不足以兼顾项目的运行和 SDR 的交换时，成员国为了获得共赢的利好局面，可向 IMF 提交书面申请，依据该国在组织里所缴付的基金份额比例按照《国际货币基金协定》的相关规定获得相应 SDR，用它直接代替可自由流通的资金在 IMF 中作为该成员国的资产储备，保证该成员国在发展长期性经济项目的同时也能够有充足的资产储备。

SDR 的分配周期自 1970 年开始被 IMF 正式规定为五年。《国际货币基金协定》规定每次 SDR 分配程序均须以总裁的提案为开端，总裁拥有提案权。[①] 提案须向执行董事会以书面形式正式提交，由执行董事会负责召集会内理事开会讨论，决定是否通过总裁提案，并做出最终的决议。执行董事会对决议的表决采取多数投票通过制，《国际货币基金协定》要求赞同票数至少达到总投票数的 85% 方可通过提案。

---

① 刘俊宇、于宝春、王星：《特别提款权的现状及发展趋势》，《国际金融研究》1997 年第 10 期。

2. SDR 的特别一次性分配

SDR 的一般分配流程在实践当中运用数年后逐渐暴露出潜在问题。依照该流程的制度设计，总裁独占提案权，此举主观性过强。一些成员国或多或少会被总裁忽略，该类国家对 SDR 的需求无法被总裁顾及，导致在历次 SDR 分配当中约有超过 20% 的成员国从未获得 SDR，这在实践当中造成不平等。因此，IMF 理事会于 1997 年 9 月发起倡议，提出设立 SDR 的特别一次性分配制度以弥补一般分配制度的固有缺陷。

SDR 的特别一次性分配制度使得所有成员国能获得真正意义上的地位平等，只有在保证地位平等的前提下，成员国参与 SDR 的分配才能最终获得各取所需的结果，大多数国家的经济发展需求才能得到满足。另外，IMF 现在实行的 SDR 一般分配流程是为了保证成员国有足够资金发展各自的长期性项目，并利用 SDR 作为该类成员国储备资产的补充。此项倡议是为了顾及未获得 SDR 的成员国的利益，它提出的特别一次性分配与一般分配的存在目的并不冲突，二者可以共同存在，共同决定 SDR 的分配。

依照《国际货币基金协定》的规定，IMF 理事会提出的倡议文案需要获得 3/5 成员国的投票方可获得通过，并且要求投票权比重达到 80% 及以上，只有通过后才能在 IMF 成员国内部产生法律效力。截至 2001 年 3 月 15 日，IMF 成员国共有 106 个明确表示接受该项倡议，赞成通过该建议修正案，然而获得的投票权比重仅为 71%，未达到法定比重，因此该项倡议未曾生效。

（七）发展历程

在世界货币体系的构建之初，推崇不同货币的各个货币集团在国际上暗中较劲，都希冀能够将自己所拥有的货币推上世界第一货币的领导者地位。哪个集团的货币获得第一货币地位，哪个货币拥有者便在某种程度上间接取得了世界经济命脉的控制权。

在各个货币理论的竞争中,最有影响力的便是布雷顿森林体系。[①]"二战"末期,为了挽救被战争破坏得支离破碎的世界经济以及抢占货币市场的资源,各个经济实力雄厚的国家纷纷推出以本国货币为核心的世界货币体系构建计划。其中以英、美两国为突出代表,英国为了使本国经济能够在"二战"后最快得到复苏并取得发展先机而推出了"凯恩斯计划";与此同时,美国为了抢占世界资源以及维持其经济大国的地位,推出了"怀特计划"。两大经济强国对世界货币体系的布局均以构建国际金融机构为出发点,希冀通过该机构达到稳定汇率的目的,最终实现世界经济的发展,当然这一切以保证自己国家充分得利为前提。最后,在两大经济强国的博弈当中,美国凭借拥有世界 3/4 黄金储备的压倒性优势取得最终胜利。"怀特计划"最后在布雷顿森林会议上获得支持,进而在学界上演化为"布雷顿森林体系"。

布雷顿森林体系是美国基于其丰富的黄金储量而提出的,因此该体系的本质是将美元与黄金紧密结合的金汇兑本位制,它巧妙地将美元置于世界各类货币的中心。然而随着时间的推移,到 20 世纪 60 年代初,以美元为中心的布雷顿森林体系逐渐暴露出重大弊端,美元危机在世界范围内大爆发。事实证明,一个国家的货币总归不能单独作为世界货币,它必须与其他货币相配合共同组成一个较为稳定的货币集体来发挥世界货币功能。若想国际货币体系在长期内平稳发展,并使之能够在一定程度内应付各种经济危机,那么绝不能让某一国家的货币在世界经济格局当中一枝独秀,国际货币体系必须吸收不同的币种,增加货币多样性,增强自身抵抗经济危机的综合能力。

在布雷顿森林体系的弊端暴露得越来越明显,且该体系逐渐解体的背景下,被其送上神坛的美元也逐渐丧失世界货币的统领地

---

① 詹姆斯·M.鲍顿:《布雷顿森林体系时的稳定能否重获》,《探索与争鸣》2014 年第 8 期。

位。尤其是20世纪60年代以后，国际上对建立完整且系统的国际货币体系的呼声越来越高，各个国家纷纷盘算着将本国的货币推向世界舞台，指望着瓜分世界经济这块大蛋糕。因此，在这一呼声中，建立正式的国际货币体系被提上IMF的会议日程。别的国家想挤进世界货币领域，已在世界货币体系内抢得一席之地的英、美两个国家也绞尽脑汁、想方设法地巩固自己的优势地位。在此次的世界货币体系构造过程中，英、美两国向IMF提议，在成员国范围内创设一种新型的储备货币，在不弃用美元、英镑以及黄金作为储备货币的前提下，增加一种储备货币，将其作为一种补充，以缓解黄金日益匮乏的局面。而这同时可以保障美元和英镑在货币体系当中继续占据优势地位。[①] 在当时的时代背景之下，各个国家对美元以及英镑的推崇已不再如同往日那般热忱，英、美两国为了挽救自己国家货币的地位，特提出建立新型储备货币的提案，这顺应了当时世界经济贸易格局的变化。

然而，英、美两国提出该提案的根本目的是为了继续控制世界货币的发展方向，但隐藏在这背后的政治意图为其他国家所无法接受，尤其是以法国为代表的西欧6个经济发达国家。它们也谋求在这一次世界货币体系构造中分得一杯羹，因此坚决反对依然将美元、英镑置于世界货币主要币种位置。法国等国家提出异议，指出在当时的经济发展背景下，布雷顿森林体系瓦解的根源便是美元独占世界货币统领地位，这导致美元不加控制的肆意乱用，造成美元泛滥的局面。因此，此次改革的核心便是不再将美元置于世界货币的核心，应公平发展其他国家的币种，以弥补美元通货过剩的现状。与此同时，美国应解决自己的燃眉之急，尽快将自己由美元持续贬值导致的不断加大的国际收支逆差消除。毕竟美国的经济发展与世界其他国家的经济有着密不可分的关系，如果美国依然将注意

---

① 巩玉军：《布雷顿森林体系对世界金融秩序的影响及中国对策研究》，硕士学位论文，青岛大学，2007。

力放在巩固美元的国际地位上,而忽视自身的经济危机迹象,那么最后的灾难将是巨大且广泛的。因此,法国等国家提出,坚决反对创设一种新型储备货币,需要做出调整的即是,不再将美元、英镑作为世界范围内通用的储备货币,而是将储备货币集中于黄金这一种类物上,希冀能够凭借黄金取代英、美两国货币在国际货币体系内的霸权地位。

在几个国家的不断僵持、博弈当中,1964年比利时也向IMF提出了本国的解决方案。比利时所提出的方案的基本立场是中立的,既不同意英、美的创设新型储备货币用以弥补储备货币不足的主张,又不同意法国等国家所主张的将储备货币集中于黄金上的提议。作为折中,比利时在其解决方案中提出,增加目前各国在IMF中所拥有的自动提款权。但该方案还是以维持美元、英镑的储备货币地位为前提,并没有将美元、英镑剔除出储备货币的领域,因而该提案还是略偏向于英、美两国的利益。最后经过各方面的综合考量,IMF中的"十国集团"采纳该方案作为过渡方案。

比利时的方案在被执行了四年之后也无法完全满足成员国的经济发展需求,因此"十国集团"正式向IMF提交SDR的创设方案,以图利用SDR弥补国际流通手段的不足,支撑越来越匮乏的黄金储备量。然而,该提案依然受到法国的强烈反对,它拒不支持通过该提案,因此SDR的议程也随之不了了之。但之后演化得越来越剧烈的美元危机深深影响了美国整体的经济发展,该危机给予美国史无前例的压力,迫使美国政府不得不对外公布美元不再与黄金自由兑换。自此,美元与黄金解除了数年的捆绑关系,美元也因此丧失了作为国际储备货币的资格。这又导致另一个货币危机的产生,当时只有美元有足够的实力充当国际储备货币,其他国家的货币都不具备作为储备货币的资格。因此,一旦美元退出国际储备货币的舞台,那么整个世界经济格局将被彻底洗牌。没有确定的国际储备货币作为连接纽带,世界各国的经济无法实现无障碍交流。基于此,IMF不得不增加国际储备货币或其他新形式的国际流通手段,用以应对因美元的退出而造成的世界经济迟滞发展的窘境。

IMF 为了迅速解决国际经济贸易被严重耽误而引发的一系列问题,在 1969 年的国际货币基金组织年会上,正式通过了 1968 年"十国集团"所提出的将 SDR 作为新型储备货币的提案。[①] 会议还决定将 SDR 的价值与黄金挂钩,规定 35 个特别提款单位等同于 1 盎司黄金的价值,本质上就是使 SDR 具有美元之前所拥有的储备货币地位。SDR 与美元的比价也因此被固定在一个相对稳定的数值范围内。随着世界经济的快速发展,西方发达国家的货币不再和美元捆绑,各国货币之间的汇率也发展为随经济情况而浮动变化,但是作为重要国际储备货币的 SDR 依然故步自封,实行与美元的固定比价。SDR 的传统定价引起大多数国家的不满。

因此,IMF 在不满声中再次对 SDR 进行完善,解除了 SDR 与黄金的捆绑关系,将它的单位价值设定为由美国等 16 个国家的货币共同决定,同时将这 16 个国家的货币统称为"一篮子货币"。此外,还规定 SDR 的价值每天都要根据国际外汇市场的汇率变化做出相应变化,并通过官方平台向各个国家公布当日 SDR 的价值。SDR 货币篮子内的货币种类经过 4 次调整之后,最终被确定为美元、英镑、日元、欧元 4 种,并且 IMF 分别确定了在共同决定 SDR 的价值时,各货币所占的权重。有关货币篮子的最新决议,便是 2015 年 11 月 30 日 IMF 对外宣布将人民币纳入 SDR 货币篮子。自此,人民币正式加入 SDR 货币篮子,享有 10.92% 的权重。

二 人民币加入 SDR 的制度意义

(一) 构建多元化国际货币体系

在越来越重要的对外经济贸易中,各国相互之间的经济往来交

[①] 黄梅波、熊爱宗:《特别提款权与国际货币体系改革》,《国际金融研究》2009 年第 8 期。

织成一个庞大的国际贸易体系，为了更好地确定该体系当中的货币使用规则，各国政府根据该体系的实际情况与需求，针对国际经济贸易中所使用的货币制定的一系列基本原则、可能遇到问题的解决方法，并建立的相应组织形式等的总称为国际货币体系，其针对的货币在国际贸易结算中具备世界货币的性质。[1]

  国际货币体系的一个重要功能便是在国际范围内创设新的币种或者确定某一现有货币作为国际货币或储备资产。世界各国使用的货币千差万别，现实流通的有效货币数量庞大。这给追求快速便捷的世界贸易造成不少麻烦，因此越来越多的国家提出了在世界范围内统一货币的构想，统一货币可减少贸易障碍、加快交易速度。然而，发达国家不在少数，它们为了本国经济利益，纷纷要求将自己国家的主权货币作为世界货币使用，强烈反对创设新币种的提议。为了均衡各国利益，IMF提出以美元等4种货币组成货币篮子，以世界各国所普遍接受的货币作为各自国家资产的储备形式，并将这4种货币按一定的权重综合起来作为国际货币。

  有序货币体系的建立可以保障各个国家在世界贸易当中充分开发利用本国资源，稳定发展对外经济，促进世界经济共同进步。目前，SDR货币篮子当中的4种货币在一定程度上可以满足大多数经济活动的需求，但这一安排忽视了新兴市场国家的崛起。所谓新兴市场国家即指经济正处于发展中的国家，它们具有良好的发展前景。分析近几年的经济增长数据可知，目前世界经济发展的主要动力来源于新兴市场国家的贡献，该类国家在促进世界经济增长中的分量越来越大。IMF应根据国际交易中不断变化的货币需求实时调整SDR货币篮子内的币种，并根据实际情况重新确定SDR货币篮子内各个货币之间的权重比例，以满足经济发展对流通性的需求并稳定SDR在世界经贸中的存在价值。基于此，SDR作为一个国际

---

[1] 唐果、贺翔：《国际货币体系起源发展及其理论综述》，《云南财经大学学报》（社会科学版）2009年第2期。

货币平台，应考虑新兴市场国家对于货币的需求，并依此适当在SDR货币篮子中增加新兴市场国家在对外经贸中所需求的货币，以增强SDR在该类市场中的吸引力。

在众多新兴市场国家中，中国以其迅速增长的经济成绩独占鳌头。人民币在经济领域内的影响力逐步加大，获得越来越多的国家或经济主体的认可。人民币加入SDR货币篮子乃众望所归，可增加成员国对储备货币的选择范围。同时，将人民币纳入SDR货币篮子有助于充分发挥新兴市场国家在国际货币体系当中的作用，刺激正在发展中的经济体更好更快地发展，进而带动世界经济共同发展。此外，将人民币纳入SDR货币篮子还能吸引越来越多的新兴市场国家对SDR产生认知，扩大SDR在世界范围的认同度。人民币加入SDR货币篮子使得越来越多的新兴市场国家有了心仪的币种作为其资产的国际储备，进一步巩固了国际货币体系，使得国际货币体系实现了多元化发展。

（二）克服货币错配

货币错配问题主要发生在发展中国家的对外开放过程中，是发展中国家与外界不断进行经济融合时所普遍面临的金融风险。① 如果货币错配问题在一个国家的对外经济贸易中不断累积，它将对该国经济造成致命性的影响。首当其冲的便是该国金融体系的稳定性，金融体系会因货币错配而动荡不安。如果该国不能及时有效地解决货币错配问题，那么该国货币政策的有效性便会广受国内外经济主体的质疑，该国的国家公信力及国家权威也会有所下降。此外，货币错配还会引起各种金融问题频频发生，甚至有极大可能会引发一场金融危机，而最终受损的必是整个国家的经济命脉。

货币错配是20世纪90年代新增的高发经济危机类型，吸引了

---

① 李新功：《国际货币体系错配与中国制造业技术创新途径探析》，《当代经济研究》2012年第10期。

经济学界的广泛关注，但直至目前仍旧没有为学界采纳的官方、准确的定义。本质上，各个专家研究货币错配问题的焦点还大都集中于汇率风险问题上。货币错配是研究汇率问题的新角度，该领域研究重点分析汇率发生变动时，一国的产出等经济变量以及国家金融体系的稳定性是否会受到冲击。

20世纪后期，国际经济呈现爆发式的蓬勃增长局势，本就处于经济发展不利地位的发展中国家为了更快融入世界经济一体化格局当中，纷纷增加对外币的持有量。但发展中国家大多对这些迅猛增长的外汇交易缺乏统一且良好的规划，从而导致货币错配问题随之产生。究其原因主要有二。其一，在世界经济逐渐交汇融合、一体化的现代经济格局下，贸易达到前所未有的自由。发展中国家为了减少与其他国家开展贸易时所产生的障碍，往往会折中选用世界主流货币充当结算货币。当时，美元凭借其强势地位成为各个发展中国家在国际贸易结算中使用的主要货币，这渐渐造就了金融美元化现象。美元在发展中国家国际贸易中的频繁运用，大大降低了其主权货币在国际贸易中的存在感，主权货币被替代，货币错配也自然而然成为这一经济现象的产物。其二，发展中国家本身的经济实力就偏弱，贸然进入世界经济这个弱肉强食的大环境里，竞争力相对占劣势。另外，国内相关制度建立得不完善、相关政策未跟进、金融市场发展迟滞等更是导致其无法有效应对外来货币对本国金融市场的入侵。而这些无疑会大大冲击发展中国家主权货币的地位，导致其货币错配现象更加泛滥。

众所周知，我国也是发展中国家，货币错配现象在我国金融市场中也随处可见。但是，加入SDR货币篮子后，人民币跻身于世界主要货币行列，大大提升了其在世界金融货币市场的影响力。各国对于人民币的持有也会在潜移默化当中增加，在交易当中对人民币的使用也相应增加。因此，在人民币认可度提升的同时，我国经济主体在交易当中，亦可选用人民币作为经济活动中结算等经济环节的币种。我国经济主体在增加使用人民币的同时，对外汇的使用将随之减少。因此，人民币将在一定程度上挽回在本土经济市场中作为主权货币的尊严。此外，人民币加入SDR货币篮子会有效促进我国金融市场快速发展，增强央行的公信力，再加上我国相应金融法律、政策等的实时跟进和完善，从而可以从内部加强人民币抵御外来货币冲击的能力。综上所述，我国主权货币——人民币在加入SDR货币篮子后，可以从外部和内部两方面加强自身的竞争力，从而使因外汇对人民币的冲击而在我国经济市场上产生的货币错配问题在一定程度上得到克服。

（三）规避汇率风险

"汇率风险"是经济学领域的概念，在经济学界又被赋予"外汇风险"的别称。它的基本定义为：当一个国家的政府或者是私人经济主体在对外经营活动中拥有或者使用外汇时，因为外汇市场的不稳定而导致汇率随之不断变动，进而使得使用或者拥有外汇的政府部门或者私人经济主体蒙受利益损失的可能性。

汇率风险多种多样，但是依据性质大致可以将其分为三大类别。第一类是交易风险，是指如果经济主体在对外经济贸易往来当中使用非本国货币进行结算，即经济活动中各合作方事先约定以外汇进行结算，那么在结算过程中经济主体有可能会因外汇汇率的市场变化而遭受利润损失。交易风险主要发生在商品、劳务的进出口等对外经济贸易活动中。第二类是折算风险，一项完整的经济活动必会涉及会计处理，而会计处理又必会用到资产负债表，在该表格当中又会涉及功能货币的使用。如果经济主体将该功能货币转化成记账货币，并用外汇充当记账货币进行登记，那么汇率变动会导致经济主体的账面发生利润损失。此风险即为折算风险，在实际运用过程中又名为"会计风险"。第三类是经济风险，汇率的变动一般是国际经济市场变动的反映，而市场变动是有规律的，提前可以大致预测其变动方向。然而，瞬息万变的市场环境有时候是难以捉摸的，因此汇率的变动也有不可预料的时候。如果汇率变动在经济主体的预知范围之外，那么该变动对企业的生产销售等各个环节的影响也是无法估量的，并可能会造成一定的利润损失，该风险即是经济学意义上的经济风险。

汇率风险所可能带来的利润损失有时候是巨大的且影响深远的。之所以要分析当前我国经济活动中存在的汇率风险，主要还是因为政府及私人经济主体在交易过程中过多地使用了外汇。在对外交易中，货币的选用是至关重要的程序，交易各方为了加快交易进程、减少交易障碍，往往会优先选用世界货币体系当中影响力较大的几类币种，主要还是美元等。一旦使用外汇，那必然要承受汇率的变动所带来的各种风险，这对于我国经济主体是十分不利的。

但在加入SDR货币篮子之后，人民币随之享有与美元等4大货币并肩的地位，在整个世界货币体系当中的影响力显著提升。因此，在我国政府和私人经济主体与外国经济主体的交易过程当中，在交易货币的选用这一块，人民币所受的关注度会相应提高。交易各方可在合约当中约定以人民币作为结算货币以降低交易风险，我国经济主体在对外贸易当中亦可选用人民币作为对外资产负债表的记账货币以克服折算风险。因人民币对我国经济主体而言不存在汇率变动情况，所以各类经济风险也不会发生在我国经济主体的对外交易中。随着人民币国际货币地位的提高，其在我国对外贸易领域的使用也随之增加，继而国内经济主体可在交易当中减少对外汇的使用及持有，最终达到规避汇率风险的目的。

（四）获取铸币税收益

铸币税在学界又被称为"货币税"，虽名字包含"税"，但并不是税务部门的一类税费收入，而是政府重要的财政收入来源之一。[①]众所周知，货币的面值是国家赋予的，然而铸造货币的成本

---

① 李婧：《人民币区域化对中国经济的影响与对策》，中国金融出版社，2009，第29页。

却是极其低廉的，货币的功能价值和货币的生产成本之间的差价便是货币发行方的铸币税收益。① 因此，每个国家的财政部门均赋予铸币税收入相当重要的地位。

货币最初由以金为代表的金属铸造而成，铸造所用的金属价值即是货币的面值，金属货币可谓是等值产品，几乎不存在铸币税收益。但是在现代社会中，以金属铸造货币有几大弊端。其一，造成庞大的资源浪费。每个国家对货币的需求量都是相当大的，如果都使用金属的话，那么务必要耗用大量的金属资源。在 21 世纪，资源本来就是匮乏的，若将大量金属资源用于铸造货币，那么无疑会造成巨大的资源浪费。其二，金属货币在现实生活中实用性不高。金属本身有一定的重量，尤其是足值金属更是重量颇大。在现实交易当中，金属货币携带不便，使用率不高，不能得以广泛推广。其三，货币发行方通过货币的发行而取得的收入少。因为金属货币的面值是与铸造所用金属的价值相当的，在发行方看来，基本上无多余的收入，甚至连铸造成本也无法完全回收。因此，铸造金属货币对货币发行方是不利的，其收益不足以长期维持发行方的正常运行，从而使得金属货币往往会被发行方放弃。

金属货币的缺陷越来越明显，在使用当中所受的争议也日益加大。各国于是纷纷发行纸币，纸币的优点众多，但是最为突出的便是生产成本低，货币发行方可获得大量的铸币税收入。纸币的大量使用广受各个主权国家的推崇，其原因除了单位纸币获利高以外，还在于主权国家可以通过扩大本国货币的使用范围获取更多的铸币税收入。

纸币的铸币税收益巨大，使得各个国家都加大本国货币的推广力度以促进本国经济发展，获取更高额的财政收入。扩大货币使用范围的主要途径有二。第一，坚守本国货币的市场占有份额，加大

---

① 李翀：《关于国际铸币税收益的再探讨》，《南方经济》2014 年第 1 期。

本国货币在国内货币市场中的竞争力,使本国货币的市场份额不受削减。第二,将本国货币推向国际市场,参与国际货币市场份额这块大蛋糕的抢占。不能将本国货币的使用范围仅仅局限于本国领土范围,应不断扩大其在国际货币市场中的份额,淘汰竞争力弱的主权货币并抢占其市场。

在加入 SDR 货币篮子后,人民币的声望得以提升,国际上各经济主体在对外经贸往来中对其的使用或者持有会相对加大,从而刺激人民币在国际社会上的流通及覆盖面的不断扩大。另外,IMF 成员国会将自己的资产兑换为人民币储存在其 SDR 专有账户内作为储备资产,这也是人民币扩大使用领域的方式之一。并且,IMF 成员国购买人民币等于间接官方承认人民币的国际地位,而这可以增强本国私人经济主体对人民币的信赖。因此,在人民币加入 SDR 货币篮子后,我国可以扩大人民币的国际货币市场占有份额,刺激人民币在国际上的使用,增加政府铸币税收益。

(五)有助于人民币和 IMF 提升自身形象

SDR 作为世界范围内影响力巨大的国际储备货币之一,为世界经济贸易的正常运行贡献了极大的力量。同时,人民币在世界经贸中越来越频繁地被使用,同样是推动世界经济更好更快发展的一柄利刃。此次,二者的强强联手无疑是推动世界经济发展的最好动力,且可在联合当中获得收益,真正实现双赢。[①]

一方面,人民币从中获得的利益可被简要归纳为以下几点。首先,SDR 货币篮子内货币的种类有限,有限的入选名额充分体现了入选货币的重要性以及该货币在世界货币体系内的超高存在价值。已在 SDR 货币篮子内的美元、欧元等货币,在当今世界内是公认的、具有极高影响力的币种,在经贸往来中受到各个国家的推崇,纷纷被不同国家作为储备货币。因此,此次人民币的加入,从侧面

---

① 焦继军:《人民币跻身于国际货币之列的效应分析》,《经济问题》2005 年第 1 期。

反映了人民币在世界领域内逐渐享有与美元等高影响力货币相等同的地位。其次，SDR货币篮子内的储备货币本来就是各个国家在IMF内的储备资产的依托。各个国家只有将自身所持有的货币通过汇率转换为该篮子内的货币方可取得相应SDR。IMF在SDR货币篮子内增加了人民币使各个国家在选择转换货币时多一个可选项，这势必会提高人民币在其他国家内的持有价值。人民币的投资市场在无形中得以扩大，其他国家也会在一定程度上增加对人民币的投资量。最终人民币能够在金融货币市场中逐步扩大影响力及增加市场占有率。最后，随着国外市场对人民币的需求不断增加，人民币走出国门的障碍会相应减少。巨大的海外需求会促使人民币源源不断地向外流动，中国政府及国内金融企业等可借此机会向海外发行人民币债券。人民币的持续向外流动有助于扩大和增加人民币的影响力和市场占有率，同时国外市场对人民币的狂热需求会相应减少人民币债券的发债成本，并且汇率风险也可以随之降低。

另一方面，反观IMF可以从中获得的利益。首先，中国拥有世界上将近1/4的人口，华人遍及世界各个角落。中国的经济自改革开放以来迅速发展壮大，整个国家的经济总量已跃居世界前列。中国在目前的世界经济发展格局当中已拥有不凡的实力，影响力越来越大。有了人民币的加入，SDR在中国所涉及的经济范围内能够获得越来越多的认知与认可。这能够增强SDR的国际影响力，并加大SDR在国际储备货币体系当中的分量。其次，中国各行各业全面发展，在世界各个经济领域内或多或少均有投资。人民币的使用范围无疑相当广泛，人民币加入SDR货币篮子有助于使SDR在不同经济领域内得以推广，加大国际社会对SDR的关注度，间接加大SDR的国际影响力。

第二节　SDR 与人民币区域化的逻辑关系

一　SDR 与人民币区域化的内在逻辑

（一）人民币区域化的形成机制

1. 人民币区域化的基本含义

回首世界已实现区域化的货币的演化历程，它们首先实现的是在主权国家内的全面统一覆盖。在货币发展的初期，一个国家内部的各个区域使用不同种类的货币。杂乱无章且种类繁多的货币给国家监管造成一定障碍，还不利于不同地域之间的商业交流，使得国家经济整体发展缓慢。因此，为了使各个地域经济主体在交易往来过程中能够开展信用合作，利用经济主体对国家公信力的信赖，国家收回货币铸造发行权，统一发行货币，以减少现实交易障碍，提高合作各方的彼此信任度。随着经济的不断发展，经济主体不再限于在国内进行经贸往来，而是将商业投资转向国外市场。不同国家、地区之间商业往来的不断密切，使得国与国之间的交流越来越频繁。随着合作的进一步加强和深化，彼此之间的主权货币也以商业往来为纽带流通到对方的货币市场当中，最终走出国门，即开始出现货币区域化。

由上述货币区域化的一般方式结合人民币区域化的实际情况，可将人民币区域化理解为：我国与其他国家或者地区通过签署协议或者以其他双方约定的方式为人民币在对方主权范围内的流通、使用等赋予合法效力，使得人民币在其他货币市场上的自由流通受到当地政府保护。从某种角度而言，货币的区域化其实就是指货币在其他国家或地区内成为关键货币，即某一货币必须要在一定领域内通过与其他国家的货币竞争达到在该领域内获得关键货币的霸王地位的目标，唯有如此才算是真正实现在该领域内的区域化。成为关键货币是公平竞争的自然结果，在整个货币体系中，这是弱肉强食的自然丛林法则的体现。因此，政治手段并不能左右关键货币地位花落谁家，只能依靠自身实力参与竞争。在这场关键货币的博弈当中，货币主权国家的经济实力无疑是决定因素。综观法定货币已成为国际货币的国家和地区，它们的同一特点就是经济发展迅猛并且拥有强大的经济实力。反观我国，以改革开放为转折点，在利好政策的引导下，经济呈现爆发式猛增长，GDP 更是奇迹般地连续增长，GDP 世界排名于 2010 年超越日本跃居世界第二。① 我国备受世界认可的经济实力已为人民币区域化奠定了扎实的基础，人民币的区域化道路切实可行。

2. 人民币区域化的形成原因

①经济增长迅猛。改革开放后，我国成为经济历史上的奇迹，经济以势如破竹的连年增长一次次刷新世界对它的预判，以前所未有的增长趋势不断挑战自我，以后来居上的姿态全面爆发，引领数以亿计的中国人民脱贫致富。我国经济实力在短短数十年间不断得以加强，外汇持有量稳稳占据世界前列。经济的发展已不满足于国内市场，我国已将经济发展方向转为国外资本的引入。在近几年，我国政府持续不断地与周边国家、地区进行政治沟通，扩大彼此间的贸易往来，以国内极好的市场发展前景吸引周边国家、地区的资本投资。成功的边境贸易政策最终吸引了亚洲众多经济主体的资本入驻，我国已成为亚洲地区乃至全球最受欢迎的投资市场。在我国

---

① 习辉：《区域货币合作理论与路径》，中国金融出版社，2011，第 195 页。

经济迅猛增长带来的大量投资机会吸引外资的同时，我国主权货币人民币也在这场资本流动当中借势流向国际市场，从而开始了人民币区域化之路。

②整个中国市场潜力巨大。我国的各行各业在改革开放的正确引导下蓬勃发展，巨大的市场为经济的进一步活跃提供了牢靠的基础，保证了处于爆发期的经济享有发展空间，因而我国拥有极大的市场发展潜力。尤其是在加入国际贸易组织（WTO）后，我国进一步深化改革，扩大对外开放。此外，我国还享有 WTO 成员的最惠国待遇，这使得之前部分贸易大国的歧视性政策不能够再压迫我国经济的发展，我国的市场潜力得以继续发挥。另外，WTO 的义务性规定要求我国开放部分国内市场，为外商的投资创造更好的国内投资环境，这有利于吸引更多的外资流入国内市场，加速中国经济增长，激发巨大市场潜力。周边国家或地区出于对我国巨大市场潜力的考虑，纷纷加入与我国合作的队伍当中。在与众多国家或地区的合作当中，我国逐渐成长为亚洲范围内重要的出口市场。在国际交易网的不断编织当中，人民币实现了在其中的自由流通，向人民币区域化更进一步。

③人民币在其他领域内的接受程度高。人民币在其他领域内的接受程度的提升也是人民币开始区域化的重要原因之一。人民币通过我国与其他国家、地区的协定或者通过私人经济主体的贸易往来进入外国货币市场，但是人民币只有在受到当地市场的认可时，才能在境外站稳脚跟。根据近几年人民币的域外适应情况调查结果可知，人民币在国外的使用率逐年增加，在蒙古、老挝等国家的货币市场中，人民币深受当地政府的喜爱，当地人民对其也表现出极高的接受度。人民币在其他货币市场的高接受度是其区域化的重要推动力。

3. 人民币区域化的形成基础

①雄厚的综合经济实力。人民币区域化对中国未来的经济发展

起着决定性作用,而中国逐渐崛起所带来的优越条件则为人民币的区域化提供了坚实的基础。特别是自改革开放以来,中国经济总量已跃升至世界第二,超越了众多发达国家。在中国经济飞速发展的30年里,国内的各项物质技术基础不断得以夯实,各行各业的产业体系构建得日益完善,人民也在国家的带领下脱贫致富,拥有一定储蓄。[①] 我国经济自下而上得以全面发展,整体经济实力不断增强,是人民币在其他领域抢占货币市场资源的强有力后盾。雄厚的经济实力已然为人民币区域化奠定了扎实的基础,有助于人民币区域化之路畅通无阻。

②巨额外汇储备。人民币区域化的政治目标若是想得以彻底地实现,必不可少的条件是我国须拥有足够数量的外汇储备。人民币在与其他货币展开市场资源竞争的过程中难免会遇到市场汇率波动等情况,此时其他货币便是人民币最好的替代品,代替人民币继续在抢占市场的战场上战斗。因此,拥有的外汇种类、数量越多,就越能应对复杂的市场变动,保证人民币稳定地在国际市场上发展。回顾我国这几年大肆购买囤积的外汇储备,其规模已显著超越日本的外汇储备规模,我国由此成功登顶外汇储备量排行榜,成为世界上拥有外汇储备最多的国家。我国天文数字般的外汇储备是人民币在区域化战略实施过程中最好的补给品,可为人民币区域化增势。

③人民币成为区域关键货币的趋势不断加大。世界经济发展至21世纪,各个国家经济观念的共同特征便是不再拘泥于本国的经济发展,均提高了对与他国经济合作的重视程度。我国也充分认识到国际合作所能带来的巨大经济效益,因此在不断发展国内经济的同时,也着手不断扩大与周边国家的经济合作、提高对外投资水平等。人民币也凭借该策略成功打入他国货币市场,在不断的磨合、流通过程中,人民币在国外货币市场中的适应性好、接受度高,并

---

① 参见2004年5月30日,黄达在中国人民大学主办的"社会科学论坛2004"上所做的题为"全球经济发展中的人民币:国际化的利益、风险和路径"的发言。

受到广泛重视，在一定领域内甚至充当重要的国际支付手段。依照人民币目前的市场地位，我国政府需不断强化国力，不断提高人民币的市场影响力。特别是，日本在亚洲区域内对关键货币竞争并未赋予足够的重视，日本对关键货币竞争的松懈态度使得人民币成为亚洲区域关键货币的可能性增大，这也为人民币的区域化增加了一定的筹码。

④不断完善的内部金融环境。近年来，中国政府不断完善各项金融措施，积极引导外汇储备、黄金储备、人民币汇率等领域金融制度的发展，完备国内金融体系。与此同时，中国各大银行紧紧掌握住时代发展需求，自发改善管理体系，为人民币走出国门、参与世界货币竞争造势。内部金融环境的优化无疑提高了人民币区域化的成功率。

⑤优越的外部金融环境。完善的内部金融环境是人民币区域化的基础之一，同样不可小觑的还有外部金融环境，它决定着人民币进入国际市场后的生存状况。综观当前的各国货币格局，以美元为核心的布雷顿森林体系的全面瓦解并不能撼动美元的世界货币地位，然而随后的次贷危机全面席卷美国金融界却使美元遭受到前所未有的信任危机。随着美元统治力量的削弱，石油输出国组织甚至开始筹划寻找新的货币替代美元，并且要求重建世界货币体系。基于国际上各个国家赋予的压力，重塑货币体系被提上日程，在这一重要历史转折点，各个国家纷纷筹划为自己的主权货币在世界货币体系内谋得一席之地。中国在这大好国际形势下当然不能错过世界货币重新布局的机会，特别是在国内经济繁荣、人民币国际地位不断攀升的前提下，在这场重新排位当中，人民币拥有一定优势。目前，美元不断衰落，世界货币重新布局这一优越的外部金融环境给予人民币实现区域化一个极好的时机。

4. 人民币区域化的进展

货币区域化并非一朝一夕的事情，它有着一个逐步演化的过程。首先，在各主权国家的国际贸易过程中，交易一方或各方的货币超越国界进入他国流通。其次，在他国境内流通的过程中，该货币为当地国民和政府所接受，自由流通并发挥交换媒介、价值储藏等职能。[①] 再次，该货币在他国境内逐渐强势起来，甚至逐步取代该主权国发行的法定货币，成为该主权国家的主要流动货币，充分发挥全部或大部分货币职能。

货币区域化和货币国际化都是货币的发展形式。一般来说，国际化与区域化发展的顺序并非固定的，孰先孰后完全由货币发行国根据实际情况而定。当一个国家决定实施货币向外发展战略时，它主要根据国内经济发展状况及国际金融环境的实际条件来决定是先现实现货币区域化还是先实现货币国际化。从美国推动美元成为国际货币的历史中可以看出，美元成为国际货币既有货币兑换市场化的原因，也有美国政府大力干预经济活动的原因，还有国际经济环境对美国经济依赖的因素。总之，美元成为国际货币是多因素叠加的结果。而此前，日本在日元国际化受阻后不得不重新重视货币区域化发展路径。人民币加入SDR货币篮子不等于人民币成功实现了国际化，这只说明它迈过了国际化过程中的一个阶段。我国在推动人民币国际化时可以考虑先易后难的路径，即把货币区域化作为突破口，循序渐进并以经济金融稳定为前提，同时防止金融体系无法承载本币升值导致的热钱快进快出造成的冲击。另外，人民币在资本项目下不完全可兑换[②]，制约着人民币率先实现国际化的道路。因而，人民币不可盲目效仿美元，应先将发展方向指向区域化，进而再实现国际化。

人民币区域化之路是以香港货币市场为起点的，内地政府同香

---

① 李婧：《人民币区域化对中国经济的影响与对策》，中国金融出版社，2009，第8页。
② 资本账户可兑换在绝对的意义上是指一国对资本流进和流出的兑换均不设限制，国内金融市场与国际金融市场融为一体。资本账户可兑换，既是货币国际化的前提条件，也是实行浮动汇率制的基础。

港的有关部门为人民币顺利启动区域化共同制定了一系列制度。为了在香港货币市场上实现人民币的自由流通和兑换，双方均以制度形式对此做了充分安排。人民币率先在香港实现区域化，为人民币打开其他货币市场树立了榜样。在内地和香港的系统筹划下，2007年6月，第一支人民币债券成功亮相香港货币市场，并且吸引了众多银行在香港发行两年或三年期的人民币债券，与此同时，香港持牌银行的人民币存款大幅度上升。[①] 人民币在香港市场中的成功加速了我国政府关于人民币区域化的工作安排，国务院于2008年批准设立汇率司，并在其官方文件当中首次提及人民币国际化，正式开启了人民币区域化道路。接下来的几年里，我国政府迅速与俄罗斯、马来西亚等周边国家及地区签署了双边货币互换协议以及在贸易中以人民币进行结算等战略协议，极大地推动了人民币的区域化进程。

（二）SDR与人民币区域化的关系

目前，SDR在全球范围内的使用基本上围绕IMF成员国，在非IMF成员国领域内并未得到很好的推广。因此，人民币在加入SDR货币篮子后，凭借"篮子货币"的身份在全球范围内获取实际利益的愿景不能够得到彻底有效地实现。但是，加入SDR货币篮子的真正目的是借IMF在国际上的泰斗地位，提升自身在国际货币体系内的地位。对于人民币而言，加入SDR货币篮子是一种象征，代表了国际权威组织对自身的认可，可加强自身在国际上的影响力，而该事件已成为人民币区域化的重大历史事件，大大推动了人民币区域化政策的执行。

首先，人民币加入SDR货币篮子在本质上就是将人民币作为国际储备货币获得了IMF这一权威组织的首肯，在官方上确定人民

---

① 姚远：《人民币有效汇率的波动及其经济效应研究》，博士学位论文，吉林大学，2011。

币取得了与美元、日元、欧元、英镑4大实力强硬的货币并肩的储备货币地位。由此，在IMF成员国范围内，人民币打破了货币流通障碍，克服了货币兑换的技术难题，成为可自由兑换、流通的货币。[1] 又因为IMF成员国整体经济实力雄厚，其总的经济总量占全球经济总量的绝大部分，所以人民币率先在IMF成员国打开市场，会相应树立非成员国对于人民币的使用信心，从而有助于顺利打开部分非成员国的货币市场。综上所述，人民币"入篮"能够在相当大的国际领域内扫除各国央行因人民币不具备国际储备货币地位而不愿大量持有人民币的技术障碍。2016年初，中国央行行长周小川公开表示，人民币强势加入SDR货币篮子，会大大刺激国际市场对于人民币的需求，预计"十三五"期末，人民币将成为国际性货币。

其次，人民币的顺利"入篮"是我国实施人民币区域化战略的阶段性胜利，意味着人民币在成为国际货币的道路上向前迈进了一大步。同时，人民币的"入篮"也能促进我国金融改革工作的进行。其一，在人民币"入篮"前，我国为争取使人民币在SDR货币篮子中占有一席之地，采取了多项经济措施，完善了对外经济活动中货币兑换的程序和制度设计以使之适应时代需求。除此之外，还进一步开放了国内市场，降低了国外金融机构入驻国内的门槛。其二，人民币"入篮"后，我国在"入篮"前的经济、市场的利好政策将得到深入执行，并且将采取其他更有利于国内外资本市场开放的措施。我国积极配合IMF的要求，改善自己的经济政策、开放市场，以使国外资本能够在国内扎根。我国的各项诚恳之举体现了大国的风度和决心，反过来有助于人民币顺利实现区域化。

最后，人民币加入SDR货币篮子可提升国际市场对人民币的认知度，扩大人民币的使用领域，加快人民币的区域化进程。2008

---

[1] 潜旭明：《"一带一路"战略的支点：中国与中东能源合作》，《阿拉伯世界研究》2014年第3期。

年,美国引爆的金融危机席卷全球,我国在这场危机当中吸取了教训,此后分别和多个国家展开洽谈,并达成在双方的跨境经济往来中试点使用人民币结算的一致意见,从而开启了人民币的区域化道路,赋予了人民币支付手段、价值储藏等国际货币职能。然而,人民币扮演的国际货币角色局限于与我国签订协议的国家当中。而人民币的成功"入篮"将大大扩展人民币的使用范围,增强国际经济主体对于人民币的使用意愿。一旦破解了国际市场对使用人民币的抵触心态,那么一大批境外经济组织、私人主体将争先恐后地加入人民币的持有浪潮当中,从而加快人民币区域化的进程。

需要强调的是,人民币加入 SDR 货币篮子并不意味着我国主权货币成功地实现了国际化。SDR 只在成员国之间实现了"超主权货币"的部分职能,成员国的分布范围有局限,与全球范围尚有一定距离。此外,人民币的国际化进程应有我国自己的节奏,应按部就班地逐步实现,并应紧密结合我国的经济发展需求做出适当调整,所以说,加入 SDR 货币篮子只是人民币走向国际化的一个关键环节而已。

二 人民币加入 SDR 货币篮子对其区域化的影响

(一)对 21 世纪海上丝绸之路建设的整体影响

1. 21 世纪海上丝绸之路的缘起

闻名遐迩的"丝绸之路"是世界给中国贴上的典型标签,最早可追溯至秦汉时期。古代中国的丝绸产量大、质量高,口碑一直很好。对丝绸的莫大赞誉已然走出了国门,传向了其他国度。敏锐的商人发现了其中的利益,于是积极将丝绸的销路拓宽至域外。于是,作为输出丝绸、瓷器等中国特色产品的线路逐渐被开发出来,并发展得越来越完善,蜕化成连接古代亚欧非三大洲的商业贸易线路。随着丝绸之路的不断健全,其用途也不再局限于丝绸等商品的输出,而是成为东西方之间在文化、经济、政治等各个领域进行交流的纽带。

古代丝绸之路依据运输方式的不同主要分为两类,分别是陆上丝绸之路和海上丝绸之路。① 海上丝绸之路,顾名思义是指古代中国与域外经济主体进行商业网络的海上通道,起源于秦汉时期,当时我国的港口主要分布在广州、泉州等沿海地区。海上丝绸之路的终点基本上是非洲沿海城市。古代海上丝绸之路带动了沿线城市的经济迅速发展,是沿线国家的主要经济命脉。

基于海上丝绸之路对我国经济的巨大推动作用以及它本身作为标志性历史事物给我国现代经济发展所树立的成功榜样,2013年10月,国家主席习近平同志在出访东盟国家时正式提出联合东盟等共创"21世纪海上丝绸之路",再创古时海上丝绸之路的辉煌。习主席充分认识到历史的借鉴作用,深知海上丝绸之路沿线国家的紧密合作给每个国家所能带来的巨大利益。再者,中国与东盟建立战略伙伴的时间已推进到十周年,有必要对双方的合作做出适应时代新需求的调整,习主席提出建立新海上丝绸之路,以深化合作将双方的命运交融得更加密切,该构想对双方均有利,极有可能实现双赢。

世界经济格局在进入21世纪后呈现更加复杂多变的特征,作为发展中国家,为了减少不利外部因素的冲击,中国和东盟国家选择合作、拧成一股绳是稳中求进的上上策。单打独斗已明显不能够在世界经济战争当中夺得一片天地,我国深谙经济发展的生存之道,积极主动寻求合作。因此,2014年3月5日,李克强总理在政府工作报告中提出,必须抓紧时代机遇,严格规划建设"丝绸之路经济带"和"21世纪海上丝绸之路"(简称"一带一路")。②

在我国高层领导与诸多外国领导人展开了积极会晤之后,各国

---

① 江鲁:《关于积极参与21世纪海上丝绸之路建设推进宁波城市国际化的几点思考》,《宁波通讯》2014年第14期。

② 张涛:《中国-东盟金融合作中人民币区域化的金融政策法规研究》,《云南财经大学学报》2010年第6期。

就海上丝绸之路的合作建设达成了广泛共识。目前，我国已与部分国家就"一带一路"建设各方面的问题展开了充分协商，并签署了合作备忘录。同时，还同一些毗邻国家或者地区就边境合作等进行磋商，并制定了周详的经贸往来合作中长期发展规划。此外，我国还积极主动地修订、完善自身在对外合作领域的相关法律制度，出台有利于海上丝绸之路更好更快建设的政策。总之，目前我国正投入巨大的精力全力引导、支持海上丝绸之路的建设。

2. 对海上丝绸之路建设的国际环境的影响

我国在联合沿线国家共创"21世纪海上丝绸之路"的提案当中，以共商、共建、共享为合作的根基，遵循国际合作当中的外交原则。我国的出发点就是加强各国之间的合作关系，编织各国的经济纽带。21世纪的国际形势要求各国之间广泛开展合作，而此次共建海上丝绸之路能否成功的关键点依然聚焦于是否拥有一个良好的外部条件。在打造海上丝绸之路的过程中必然会遭遇到相当多的风险和阻碍，但这并不能打消各个国家的合作决心，特别是人民币加入SDR货币篮子，为海上丝绸之路的建设摆平了一些国际障碍，营造了一个相对温和的国际环境。

第一，海上丝绸之路建设主要是对海上商业利益的争夺。由于此次多国合作是我国在其中广泛牵线促成的，并且涉及的国家数量多、分布广，无形当中形成一个较为强大的海上共同体。这种情况在国际上鲜有发生，因此它可能会引起海上强权的忧虑。尤其是对于已在海上占有经济利益的国家而言，海上丝绸之路的再现会影响其固有利益。一方面，美国在此之前凭借雄厚的资金实力以及超级大国的背景，已经悄悄地将国力深入到海洋经济的掌控中，在潜移默化当中掌控了全球海上霸权。如果此次中国带头的海上丝绸之路建设成功，那么美国在海洋经济当中的利益势必会受影响。由此，美国在海上丝绸之路所涉及的海域利益将被瓜分，这是美国坚决反对海上丝绸之路建设的重大原因之一。另一方面，印度对海上丝绸之路的建设也连连发出反对声音。此次海上丝绸之路的建设路径规划包含了印度洋。而印度洋的海洋经济一直都是印度在发展，这部分海洋经济的收入是印度财政的重要来源。海上丝绸之路建设将对印度海洋经济收入构成巨大威胁，因此印度对此经济联盟的构建一直都抱有极高的戒备心。

美国、印度等国对海上丝绸之路建设所施加的阻碍，是我国需要妥善解决的战略挑战。虽然美国依托其同盟体系关系网以及超级大国的固有实力对海上丝绸之路建设的其他合作国家施加了压力[①]，但是在人民币加入 SDR 货币篮子后，国际经济组织对我国综合实力表示出的官方认可，增强了它们对海上丝绸之路建设成功的信心。对于美国等试图对海上丝绸之路建设进行干扰的国家而言，人民币加入 SDR 货币篮子是一种无形的震慑力。人民币的成功"入篮"，向这些国家宣布，我国的综合实力今时不同往日，人民币已然发展至世界货币的水平，其背后是我国强大的经济在支撑，我国的经济、军事实力已不容小觑。

第二，海上丝绸之路建设需要合作各方积极、良性地互动。各国的高配合默契度需要一个良好的外部国际环境做支撑，如此才能使合作更有成效，海上丝绸之路建设才能更好更快地完成。一个优越的国际合作环境是合作的重要前提，是决定合作能否成功的关键要素。因此，海上丝绸之路建设需要我国强化与沿线国家的经济合作网络，事先构建一个良好的合作环境，为合作的顺利推行奠定一个扎实的基础。在改革开放前，由于国际环境秩序还未从"二战"中完全恢复过来，我国的经济重心并不能放在对外经济贸易上，当时我国与外界的经济往来相当受限。但是在改革开放后，我国加强了与外界的联系，积极主动寻求多方合作。不论是在广度上还是在深度上，对外合作均有非常大的突破。特别是在国际市场不断发展成熟、壮大的背景

---

① 董彦、陈玉洁、周晓燕等：《三解21世纪"海丝"之路》，《今日中国》2015年第3期。

之下,我国坚持建设 21 世纪海上丝绸之路,紧紧把握住了时代的机遇。同时,人民币加入 SDR 货币篮子,成为国际储备货币之一,势必会扩大人民币的使用范围,大大刺激我国经济的发展。人民币在 SDR 的衬托下强势抬头,对其他国家具有一定号召力,强化了海上丝绸之路沿线地区对我国经济实力的信心及与我国合作的意愿。人民币"入篮"粉碎了一些国家对我国经济的偏见,不少国家对我国的经济发展水平有了新的认识,慎重考虑了我国所提出的海上丝绸之路战略合作伙伴的提议,这增加了沿线国家对海上丝绸之路的关注,对海上丝绸之路的顺利构建起到了推动作用。

我国带头与海上丝绸之路沿线国家或地区共同打造的 21 世纪海上丝绸之路会经历各种风险和挑战,但是现在加强国家间的合作是时代要求,也是各个国家寻求经济增长的必经之路。而人民币成功"入篮"不仅给我国经济带来了增长保障,而且为海上丝绸之路建设营造了一个良好的国际环境,有力地支撑了现有区域合作机制的完善工作。此外,它还能给予合作伙伴对我国经济的信心,充当各方合作中的润滑剂。人民币加入 SDR 货币篮子展现给合作区域的是一个储备货币主权国家的雄厚经济实力,有助于我国更好地在海上丝绸之路建设中协调各方,加速搭建战略平台,使海上丝绸之路再次繁荣昌盛,让沿线国家或地区与我国互惠互利。

3. 对海上丝绸之路建设合作伙伴对我国的认识的影响

由于是我国率先提出建设海上丝绸之路的合作意图,因此我国为海上丝绸之路建设的顺利实施所做的准备是合作各方在做出合作决定时最想要了解的事实之一。

首先,我国此次接洽的海上丝绸之路合作伙伴多为沿海发展中国家,虽然经济实力并不是特别强,但是拥有一颗急迫想要发展的心,会为谋求经济发展而不懈奋斗。[①] 其中有一些国家为发展本国

---

① 吴崇伯:《深化与海丝沿线国家合作推动海上丝绸之路核心区建设》,《福建理论学习》2015 年第 8 期。

经济筹划了许多经济发展战略，但囿于基础设施建设落后、国家储备资产不充足等因素而陷入"巧妇难为无米之炊"的窘境，因此这些国家在合作伙伴的选择方面更注重对经济实力的考察。随着人民币加入SDR货币篮子，我国在国际储备这一块的经济实力显著加强，而这能反过来促进我国基础设施的不断完善。在人民币加入SDR货币篮子后，沿线国家在之前和我国的合作过程中所持有的人民币转瞬变成可在世界范围内自由流通的货币，大大降低这些国家对外经济往来的门槛。这些都是人民币加入SDR货币篮子所带来的积极影响，有助于提升人民币在周边国家的市场地位。人民币国际地位的上升象征着我国经济实力的壮大，使我国在与周边国家商谈海上丝绸之路规划当中更具说服力。此外，为了加大人民币在SDR货币篮子当中的权重，我国会不断完善基础设施建设。我国在基础设施上的投入越大，就能吸引越多的国家主动上门交流合作计划。例如，印度尼西亚外交顾问正是基于对我国基础设施的完善程度十分满意才向我国抛出了合作建设海上丝绸之路的橄榄枝。人民币加入SDR货币篮子对海上丝绸之路建设无疑起到了锦上添花之功效，对我国国内各方面的影响也是极强的。

其次，自"二战"结束以来，世界经济的发展规律普遍呈现国际合作趋势，每个国家或者地区不再仅仅局限于谋求国内的经济交流，开始积极开展对外合作。但是在合作过程当中，诸多弊端暴露出来。最为突出的是，国际上经济发展两极化现象日渐严重，一些发展中国家对发达国家的经济依赖加剧。经济上的依赖"镣铐"导致这些发展中国家的经济在一定程度上受发达国家的控制，发展中国家也清醒地认识到，若想在经济发展上有所突破，必定要设法摆脱对发达国家的依赖。反观我国经济发展的各个阶段，我国已由起初的对国外经济的严重依赖发展到凭借自身独特的社会制度在经济上实现独立。而人民币加入SDR货币篮子，是我国进一步实现经济独立的重要标志。我国主权货币成为正式的世界储备货币之一，不再受制于其他币种的指挥,有极大的自由发展空间。尤其是在海上丝绸之路建设上,资金的运作不再需过多地考量外汇市场的汇率变动所带来的各项经济风险。综观加入海上丝绸之路建设的其他国家,它们大多数在经济上并未摆脱发达国家的束缚。人民币的成功"入篮"无疑向它们证实我国经济发展现状并不比发达国家逊色,而且我国在经济走向独立的道路上取得的阶段性胜利也能鼓励他们走向经济独立、自由发展,巩固它们对于共建海上丝绸之路的信念,激起它们建设海上丝绸之路的积极性。

最后,人民币加入 SDR 货币篮子所能带来的巨大经济效益驱动着合作伙伴更积极地投入海上丝绸之路建设当中。海上丝绸之路是连接沿线各个国家的超强利益链条,有助于推进沿线各国的经济、文化、政治等各方面的交流不断深入。同时,它还能在沿线各国交流加深的过程中增进各国的外交情谊,鼓励彼此共同朝着同一个利益目标前行,这对于海上丝绸之路建设百利而无一害。人民币的"入篮"也是我国的一个巨大成功,向其他合作伙伴传递了强有力的正能量。同时,"入篮"后的人民币更能激起我国数量庞大的公民所带来的巨大的市场潜力的爆发。我国的产业在该爆发过程中可以加速发展,生产力也能实现质的飞跃,经济也可极速发展。国内市场在人民币"入篮"的助推下迅速扩张,对于海上丝绸之路的各个合作伙伴而言,可借海上丝绸之路建设之机加入其中,共同分享巨大市场带来的巨大经济效益。

综上所述,在人民币加入 SDR 货币篮子后,我国各项经济实力得到了国际权威经济组织的认可,达到了与美国等发达国家相比肩的水平,对于海上丝绸之路的合作伙伴而言,这无疑是吃了个"定心丸"。在合作伙伴看来,我国已具备领导它们共同发展经济的各项条件,这提升了我国在与各国合作过程中的地位。我国也应适当增强自身话语权,在各国发生冲突时起到一定协调作用,这对在海上丝绸之路建设过程中各国利益的互相协调极为有利。

（二）人民币加入 SDR 对其区域化法律制度的影响

1. 对人民币区域化制度构想的影响

人民币区域化发展至今已有数个年头，这方面的制度设计尚处于摸索期，很多已有的成功经验都需要经过反复考证才能结合我国实际情况加以修正并运用。在人民币加入 SDR 货币篮子后，中国的经济发展潜力正逐步被开发出来，人民币的升值空间相当大，因此有必要结合新形势做出更适应人民币区域化的制度设计。

已成功实现区域化的美元，同时也是 SDR 货币篮子内的币种，其发展经验对我国颇具借鉴意义。回首美元区域化的历程，可简要分析为：美国凭借其大量的黄金储备成功抢占"二战"后国际货币市场的主导权，同时构建布雷顿森林体系为美元的主导霸权做理论支撑。即使该理论体系随着时间的流逝最终瓦解，但美元已悄然遍及全球各领域，成为世界范围内公认的主导货币，并且美国强大的综合实力及优越的军事力量更是强化了美元的霸权地位。美元货币霸权地位的取得受时代机遇的影响比较大，像当时那种世界货币体系处于混沌的情况在现代和平社会里几乎不可能再发生。

目前在我国境内流通的货币有四种，分别是人民币、港币、澳门币、新台币，这给人民币的区域化造成了一定的影响。想要使人民币在国外货币市场争得一席之地，应先制定相关法律法规确定人民币在国内取得法律保障的绝对的货币市场份额，而人民币的成功"入篮"是验证该法律制度正确性的最好依据。

在对国内货币市场做出法律调控后，应针对人民币的国外市场扩展行为做出相应的法律规定，以对其进行制约，并尝试与周边国家签订关于推行人民币的相关协议。[①] 虽然实现人民币的区域化并不必须要以先实现人民币的自由兑换为前提条件，人民币若是没有实现自由兑换，其区域化并不会受到不良影响或是遭受巨大阻碍。

---

① 王琛：《实现人民币区域化的法律制度的研究》，硕士学位论文，厦门大学，2011。

但是，如果人民币实现了在国外市场的自由兑换，那么对于其区域化而言无疑是如虎添翼，能够大大促进其区域化的进程。特别是在加入SDR货币篮子后，人民币的国际地位上升，周边国家持有甚至储备人民币的意愿得到极大的提高，人民币可以进行更深层次的区域化。因此，我国与周边国家签署推行人民币的协议难度降低，可在该方面出台相应政策、法规对其进行约束。

2. 对人民币境外使用制度的影响

随着人民币在境外货币市场中不断得到推广，人民币的境外使用已成为众多经济主体的日常业务，而在该方面也已出现了若干法律规章制度问题。对于上述问题，我国希望通过以与香港签订的人民币使用协定为范本，并将其推广到与其他国家或地区在人民币区域化领域的合作上，来加以解决。我国内地与香港之间存在的人民币区域化问题，与我国与其他国家或地区之间存在的人民币区域化问题本质上有相似之处。因此，认真分析香港的人民币使用问题，综合拟定解决方案，出台周详的法律法规，进而成功解决香港的人民币使用问题，在一定意义上将有助于解决大部分世界范围内的人民币实际使用问题。

首先，中国人民银行于2003年率先针对香港人民币的境外使用出台了第16号公告，即《中国人民银行公告2003第16号》，用以约束双方经济主体在经济往来当中的各类关于人民币汇款的民事行为。但是，在人民币加入SDR货币篮子后，中国与境外进行经济往来的时代背景发生了变化，之前出台的各类法律法规的运用条件也发生了偏移，周边国家或地区与我国的经济合作将越来越频繁，合作领域将越来越深入，人民币的使用问题也将越来越突出。我国可以沿用之前的解决思路，以香港的人民币使用问题的解决为突破口，并将其作为范本来构建和完善其他区域的人民币使用制度。在时机成熟之际，我国可在制度上放宽香港银行参与内地人民币同业拆借业务的法定条件，打通银行间人民币短期资金跨境借贷的固有壁垒。在为人民币铺平进军香港货币市场的道路之后，再沿用已有经验结合其他境外货币市场的实际情况制定相关法律法规，为人民币打开国外货币市场提供制度保障。

其次，在人民币加入SDR货币篮子后，在优先解决香港的人民币使用法律制度构建问题时，可以逐渐尝试在制度上放宽管理进而将香港构建成人民币离岸金融中心。所谓离岸金融中心，是指处在自由、不受约束的政治环境下的国际金融市场。在法律上放宽监管，构建香港人民币离岸金融中心符合当代我国经济发展的需求。特别是在加入SDR货币篮子后，人民币急需一个自由发展的空间，而香港作为一个国际化的经济交流枢纽，极其适合人民币区域化的发展要求。人民币在内地及香港双方部门的共同推动下在香港市场加速流通，有助于建立跨境银行同业拆借关系等，这反过来又可以促进人民币离岸金融中心的构建，而离岸金融中心的成功构建对于提升人民币在国际货币体系中的地位至关重要。

3. 对建立人民币回流机制的影响

人民币在不断向境外输出之后，已成功抢占了部分境外货币市场，而它加入SDR货币篮子，成为SDR货币篮子内的储备货币之一，更是刺激了境外市场对人民币的需求。随着境外市场中人民币越来越多，如果不能在制度上为人民币打开流向我国境内的回流通道，那么其单向流通对于人民币的区域化发展显然极为不利。[①] 如果人民币不能够在我国境内、境外实现良好的互动，那么周边国家或地区所持有的人民币对于我国市场而言相当于废纸，这会极大影响周边国家或地区对人民币的储备激情。

在人民币加入SDR货币篮子后，世界市场对人民币的要求不可同日而语，有必要加快人民币回流机制的制度建设。第一，应在双边贸易协定当中进一步协商增设双方经济主体在一般贸易中使用

---

① 张伟红：《构建顺畅的人民币回流渠道促进人民币国际化》，《中国商贸》2012年第31期。

人民币进行结算的条款,而不再将人民币的使用范围局限于边境贸易结算当中,以扩大人民币的使用领域,即扩大人民币的流通渠道,顺势增加人民币的回流速度。第二,我国还可以为外国经济主体增设可使用人民币的投资项目。比如,我国政府可针对周边国家、地区出台专门政策,规定其政府或私人经济主体可直接使用人民币购买我国政府债券用于直接投资中国市场,以此增加人民币的使用途径,增设人民币的回流渠道,构建良好的人民币双向互动平台。[1] 第三,对于外国的投资资金,我国政府不应再牢牢将其限定于外汇这一条件上。人民币既然已加入SDR货币篮子,那么在世界货币体系当中,人民币已经进化至世界顶级水平,我国不能再妄自菲薄,一味追求外汇的流入,应当适当给予人民币流动空间。此外,有关境外经济主体必须使用外汇才能对我国市场进行投资的类似法律规定也应当得以调整。

完整有序的人民币回流机制的成功构建对于人民币区域化的深入推广而言是一个必要条件。打开人民币的回流通道,并不会给人民币向外发展造成负面影响,反而会在双边的良性互动当中刺激人民币更好更快地向外蔓延并在境外货币领域当中站稳脚跟。特别是在人民币成功加入SDR货币篮子后,应进一步提升人民币在世界货币市场的利用率,增强人民币的世界影响力。因此,鼓励境外投资者使用人民币,在制度上完善人民币的回流机制,为境外主体打开使用人民币投资中国市场的渠道势在必行。

---

[1] 张彬:《国际储备货币演变的计量分析与人民币国际化研究》,硕士学位论文,上海师范大学,2014。

第三节　SDR货币国际化制度对人民币区域化的启示

随着世界经济贸易的前所未有的繁荣时代的到来，各国资本得以更畅通地在境内外流动。货币的使用不再局限于主权国家领域内，而且已突破国家的界限，进入他国主权领域，自由发挥货币职能。如果某一货币的流通范围遍及全球，得到国际各类经济主体的青睐，晋升为国际范围内通常使用的具备结算、计价等货币固有职能的货币，那么说明它已演化为国际通用货币，而这一演化过程便是所谓的货币国际化。反观SDR货币篮子内的货币，它们凭借IMF这一在各大经济强国内拥有一定威望的国际化平台，拥有得天独厚的优越条件。IMF内的国际经济互动频繁、交易数额巨大、资金流动快速，"篮子货币"作为官方指定的贸易结算、支付工具，当然能够尽享作为指定货币所能带来的各种经济利益，尤其是能够依托各个国家之间的经济往来进入其他国家的货币市场，拓宽市场领域，而这也是"篮子货币"实现国际化的重要途径。

总结已实现国际化的美元、欧元、日元、英镑这几大货币的国际化历程，大致可将货币国际化分为四个阶段。

第一，解决货币兑换障碍，取得货币自由兑换的权力，为货币自由发挥其他重要职能奠定扎实基础。唯有在各类经济往来当中实现自由兑换，或者至少是在经常项目下的国际收支中能够无障碍兑换，货币在其他国家内的通行才能被赋予有力保障。货币的自由兑换需要当地主权政府的政策支持，需要当地主权政府在私人经济主体间放宽对因为商品和服务贸易等的需要而需要的本外币兑换的限制条件，仅赋予政府机关针对经济主体间交易的真实性进行检验的义务。

第二，将货币可自由兑换的范围扩展至资本项目。私人经济主体间的贸易往来绝不仅仅局限于商品和服务等初级商业，当货币在国际经常往来资本项目内的使用频率达到一定水平时，它会自然而然地将触角延伸至其他非经常资本项目中。在此基础上，当权政府也会在市场交易情况发生变化时做出相应的政策调整，支持本国货币的国际化进程更进一步。在当前阶段，政府方面会在政策上做出改变，放宽对私人经济主体间投资和金融等交易所需要的本外币兑换的限制条件。

第三，在一国政府对境外货币在本土市场的兑换条件逐渐放宽后，经过一段期间的使用，货币能够逐渐获得该境外市场的包容并成功融入该国主权货币使用市场。在该阶段，试图国际化的货币的主权国家便会开始利用外交手段促进本币的国际化进程，而并不会只被动地等待境外市场接受货币的入驻。有了本国政府的强力支持，货币国际化计划的实施无疑是如虎添翼。

第四，货币已经完全融入境外货币市场，在其各个资本领域都能够发挥货币职能，本外币兑换更是可自由进行而不受政府限制，一国货币的发展达到该阶段即实现了真正意义上的国际化。

目前，SDR货币篮子中以美元为首的其他货币已然实现了国际化的目标，而人民币仅仅走完了第一阶段，正在抓紧实现下一阶段目标。人民币该如何更好地实现国际化目标呢？回答这一问题需要认真分析美元等货币国际化的成功经验。

一 美元国际化制度对人民币区域化的启示

美元是凭借美国强大的经济实力、欧洲美元离岸市场以及其较高国际金融地位而成为国际货币的。美元的国际化进程大致可分为四个阶段:一是"二战"期间,美国的经济实力跃居世界第一,为美元国际化奠定了基础;二是布雷顿森林体系的建立,确立了美元的国际货币地位;三是欧洲美元离岸市场的飞速发展,加深了美元的国际化程度;四是布雷顿森林体系解体后,美国从工业强国向金融强国的转变巩固了美元的国际主导货币地位。

(一) 美国经济实力跃居世界第一,为美元国际化奠定基础

美国的经济在19世纪迅速发展,随着"内战"的结束,南北统一,美国国内市场迅速扩大,而美国也完成了从农业国到工业国的转变。第一次世界大战爆发后,英国深陷战争泥潭,经济实力不断被削弱,而美国利用地缘优势,趁欧洲各国忙于战争大肆扩张对外贸易,经济实力不断增强。在20世纪20年代,美国对外贸易总额超越英国,成为世界第一大贸易国,并且其国外投资额达172亿美元,仅次于英国,位列世界第二。"二战"期间,美国因远离主战场,经济受到战争的负面影响较小,相反,它伺机向交战国提供资本、出售军火,大力发展国内经济。"二战"结束后,美国的工业产量占世界工业产量的50%[①],美国不仅成为最大的资本输出国,而且在对外贸易和工业产量方面占据全球首位。然而一国的强大经济实力只是其货币国际化的必要条件,而非充分条件。由于全球40%的国际贸易以英镑计价,加之美国国内银行体系和金融制度尚不完备,美元在国际货币体系中的地位仍不如英镑。但是,美国强大的经济实力,为美元的国际化进程提供了良好的条件。

(二) 布雷顿森林体系的建立,标志着美元国际货币地位的确立

1944年在美国布雷顿森林举办的国际金融会议是美元国际化的划时代事件。"二战"结束后,美国的工业产量占全球工业总产量的50%,并且成为最大的资本输出国,而英国在"二战"期间遭

[①] 陈彪如:《国际金融概论》,华东师范大学出版社,1988,第16页。

受重创，负债高达 120 亿美元。因此，由美国主导的布雷顿森林体系，把美元和黄金直接挂钩，其他国家的货币根据其实际情况与美元挂钩。布雷顿森林体系的建立，意味着美元在一定程度上等同于黄金，确立了美元的国际货币地位。同时，美国利用自身强大的经济、政治以及军事实力，不断地对外实行经济扩张。在于《布雷顿森林协定》下成立的 IMF 和 WB 中，美国都拥有高额的投票权，掌控着全球金融、贸易规则的制定权。

（三）欧洲美元离岸市场的飞速发展，加深了美元国际化的程度

欧洲美元离岸市场的发展，拓宽了美元在本土之外的资金循环渠道。由于美苏冷战加剧，苏联、东欧国家担心自身的在美资产被美国冻结，从而将美元转存欧洲银行，加之美国援助西欧的"马歇尔计划"，大量的美元流入欧洲，造成欧洲的美元供给源源不断。另外，由于 20 世纪 60 年代美国实行的资本管制和金融管制限制了外企的融资，而伦敦等欧洲金融中心却实行宽松的金融和资本政策，外企纷纷转向伦敦金融市场融资，进一步促进了欧洲美元离岸市场的迅猛发展。在欧洲市场，由于美元的国际货币地位，其他国家在国际经济贸易活动中大量使用美元作为计价、结算货币，从而形成了对美元的超额需求。欧洲市场美元的超额需求和供给，大大提升了美元的循环利用效率，供需二者相互促进，促使欧洲的美元离岸市场发展得越来越壮大，进一步巩固了美元在国际经济贸易活动中的统治地位。

（四）美国从工业大国到金融强国的转变，巩固了美元的国际主导货币地位

美元虽然通过布雷顿森林体系获得了在一定程度上等同于黄金的地位，但是由于全球各国的货币均与美元挂钩，美元的供给量不断地增加，美元的持续外流导致美国的长期国际收支逆差，反过来降低了美元的价值，从而导致美元与其他货币的固定汇率难以长期维持。这种状况在20世纪60年代之后逐渐恶化，导致各国对布雷顿森林体系下美元与黄金的固定比价信心不足，抛售美元的浪潮不断。最终在1971年，布雷顿森林体系解体，美元与黄金脱钩，这严重动摇了美元的国际货币地位。①但是基于全球大部分贸易活动都以美元计价，美元仍然是第一大国际货币。为了维持美元的第一大国际货币地位，美国采取了一系列改革措施，促进了国内经济的发展。首先，积极推动国内产业升级。美国将国内劳动密集型产业转移至其他国家，同时在国内大力鼓励科技创新、发展高科技产业，促进了产业的转型升级。其次，积极鼓励金融创新，稳步推进金融制度改革。美国政府通过放松资本管制，鼓励了金融行业的发展，完善了金融基础设施。到20世纪90年代，美国建立了全球最开放的金融市场，并且形成以纽约为中心的国际金融市场。美国通过科技创新、金融改革，实现了从工业大国到金融强国的转变，巩固了美元的第一国际货币地位，即使之后的欧元强势登上国际货币舞台，也很难撼动美元的霸权地位。

美元至今仍然是第一大国际货币，其国际化进程无疑是成功的。虽然美国通过布雷顿森林体系制度确立其国际货币地位的模式，不适合用于人民币的区域化，但是美国在美元国际化进程中采取的产业转型升级、技术创新、金融改革以及美元离岸市场的发展建立等措施值得我国参考。

二 马克—欧元国际化制度对人民币区域化的启示

马克凭借"二战"后德国经济的强劲复苏、币值的稳定以及德国发达的国内金融、先进的科学技术实现了国际化。与美元直接国际化的方式不同，德国借助欧洲区域的经济一体化，积极参与欧洲共同市场的建立，进一步扩大了马克的使用范围。在推动马克成为

---

① 张彬：《国际储备货币演变的计量分析与人民币国际化研究》，硕士学位论文，上海师范大学，2014。

区域关键货币的同时，德国主导了欧洲货币的合作，最终促成了欧元的问世，为自身创造了更大的经济市场。欧元自诞生之日起就以第二大国际货币的身份登上历史的舞台。

（一）"二战"后德国经济的强劲复苏为马克的国际化奠定了基础

第二次世界大战前，德国是仅次于美国的全球第二大经济强国。虽然在"二战"期间，德国的经济遭受重创，但是凭借其雄厚的经济基础，加上货币改革，德国的经济高速增长。20世纪60年代，德国的经济赶超英国，成为西方资本主义国家中仅次美国的世界第二大经济大国；70年代，德国的出口额超过美国，跃居世界第一。同时，德国的国际收支连年顺差，50年代的年平均顺差达22亿马克；到了70年代，德国对外贸易顺差的年平均额突破309亿马克。① 德国经济的强劲复苏，为马克的国际化奠定了坚实的经济基础。

（二）完全可自由兑换和稳定的币值扩大了马克的流通领域

为了更好地促进对外贸易的发展，德国立足于国内的经济制度和金融状况，稳步推进外汇体制的改革。通过简化外国企业在本国外汇银行设立账户的程序，实行新的对外支付制度，德国大大提高了马克的可兑换程度，增加了马克在国际经济活动中的流通。经过6年的外汇体制改革，马克于1959年实现了完全的可自由兑换。同时，马克的币值保持了长期的稳定，德国国内的通货水平较低，使马克具有良好的国际声誉，从而在很大程度上扩大了马克的流通领域，促进了马克国际化进程的不断推进。

（三）德国先进的科学技术及发达的金融市场为马克的国际化提供了保障

20世纪50~70年代，德国在加大固定资产投资的同时，广泛

---

① 樊亢等编著《主要资本主义国家经济简史》（增订本），人民出版社，1997，第375页。

引进和研发先进的科学技术。在此期间，德国从国外引入的专利数由9757项上升到33532项，进口专利和许可证的支出由0.22亿马克猛增至16.54亿马克。①这些措施扭转了德国国内技术落后的状态，使得德国的生产技术达到了国际先进水平，极大地提升了德国国内的劳动生产率。同时，20世纪80年代之后，德国逐渐放松了对资本的管制和对金融市场的限制，批准了浮动利率债券和互换相关债券等的发行，这极大地刺激了德国国内金融市场的快速发展，提升了法兰克福国际金融中心的地位。根据IMF的统计，在欧元诞生之前，马克已经成为全球第二大国际货币，在1998年的全球外汇储备中，马克是仅次于美元的第二大外汇储备货币，其所占的比重达到了13.79%，德国发达的金融市场为马克的国际化提供了保障。

（四）德国积极参与欧洲共同市场的建立促成了欧元的诞生

德国在推动马克国际化的进程中，就已经着手推动欧洲统一市场的建立。《建立欧洲经济共同体条约》和《建立欧洲原子能共同体条约》的签署和实施，意味着欧洲共同市场的逐步建立。为进一步加强欧洲市场中的经济合作，德国于1969年促成了欧洲经济和货币联盟。20世纪90年代之前，马克就已经发展成为第二大国际货币，但是随着美国大力支持日本，日本的经济飞速发展，日元的国际化进程异常迅猛，大有超越马克的趋势。然而，德国通过积极促进欧洲经济和货币合作，建立欧洲共同市场和欧洲货币体系，大大促进了德国经济和贸易的发展，为马克的国际化进程奠定了深厚的经济基础。同时，德国强大的经济实力和马克稳定的币值，稳定了欧洲的共同市场和货币体系，并促成了欧元的诞生，为德国创造了更大的经济发展市场。欧元的诞生表面上宣告了德国马克退出历

---

① 樊亢等编著《主要资本主义国家经济简史》（增订本），人民出版社，1997，第382页。

史舞台，但实际上德国马克从未消失，欧元在本质上是马克存在的另一种方式。①

近些年，欧元区债务问题使得欧元面临严峻的挑战。虽然欧元区内各国没有独立的货币政策，但是各国在财政政策上仍然各自为政，缺乏统一、有效的协调性经济政策。虽然欧盟的《稳定与增长公约》规定各成员国的赤字不得超过其GDP的3%，公共债务不得超过GDP的60%，但是仅以通货膨胀率作为调整欧元区货币政策的工具，显然不符合欧元区各国国情存有差异的实际。随着2009年希腊政府公布其财政赤字，希腊债务危机拉开了序幕，并且愈演愈烈，迅速向欧元区其他国家蔓延，导致多国政府出现了主权债务危机，严重威胁着欧元的存在。欧元区主权债务问题的爆发，暴露了僵硬的欧元区制度存在的内在缺陷：缺乏独立的货币政策；各国的差异性国情没有得到充分考虑，导致货币政策和财政政策相互矛盾；对借款人的监管不够严格。如果这些基本的制度得不到改革，欧元区将始终面临债务问题的挑战。

马克在和平年代下走出了一条不一样的国际化道路，而且这种道路是可行的。马克的国际化进程存在着两个明显的特征：一方面，德国加强了国内的经济建设，对国内的金融制度和货币政策进行了大刀阔斧的改革，同时加强了先进科学技术的研发，促进了国内金融市场的发展，为马克的国际化提供了保障；另一方面，德国加强了区域经济合作。在马克国际化的初期，德国就意识到推进欧洲共同市场和共同货币的建设是抵制美国干预的有效手段，同时也能为自身提供更广阔的发展空间，扩大马克的使用范围，提升马克的国际货币的地位。正是借助于欧洲共同市场和货币合作机制，马克成为欧洲货币体系中的关键货币，并促成了欧元的问世。德国马克以区域经济和货币合作模式实现货币国际化，无疑是成功的，但

---

① 赵柯：《货币国际化的政治逻辑——美元危机与德国马克的崛起》，《世界经济与政治》2012年第5期。

是鉴于海上丝绸之路沿线各国经济、文化和意识形态的差异性，我国在推进人民币区域化时不能照搬德国马克的模式，但可以加强同它们的经济合作，改善国内金融制度，稳步推进海上丝绸之路沿线地区人民币的区域化进程。

三 日元国际化制度对人民币区域化的启示

第二次世界大战后，日本经济飞速发展，对外贸易持续顺差，为日元的国际化提供了强有力的支撑。特别是在美元危机期间，日元坚挺的形象在国际上获得了良好的声誉，并取得国际硬通货的地位。然而日本政府担心日元国际化会严重影响日本经济的发展，由此对日元国际化持消极态度，从而错失了日元国际化的最佳时机。尽管在20世纪80年代，日本政府曾积极推进日元的国际化进程，但是由于日元的先天不足，其国际化进程虽迅猛，但根基并不稳固。90年代之后，随着日本经济泡沫的破裂，日本为减少国内的损失，使日元不断贬值，因此日元的国际化进程开始倒退。虽然1997年的亚洲金融危机为日元的国际化提供了新的契机，但是由于美国的阻挠以及日本政府不负责任的经济措施，日元的国际化最终停滞了。

（一）日本经济飞速发展为日元的国际化进程奠定了基础

第二次世界大战结束后，日本虽然作为战败国，经济遭受了重创，但是在美国的扶持下，经济得到了飞速的发展，甚至在20世纪60年代跃居为全球第二大经济体。在对外贸易方面，日本的进出口总额不断增长，并于1965年首次实现了出口贸易额顺差。根据IMF的统计，1972年日本的贸易顺差额达52.26亿美元。日本的经济地位不断上升，贸易顺差不断扩大，日元表现强势，取得了国际硬通货的地位，为日元的国际化进程奠定了经济基础。[1] 但是日

---

[1] 杨雪峰：《日元作为国际储备货币的实证分析》，《世界经济研究》2010年第11期

本政府由于担心日元的国际化会导致日元汇率的严重波动，影响对外贸易额的规模，故而对日元的国际化采取了消极的态度。

（二）日本推动金融自由化使得日元的国际化程度加深

进入 20 世纪 80 年代，日本政府开始主动推进日元的国际化进程。通过修改《外汇法》、放松对资本的管制，实现了经常项目日元的自由兑换以及资本项目的开放。这些措施极大地推动了日本国内金融的自由化和欧洲日元市场的自由化，进一步加深了日元国际化的程度。根据国务院发展研究中心的数据，1989 年 4 月，日元在全球外汇交易中所占的比重高达 13.5%，高于英镑和瑞士法郎所占的比重，成为超越英镑的第三大国际货币。[①] 然而，在金融自由化的经济背景下，日本国内的金融制度改革却十分缓慢，与资本项目开放配套的落后的国内金融市场，包括利率市场、债券市场等，不适应日元国际化的要求，导致大量的国际资本涌入日本国内，产生了泡沫经济。同时，日元的国际化存在先天的不足：日本在进口大量的初级资源产品时用美元计价，进出口企业为了规避汇率风险，只能在进口和出口中都使用美元来计价，这降低了日元的使用率。并且，日本将大量的外汇储备用于购买美国国债，而忽视了对跨国企业产业链的建设，导致本土出现了产业"空洞"的现象。这一切都为日后日元国际货币地位的下降埋下了伏笔。

（三）日本经济泡沫的破裂导致日元国际化的倒退

20 世纪 90 年代开始，日本的经济泡沫开始破裂，日本经济的增长率极速下降。随着亚洲金融危机的爆发，日本经济出现了连续的下滑。为了减少国内的损失，日元不断地贬值，日本政府不负责任的财政政策削弱了交易者和投资者对日元的信心，日元国际化进程陷入停滞。尽管在亚洲金融危机爆发后，日本试图通过向灾区经

---

① 阙澄宇、马斌：《中国—东盟经济合作中的人民币区域化研究》，中国金融出版社，2015，第 167~168 页。

济体提供大量的资金援助以及签订《清迈协议》等，推动亚洲区域金融合作，提升日元在亚洲的影响力。然而相比较日本政府的不负责任的经济政策，中国政府通过稳定人民币汇率，为应对危机做出了巨大的贡献，亚洲各个经济体更倾向于信任人民币。并且由于美国的阻挠，《清迈协议》项下救助金的用途受到 IMF 贷款条件的限制，日元的国际化复兴战略再次失败，日元的国际化进程进一步倒退。

相比于马克的国际化，日元的国际化无疑是失败的。在日元的国际化方面，日本从一开始就忽视了与亚洲邻国的合作，同时其经济的发展过度依赖美国，在美国政府的压力之下，日本被迫开放了国内金融市场，国内落后的金融制度与资本项目完全开放下的金融自由化极不协调，导致泡沫经济的产生。日本政府在泡沫经济的背景下快速推进日元的国际化进程，由于缺乏成熟的国内金融制度，必然受阻。目前，随着人民币加入 SDR 货币篮子，人民币的国际化进程将势不可挡。但是我们也不能盲目地推进人民币在海上丝绸之路沿线地区的区域化，而应当立足于中国的国情，协调国内金融制度与经济发展的关系，抓住人民币"入篮"的历史机遇，稳步推进这一过程。

四　英镑国际化制度对人民币区域化的启示

英镑之所以能够成为人类历史上第一种国际货币，最主要的原因是英国强劲的经济实力以及完备的银行体系和金融制度。从工业革命开始，英镑就一直在国际货币体系中占据着重要的地位，直到布雷顿森林体系建立后，其国际主导货币的地位才被美元取代。经过两次世界大战，英国的经济遭受重创，随着美元和欧元的崛起，英镑的国际货币地位不断受到挑战，其国际影响力已远低于美元和欧元。然而，作为人类历史上第一种国际货币，英镑国际化进程有其自身的特点，亦可对人民币的国际化进程提供一定的借鉴。

(一) 殖民体系和工业革命造就了英国的强大经济实力

英国是工业革命的诞生地，工业革命的爆发为英国提供了独一无二的历史机遇，特别是蒸汽机的改良，使英国建立起强大的工业体系而成为"世界工厂"，并在世界工业产业和贸易方面取得了垄断的地位。19世纪50年代，英国的工业产值占世界工业总产值的1/3以上，贸易额占世界贸易总额的21%。[1] 在这一背景下，英国放弃了贸易保护政策，实行自由贸易政策，并且通过两种途径在全球推进自由贸易政策：一是与主要发达国家签订贸易协议，降低原材料和工业产品的进出口关税，保障原材料的输入和工业产品的输出；二是针对亚非拉美等地区发展中国家采取武力开拓市场，并且通过殖民体系迅速积累财富，实现原始资本的积累。通过自由贸易政策，英国成为当时的世界贸易中心，同时英国还向殖民地和欧美各国进行了大量的资本输出，通过武力迫使殖民地国使用英镑。在当时，全球大部分贸易以英镑计价，英国在海外的投资超过其总投资的40%，英镑遍及全球37个国家或地区。[2]

(二) 金本位制度和英国完备的银行体系促成了英镑的国际化

英国是世界上最早建立金本位制度的国家，并且通过《金本位制度法案》以法律的形式确立了该项制度。而在19世纪20年代以前，大多数国家都实行金银币复本位制度，金币、银币是法定货币。由于当时在英国市场上黄金估价高、白银估价低，因此英国便开始套利贸易，将白银大量地输出到国外，在进行对外出口贸易时，却只要黄金，从而造成白银不断流出英国，黄金却源源不断地流入英国。直到白银在英国市场上逐渐消失，英国便正式启动了金本位制度。

---

[1] 樊亢等编著《主要资本主义国家经济简史》（增订本），人民出版社，1997，第77页。

[2] 聂利君：《货币国际化问题研究——兼论人民币国际化》，光明日报出版社，2009，第36页。

随后，各国也相继采用金本位制度，黄金可以在国际经济活动中直接用于支付。但是黄金具有贵金属属性，将其用于国际贸易不仅需要支付大量的运输费用，而且要支付高额的保管费用，因此各国更倾向于使用纸币进行交易。鉴于当时全球大部分贸易以英镑计价并且英镑与黄金具有稳定的价值比，各国都愿意使用英镑作为国际经济贸易的支付手段。金本位制度实际上演变为英镑本位制度，这使得英镑取得了等同于黄金的国际货币地位。

在英镑的国际化即将成功之际，为了维护国内金融市场和英镑汇率的稳定，英国通过了《银行特许法》，并设立了英格兰银行，将英镑的发行权集中于英格兰银行。从此，英格兰银行获得了国家银行业务的垄断权，负责稳定金融市场和英镑汇率，并且通过选择较低的储备水平来维持黄金市场的有效运行，实现英镑与黄金的可兑换。同时，英国实行银行分支制体系，这使得其银行业高度集中，可提供优质的金融服务，从而极大地激发了英国金融市场的活力，进一步加速了英镑的国际化进程。

（三）两次世界大战后英镑被美元所替代

第一次世界大战严重削弱了英国的经济实力，巨额的国际收支逆差使得英镑的汇率持续走低，英国的黄金储备已经不能维持英镑的国际地位，英镑的购买力下降至"一战"前1/3的水平，英镑开始走向衰落。第二次世界大战爆发后，英国的经济急速下滑，国际收支逆差迅速扩大，海外投资收入锐减，出现了高额的财政收支赤字，这不仅使其丧失了国际第一大贸易国的地位，而且进一步削弱了伦敦国际金融中心和英镑的国际地位。反观美国，免受"二战"战火的侵扰，大发战争财，工业生产总值提高了2倍左右，出口贸易额占当时全球贸易总额的1/3，掌握有全球3/4的黄金储备，成为世界上最大的债权国和第一大经济大国。1944年，布雷顿森林会议确立了以美元为核心的国际货币体系，由此英镑的国际货币地位为美元所替代。

英镑的国际化表明，强大的国家经济实力是货币国际化的基础，而完备的银行体系和国内金融制度是货币国际化的重要保障。尽管在两次世界大战期间，英国的经济实力受到严重地削弱，英镑的国际地位也在不断下降，但是凭借其完备的银行体系和发达的金融市场以及国际货币外部网络联系，英镑仍然是当时的主要国际货币。即使在布雷顿森林体系建立后，英镑的第一国际货币为美元所替代，但它仍然发挥着国际货币的职能。当然，当时英国的殖民地体系以及武力开拓贸易市场的做法在当今社会体制下是禁止了，但是在英镑的国际化进程中，英国政府积极推进英镑国际化、建立完备银行体系以及促进伦敦国际金融中心形成的做法对于我国充分认清国情，稳步推进海上丝绸之路沿线地区人民币区域化具有积极的参考意义。

五　国际经验对海上丝绸之路沿线地区人民币区域化的启示

美元、欧元（马克）、日元以及英镑的国际化历程表明，首先，强大的经济实力是一国货币实现国际化的基础。纵观美元、马克、日元和英镑，在实现国际化之初，其发行国国内经济在全球经济中占有较大的权重。国内经济占全球经济的比重越大，其货币流通量也就越大，相应的，境外流通的本国货币也会越多，而这就越有利于货币的国际化。

其次，先进的科学技术以及发达的国内金融市场可为货币国际化提供有力的保障。美元之所以在布雷顿森林体系解体后，依旧占据着第一大国际货币的地位，很大一部分原因是美国拥有发达的国内金融市场，其完善的金融基础设施以及全球最大的国际金融中心，维持了美国经济的发展；先进的科学技术为美国的经济增添了活力，使得美元的国际主导地位从未被撼动过。在英国、德国和日本，伦敦、法兰克福以及东京金融中心的建立和发展，进一步稳固了其经济的发展，降低了其经济受到的国际经济波动的影响，从而为英镑、马克、日元的国际化提供了重要的保障。

再次，金融制度与资本项目开放程度的协调程度影响货币国际化的进程。英国拥有成熟的银行体系，不仅有效地维护了英镑币值的稳定，而且促进了英国金融市场的快速、平稳发展，进一步提高了英镑的流动性。而反观日本，日元在国际化进程中，就存着先天上的不足，它不仅在经济上过于依赖美国政府，而且在国内落后的金融制度与资本项目完全开放不协调的情况下，迫于美国政府的压力，草率地实现了资本项目的完全开放，导致大量的国际资本涌入日本，冲击了日本本土的经济，造成泡沫经济的产生，间接导致日元国际化进程的倒退。

复次，离岸市场的建立是货币国际化进程中的关键环节。由于离岸市场可以降低非居民投资者面临的国家风险、规避国内市场的金融限制以及其金融活动受到的货币发行国的管制较少，且其存款利率一般高于货币发行国的在岸市场存款利率，而贷款利率又低于在岸市场的贷款利率，所以它对投资者的吸引力更大。因此一国货币离岸市场的建立，有利于形成境外货币的回流渠道，有利于实现货币的资本项目可兑换，有利于形成完全市场化的货币汇率体系，以及有利于货币国的融资，从而可促进货币国际化的进程。

最后，政府应理性对待本国货币的国际化，充分考虑本国的实际国情，抓住机遇，适时推动本国货币的国际化进程。在货币国际化过程中，政府的货币政策发挥着重要的作用。20世纪70年代初，日本的国际经济地位不断上升，贸易顺差不断扩大，日元表现强势，取得了国际硬通货的地位，但是由于日本政府担心日元的国际化会导致日元汇率的严重波动，影响对外贸易，故而对日元的国际化采取消极的态度，错过了日元国际化的黄金时期。虽然80年代后，日本政府开始意识到日元国际化的趋势势不可挡，积极采取措施推进日元的国际化。然而此后人民币、欧元的兴起客观上给日元的国际化带来了挑战，同时日本政府在经济上过于依赖美国，国内的金融体制与日元的国际化程度不相协调，为日元地位的下降埋下了伏笔。而与日本政府相反，德国政府立足于本国经济的发展，积极推进马克的国际化。通过倡导建立欧洲共同体、发行欧元等，为本国创造了更大的经济发展市场，极大地促进了本国经济的发展。英国和美国政府在英镑、美元的国际化进程中，抓住历史机遇，结合本国的国情，积极采取措施，极大地加速了英镑、美元的国际化进程。

  对中国而言，在推进海上丝绸之路沿线地区人民币区域化的过程中，应该充分考虑我国目前的经济实力，立足于中国的国情以及海上丝绸之路沿线地区各国的差异性，抓住人民币"入篮"的历史机遇，充分协调国内金融制度与资本项目开放程度的关系，加强人民币离岸市场的建设。

第四节　海上丝绸之路沿线地区人民币区域化的必要性及可行性

海上丝绸之路沿线地区人民币区域化的必要性和可行性是研究 SDR 背景下人民币区域化相关制度的前提性问题之一。本节将着重分析海上丝绸之路沿线地区人民币区域化对我国获取相应经济收益、实施向西发展战略以及维护该地区金融稳定的必要性，探讨海上丝绸之路沿线地区人民币区域化的客观基础（包括经济基础、政治基础、文化基础和法律基础），并对海上丝绸之路沿线地区对人民币的接受程度进行实证分析，从而系统、合理地对海上丝绸之路沿线地区人民币区域化的必要性和可行性进行研究。只有真正搞清楚海上丝绸之路沿线地区人民币区域化的必要性和可行性，才可能制定出正确的人民币区域化战略，并更好地应对其制度障碍与相关法律风险。

一　海上丝绸之路沿线地区人民币区域化的必要性

（一）经济收益的重要来源

1. 铸币税效应

铸币税，又称货币税，是指通过发行货币的特权而获得的净收入。简单来说，制造一枚 10 美元的金币只需要 1 美元的成本，但是能买到10美元的商品，多出来的9美元就是铸币税收益。因此，金属货币发行者一般通过减少铸币的重量等来降低成本以获得更多的铸币税收益。

在纸币本位制度下，铸币税的定义发生了变化。经济学家认为，当发生财政赤字时，政府会通过增加货币发行量来弥补财政赤字。虽然货币持有人蒙受了损失，但是政府在价格水平的上升过程中增加了铸币税的收益。因此，经济学家常将铸币税与财政赤字联系在一起。而国际清算银行于2003年将铸币税界定为中央银行通过垄断货币发行权而获得的收益，该收益约等于中央银行的非利息负债与政府债券利率的乘积。根据国际清算银行的定义，在国际货币体系中，我们仍需对铸币税的范围做进一步的规范：一国货币因国际化而取得的铸币税收益来源于居民所持有的该国货币量，因此，一国货币在境外流通量越大，其铸币税收益也就越多。但是，当非居民持有的货币再次流入货币发行国，且投资于金融市场时，由于该国需向借入的非居民资金提供利息或者股息等，且该利息或者股息一般高于政府债券的利息。此时，该国就不能获得非居民持有本国货币的铸币税收益。因此，在海上丝绸之路沿线地区，我国可获得的铸币税收益可用公式（1-1）来表示：

$$P = (r-c) \times A \qquad (1-1)$$

式中：P表示获得的铸币税收益，r表示政府长期债券的年利率，c表示印刷单位货币的成本，A表示某年海上丝绸之路沿线地区流通的货币总量。举个例子，2014年我国的GDP达到10804亿美元，按照2014年1∶6.14的汇率水平，约为$10804 \times 6.14 = 66336.56$亿元人民币。假设2014年在海上丝绸之路沿线地区流通的人民币总量为GDP的1%，即108.04亿美元，将此数额货币投资于年利率为5.41%的政府债券，由于该区域的货币流通量巨大，政府印刷单位货币的成本几乎可以忽略不计。因此，可获得铸币税$108.04 \times 6.14 \times 5.41\% = 35.89$亿元人民币。由于海上丝绸之路沿线地区囊括亚欧非三大洲的相关国家，实际获得的铸币税收益远远不止这一数额。鉴于海上丝绸之路沿线地区大部分国家仍然为发展中国家，现金交易量大，并且在"一带一路"战略以及人民币加入SDR货币篮子的背景下，海上丝绸之路沿线地区的人民币流通量只会越来越大，每年境外流通的人民币还在不断增加。截至2014年底，中国人民银行已与28个国家或地区签署了货币互换协议，在全球的14个清算银行中，有7个在"一带一路"沿线国家或地区，它们均支持人民币成为区域计价、区域贸易及区域投融资货币。[①] 因此，在海上丝绸之路沿线地区，人民币区域化将给我国带来丰厚的铸币税收益，而且该铸币税收益每年还会不断地增长。

2. 资源转移效应

资源转移效应不同于铸币税效应，因为在铸币税效应中，获得收益的主体是政府，而在资源转移效应中获益的是整个国家。资源转移效应是指在人民币区域化的背景下，我国可以用货币来获取海上丝绸之路沿线国家或地区的实际资源。这不同于以金本位制度下的黄金来换取实际资源，由于用黄金来交易其他实际资源遵循等值的资源与资源进行交易的原则，也就是说以国内实际资源的减少来换取另一种实际资源的增加。但是，在人民币区域化背景下的货币换取实际资源就大不一样。由于国内发行货币的成本比较低，与生产其他商品的成本相比，几乎可以忽略不计。因此，在人民区域化的背景下，我国可利用低成本发行的货币来换取海上丝绸之路沿线国家或地区的实际资源。这种资源转移效应可用公式（1-2）来表示：

$$P_1 = R - C - I \qquad (1-2)$$

式中：P_1 表示资源转移效应的收益，R 表示我国用货币换取的其他国家或地区的实际资源价值，C 表示发行货币和管理货币流通

[①] 张曦：《人民币加速跻身主流货币行列》，《国际商报》2015年5月16日，第7版。

的成本，I 表示支付给持有我国货币的境外居民的利息。

改革开放以来，虽然我国的经济建设取得了空前的成就，但是经济结构明显不协调，产品更新换代速度比较慢，低效率、高耗能产业出现过剩情况。在人民币区域化的背景下，我国应将经济目光转向海上丝绸之路沿线地区，出口具有比较优势的产品，进口具有比较劣势的产品，而这有助于不断优化我国的产业结构。同时，对于不可再生资源等稀缺资源，如石油，我国仍然需要大量进口，而资源转移效应将有利于满足我国国内市场对这些商品的需求，以及建立战略性储备。

3. 交易成本效应

海上丝绸之路沿线地区的人民币区域化将进一步活跃该区域内的商品、服务贸易和金融投资活动，更为重要的是可以节约大量的交易成本。在海上丝绸之路沿线地区，当人民币具备计价、交易媒介和支付手段功能时，一项交易活动只需经过商品—人民币—商品2个环节；而在此之前，一项交易活动有3个环节：商品—货币—货币—商品。也就是说，在人民币区域化之后，海上丝绸之路沿线地区之间的商品交易只需要经历2个环节，节省了货币—货币这个环节，从而不仅有效地避免了汇率风险，而且节省了货币兑换的成本。例如，我国出口商与印度的进口商签订了1亿美元的货物进出口贸易合同，而我国商业银行的外汇买卖差价为0.6%左右，那么进出口商每交易1000美元的商品，就得支付 1000 × 0.6% = 6 元人民币的货币兑换手续费。因此，在这场与印度的进出口货物贸易中，我国进出口商需要支付60000元人民币的手续费。而在人民币于海上丝绸之路沿线地区实现了区域化之后，人民币可以替代其他国际货币成为海上丝绸之路沿线地区贸易活动的主要结算货币，进出口商就可以节省货币—货币这个环节的手续费，这还可以降低进出口商的汇率风险。当然，随着海上丝绸之路沿线地区对人民币的需求越来越大，人民币的流通范围会越来越广，人民币的便利程度会越来越高，给货币持有人带来的效益也就会越来越大。海上丝绸之路沿线地区人民币区域化的不断推进，将进一步加速人民币国际化的进程，越来越多的商品贸易和金融投资将用人民币进行计价、结算和支付，各相关的进出口企业所节约的成本和提高交易效率的经济收益将是巨大的。

（二）向西发展战略的重要保障

"一带一路"战略的提出是中国对外战略的重大调整。20世纪70年代的改革开放主要针对东部沿海地区，重点面向亚太地区的发达国家。在东部沿海地区经过长期的开放发展之后，东西部地区之间的经济差距越来越大，而我国少数民族主要聚居于西北、西南地区，从而这一情况在客观上造成地区的不稳定性和民族矛盾加剧。[1] 同时，随着中国经济迅速崛起，东海、南海海洋权益争端频发，使得周边国家对中国产生了防范心理。美国趁机拉拢印度、日本等，精心构造太平洋岛链，实施"印太战略"以及签署《跨太平洋战略伙伴关系协定》（TPP），使得我国在东南部发展的空间受到了极大的限制。为了破解东南部的发展困境以及消除不稳定因素，我国进行了对外战略的重大调整，将目光投向西部，提出了"一带一路"战略。

而海上丝绸之路沿线地区人民币的区域化不仅可以提升人民币在国际金融体系中的地位，而且具有重大的经济战略意义，同时有利于实现我国建设海洋强国的战略目标，为国家向西发展提供重要的保障。首先，一旦人民币在海上丝绸之路沿线地区实现了区域化，则意味着人民币在海上丝绸之路沿线地区成为公认的一般等价物，即作为海上丝绸之路沿线地区商品贸易和金融投资的计价结算货币，进而成为其他国家或地区的储备货币，有助于进一步提高人

---

[1] 全毅、汪洁、刘婉婷：《21世纪海上丝绸之路的战略构想与建设方略》，《国际贸易》2014年第8期。

民币在国际货币体系的地位,加强中国在国际舞台上的话语权,有利于中国西进战略的实施。其次,海上丝绸之路沿线地区的人民币区域化具有重大的战略意义。目前我国80%的进口石油、50%的进口天然气和30%的进出口商品要经过海上丝绸之路[1],因此在东南亚和印度洋享有经济利益和航道安全利益。然而,中国在印度洋的港口建设被说成实行"珍珠链"战略,亚丁湾护航行为被冠以"军事扩张战略"之名。美国更是拉拢印度等实施"印太战略",对我国进行围追堵截。海上丝绸之路沿线地区实现了人民币区域化,将极大地增加中国与海上丝绸之路沿线国家或地区的经济利益,加强彼此间的合作,实现共同发展、共同安全,有助于消除"中国威胁论",打破以美国为首构建的经济包围圈。[2] 最后,海上丝绸之路沿线地区人民币的区域化有利于中国成为海洋强国。综观英、美等国,无不是凭借经略海洋而崛起,且美国也正是通过太平洋岛链和"印太战略"等来遏制中国经济的海上发展。而海上丝绸之路沿线地区人民币的区域化是打破美国太平洋岛链的理想选择,同时有助于打通我国与世界贸易航线的枢纽,加快实现建设海洋强国战略目标,并可为我国向西发展战略提供重要的保障。

(三)海上丝绸之路沿线地区金融体系稳定的重要基础

区域货币合作是一种"集体保险机制",有利于区域货币体系的稳定,进而有利于区域金融体系的稳定。欧洲货币一体化的成功实践,证明了区域货币合作是减少对美元体系依赖的有效途径,同时也是提升区域金融稳定的有效机制。

海上丝绸之路沿线地区的大部分国家属于发展中国家,经济实力较弱,加上对美国金融体制和美元的依赖程度较高,其实行的金

---

[1] 赵江林:《21世纪海上丝绸之路:目标构想、实施基础与对策研究》,社会科学文献出版社,2016,第25页。

[2] 赵江林:《21世纪海上丝绸之路:目标构想、实施基础与对策研究》,社会科学文献出版社,2016,第26页。

融货币制度有以下几个特征：一是各国都拥有独立的货币以及实行独立的经济政策；二是除了日本实行浮动汇率制度外，其他经济体实际上都采取盯住美元的汇率制度；三是虽然多数经济体实行盯住美元的汇率制度，但是它们各自缺乏协调经济政策与汇率制度的机制。随着经济全球化的进程加快，缺乏区域协调与合作的海上丝绸之路沿线经济体，极易受到国际资本的冲击而无法稳定内部经济。例如，海上丝绸之路沿线地区的发展中国家之所以采取盯住美元的汇率制度，是为了在实现货币主权的同时维护币值的稳定，利用外资来发展经济。然而，在这个过程中，各经济体承担着维护本币与美元之间汇率稳定的责任，一旦美国的经济政策做出重大调整，这些国家就得相应地调整本国的利率以及货币发行量，从而导致海上丝绸之路沿线地区各发展中国家的经济容易遭受外部的冲击。

而海上丝绸之路沿线地区的人民币区域化是为了建立海上丝绸之路沿线地区的货币体系，为了建立一种"集体保险机制"，以应对外来因素对海上丝绸之路沿线地区的冲击，维护海上丝绸之路沿线地区金融体系的稳定。海上丝绸之路沿线地区的货币体系是指在海上丝绸之路沿线地区内，在保证货币的可兑换性的基础上，在区域内各国之间建立起汇率联动机制，进而构建区域内固定的汇率体系，甚至形成一定区域内的单一货币制度。一般而言，货币体系的构建需要经历三个阶段：一是区域内各国汇率的协调，保持汇率的相对稳定；二是该区域内各经济体实行严格的固定汇率制度，建立稳定的汇率体系；三是在该区域内使用同一货币，如欧元区中流通的单一货币。目前，鉴于亚洲地区日元的存在，要使人民币成为海上丝绸之路沿线地区内流通的单一货币，条件还不成熟，但是人民币成为海上丝绸之路沿线地区关键货币的可能性是非常大的。一旦海上丝绸之路沿线地区各经济体建立起稳定的汇率体系，通过加强海上丝绸之路沿线地区内部的协调与合作，即可降低因美国经济的波动而受到的影响，增强彼此抵抗金融危机的能力。在当今经济全球化的背景下，国际金融市场波动加大,海上丝绸之路沿线地区的发展中国家急需这种"集体保险机制",以维护自身金融市场的稳定。

二 海上丝绸之路沿线地区人民币区域化的可行性

(一)海上丝绸之路沿线地区人民币区域化的客观条件

1. 海上丝绸之路沿线地区人民币区域化的经济基础

中国具有支撑人民币区域化的综合经济实力,包括中国经济平稳持续增长、外汇储备不断增加,以及人民币币值稳定且汇率稳中有升。

首先,中国经济的持续增长成为海上丝绸之路沿线地区经济增长的重要力量。一种货币成为国际区域内具有计价、结算、交易等功能的主要货币,取决于市场选择,而市场选择的结果取决于该国具有的经济基础。在英镑成为国际货币时,英国是"日不落帝国";在美元成为国际货币时,美国通过"布雷顿森林体系"和"马歇尔计划"成功登上世界经济霸主地位。改革开放以来,我国的经济平稳快速发展,GDP 从 1978 年的 3650.2 亿元增至 2014 年的 634043.4 亿元;2000~2007 年的 GDP 保持了 10% 左右的增长速度。虽然在 2012~2014 年,我国 GDP 增长速度放缓,但是在全球经济都不景气的大背景下,中国 GDP 仍然有 7% 左右的增长速度,该增长速度是全球经济增长速度的 3 倍左右。2015 年,中国 GDP 达 108648.77 亿美元,仅次于美国,为世界第二位。

其次,中国的外汇储备不断增加(见表 1-1),巨额的外汇储备为海上丝绸之路沿线地区人民币区域化提供了重要的保障。近十多年,中国的外汇储备不断增长,从 2000 年的 1656 亿美元增长到 2013 年的 38213 亿美元。2014 年底,我国的外汇储备达 38430 亿美元,约为日本外汇储备的 3 倍。目前,我国是全球外汇储备最多的国家。我国有能力倡导建立海上丝绸之路沿线地区货币基金,支持建立有利于海上丝绸之路沿线地区贸易和金融投资合作的机制框架。

表1-1 2000~2014年世界部分国家的外汇储备情况

单位：亿美元

国家	2000年	2005年	2010年	2013年	2014年
中国	1656	8189	28473	38213	38430
日本	3472	8288	10363	12029	12002
印度	373	1310	2678	2677	2959
美国	312	378	521	476	419
法国	321	240	362	274	287
德国	497	398	374	387	372

资料来源：IMF数据库。

最后，人民币币值稳定且汇率稳中有升（见表1-2），成为海上丝绸之路沿线地区人民币区域化的强大促进力。综观1997年亚洲金融危机和2008年全球金融危机，当时亚洲各国纷纷进行货币贬值以减少金融危机带来的损失。而中国始终保持着大国风范，坚持人民币不贬值，稳定了投资者的信心，遏制了区域竞争性货币贬值，有效阻止了金融危机的进一步恶化，人民币因此获得了国际社会的广泛好评。自1994年以来，人民币币值开始了稳步的上升过程，人民币的升值使得境外对人民币的需求增加，国际进出口商开始更多地选择人民币进行计价、结算和支付等，这进一步加速了海上丝绸之路沿线地区人民币的区域化进程。

表1-2 2000~2014年世界部分国家的货币汇率情况

单位：1美元折合本币数

国家	2000年	2005年	2010年	2014年
中国	8.28	8.19	6.77	6.14
日本	107.77	110.22	87.78	105.95

续表

国家	2000 年	2005 年	2010 年	2014 年
印度	44.94	44.10	45.73	61.03
美国	1.00	1.00	1.00	1.00
法国	1.09	0.80	0.76	0.75
德国	1.09	0.80	0.76	0.75

资料来源：WB 的 WDI 数据库。

2. 海上丝绸之路沿线地区人民币区域化的政治基础

央行具有较强独立性和良好的政治体制有助于提高货币政策的可信度，而货币政策的良好信誉又有助于央行实现保持低膨胀的目标。[①] 在海上丝绸之路沿线地区人民币区域化的进程中，中国人民银行的独立性和中国"单一政党"的政治体制是实现海上丝绸之路沿线地区人民币区域化的重要保障。

目前，关于央行的独立性问题，有学者指出，基于《中华人民共和国中国人民银行法》（以下简称《人民银行法》）和《中国人民银行货币委员会条例》（以下简称《条例》）的规定，中国人民银行的独立性偏低，主要表现在以下方面。第一，根据《条例》第五条的规定，货币委员会的委员大多是各政府部门的主要官员，而来自金融界的精英少之又少，导致货币政策直接反映了政府部门的意志。第二，根据《条例》第二条的规定，货币委员会不具有决策权，只是一个咨询议事机构，为政府实行货币政策提供参考意见。第三，根据《人民银行法》第二条和第五条的规定，中国人民银行隶属于国务院，不享有独立的货币政策决策权，只能根据国务院的货币政策享有具体的执行权。因此，有学者建议由全国人民代表大会常务委员会直接立法授权中国人民银行享有独立的货币政策决策

---

① 何运信：《中国能进一步提高央行独立性以改善货币政策可信度吗？》，《广东金融学院学报》2011 年第 2 期。

权，让中国人民银行直接隶属于全国人大，改革货币委员会的组成，使其不再受国务院的领导。

然而，国内增强央行独立性的声音忽略了西方国家和中国的政治制度差异。西方发达国家大多数是两党制或者多党制国家，执政党都面临着选举的竞争压力。如果将货币政策交由执政党控制，就会导致经济秩序受执政党的政治性波动影响而不够稳定，因此才催生了具有独立货币政策决策权的中央银行。而我国实行的是人民代表大会制度、中国共产党领导的多党合作和政治协商制度，中国共产党是唯一的执政党，无论是人民代表大会制度，还是政治协商制度，其核心都是共产党的领导。因此，我国不存在执政党轮替的情况，从而不存在由执政党的政治性波动而导致货币政策不稳定的情形。对于通过立法使中国人民银行直接隶属于全国人大，并享有独立货币决策权的改革建议，目前很难起到实质性的效果。在以中国共产党为领导核心的政治制度下，中国人民银行无论是隶属于国务院还是隶属于全国人大，都是在共产党的领导下开展工作。

因此，对于增强央行的独立性有助于提高货币政策的可信度，主要针对西方发达国家的多党执政而言。我国形成了不同于西方自由宪政模式的体制。该种模式的独特之处在于中国共产党为政治领导核心。我国1982年的宪法明确将党和国家机器分离，并将它们之间的关系法律化，使得党中央和国家都服从宪法和法律规则的治理，抑制了政府滥发货币的冲动，有利于海上丝绸之路沿线地区人民币区域化的推进。

3. 海上丝绸之路沿线地区人民币区域化的文化基础

海上丝绸之路建设契合了我国和平发展的战略定位，体现了合作共赢、和谐共生的新型国家之间的关系。① 早在秦汉时期，海上

---

① 邹立刚：《中国-东盟共建南海海上丝绸之路的战略思考》，《海南大学学报》（人文社会科学版）2014年第4期。

丝绸之路就是中国向欧亚地区输出丝绸的商路。在明代郑和下西洋时期，海上丝绸之路途经东南亚、西亚、非洲等地，中国通过它向沿线国家或地区输送了大量的瓷器和茶叶。中国古代的四大发明也是通过海上丝绸之路传到阿拉伯等国的，西方的数学、天文和火炮以及美洲的高产农作物等则通过海上丝绸之路传入中国，因此海上丝绸之路是文化和经济交流的路线，促进了沿线国家或地区之间的相互合作、共同发展。同时海上丝绸之路也是一条和平交流之路。海上丝绸之路有助于古中国朝贡体系的建立，这种朝贡体系是自然形成的，体现了中国"礼尚往来"的文化精神。就中国明代郑和下西洋而言，其船队最远到达非洲的肯尼亚，但是中国船队没有攻城略地，更多的是去传播东方的文明，促进了沿线地区经济、文化的交流与发展。[1]

数千年来的海上丝绸之路体现了中华民族崇尚和平，强调合作共赢、和谐共生的精神。今天，中国重返海上丝绸之路，必将更加注重和平，21世纪的海上丝绸之路蕴含着和平互惠、相互尊重、包容共鉴、共同发展的新理念，而在海上丝绸之路沿线地区推进人民币区域化更是契合了中国和平发展的战略定位，体现了区域经济的合作共赢。

4. 海上丝绸之路沿线地区人民币区域化的法律基础

货币的自由兑换和汇率市场化形成机制是货币国际化的重要基础。在海上丝绸之路沿线地区，实现人民币区域化的基本要求即人民币的自由兑换以及人民币汇率市场化形成机制。而中国作为IMF的创始国之一[2]，不仅遵守其法律规定，而且在不违反其法律规定

---

[1] 全毅、汪洁、刘婉婷：《21世纪海上丝绸之路的战略构想与建设方略》，《国际贸易》2014年第8期。

[2] 1945年8月25日，国民政府批准中国参加《国际货币基金协定》。1980年4月1日，外交部部长黄华致函IMF总裁并声明，中华人民共和国政府是中国的唯一合法政府，只有中华人民共和国才能在IMF及其特别提款权部代表中国。中华人民共和国认为当时中国政府对《国际货币基金协定》的批准有效。

的前提下制定和修改了符合我国经济发展要求的人民币自由兑换和人民币汇率制度，为海上丝绸之路沿线地区的人民币区域化提供了法律基础。

货币自由兑换在不同货币制度下的含义不同，本书主要基于纸币本位制度研究货币兑换问题。货币兑换从形式上看是一种货币兑换成另一种货币，但其实质内容是为了便利国际经济交往，是国际经济交往的需要。正如一些学者看来，货币自由兑换是指货币发行国允许货币持有人将该国货币自由兑换成其他国货币并且不限制其被用于对外支付。因此货币自由兑换的对立面是外汇管制。通常外汇管制越严格，货币的可兑换程度越低，外汇管制分为对资本项目的管制和对经常项目的管制，相应的货币自由兑换包括经常项目自由兑换和资本项目自由兑换两部分。一般而言，某一货币实现了经常项目的自由兑换，即可认为它实现了自由兑换，如果一种货币实现了经常项目和资本项目的自由兑换，则认为它是完全可兑换或完全自由兑换货币。[1] 中国作为 IMF 成员国，严格遵守《国际货币基金协定》的有关规定，而该协定第八条的规定要求成员国取消经常项目的汇兑限制。[2] 1996 年 4 月 1 日，我国开始实施《中华人民共和国外汇管理条例》（以下简称《外汇管理条例》）。1996 年 12 与 1 日，我国实现了人民币经常项目的自由兑换；1997 年 1 月 14 日，我国以国务院令第 211 号之名，发布了修改外汇管理条例的决定，根据《国际货币基金协定》第八条规定的成员国义务，增加"国家对经常性国际支付和转移不予限制"作为第五条，从法律上明确

---

[1] 张健：《人民币资本项目可兑换问题研究》，博士学位论文，西南财经大学，2010。
[2] 《国际货币基金协定》第八条规定了成员国的一般义务。其第一节称："各会员国除承担本协定其他各条下的义务外，尚须履行本条规定的义务。"第二节称："（a）除第七条第三节（b）及第十四条第二节的规定外，各会员国未经基金同意，不得对国际经常往来的付款和资金转移施加限制。（b）有关任何会员国货币的汇兑契约，如与该国按本协定所施行的外汇管理条例相抵触时，在任何会员国境内均属无效。此外，各会员国得相互合作采取措施，使彼此的外汇管理条例更为有效，但此项措施与条例，应符合于本协定。"

了人民币经常项目的自由兑换。在人民币实现经常项目自由兑换后，人民币区域化的发展方向转向实现人民币资本项目自由兑换，即稳步推进人民币资本项目可兑换进程，并开展试点工作。① 2014年4月10日，李克强总理在博鳌亚洲论坛2014年年会上宣布建立沪港股票市场交易互联互通机制（"沪港通"）。② 同年10月17日，中国证券监督管理委员会发布《沪港通项目下中国证监会与香港证监会加强监管执法合作备忘录》，加强了中国证监会和香港证券及期货事务监察委员会的监管执法合作，有力地保护了投资者的合法权益，促进了内地和香港股票市场的健康发展和有效运行，为人民币资本项目部分可自由兑换消除了法律障碍，为海上丝绸之路沿线地区的人民币自由兑换提供了法律基础。

人民币汇率市场化形成机制，主要涉及人民币汇率制度的选择问题。1994年，我国开始实行以市场供求为基础的、有管理的盯住单一美元的浮动汇率制度。③ 随着中国加入WTO，人民币逐步走向国际，我国开始进一步完善人民币汇率市场化形成机制，发挥市场在人民币汇率形成中的决定性作用，增加汇率的弹性。2005年7月21日，《中国人民银行关于完善人民币汇率形成机制改革的公告》发布，这意味着我国开始实行以市场供求为基础、参考一篮子货币进行调节、有管理的浮动汇率制度。人民币汇率不再盯住单一美元，由此形成了更具弹性的人民币汇率机制。④ 近年来，中国人民银行着力于完善人民币兑美元汇率中间价形成机制，该机制由"收盘汇率"和"一篮子货币汇率变化"两大组成部分。其中，"收盘汇率"是指上一日16时30分银行间外汇市场的人民币对美元收盘汇率，主要反映外汇市场供求状况；"一篮子货币汇率变化"是指为保持人民币对一篮子货

---

① 张生举：《人民币可兑换进程大事记》，《中国货币市场》2002年第9期。
② 中国人民银行：《人民币国际化报告（2015年）》，《金融时报》2015年6月12日，第5版。
③ 朱加凤、张琼：《发展中国家国际储备合理规模分析》，《求索》2006年第2期。
④ 程雨和：《中国外汇管理改革的法律问题分析》，硕士学位论文，华东政法大学，2010。

币的汇率基本稳定所要求的人民币对美元双边汇率的调整幅度，主要是为了保持当日人民币汇率指数与上一日人民币汇率指数相对稳定。做市商在报价时既会考虑中国外汇交易系统（CFETS）货币篮子，也会参考国际清算银行（BIS）和SDR货币篮子。具体来看，在银行间外汇市场开盘前，根据上一日一篮子货币汇率的变化情况，计算人民币对美元双边汇率需要变动的幅度，得出当日人民币对美元汇率的中间报价，并报送中国外汇交易中心，由中国外汇交易中心暨全国银行间同业拆借中心发布人民币汇率中间价公告，如《2013年10月25日中国外汇交易中心关于受权公布人民币汇率中间价公告》《2013年7月16日中国外汇交易中心关于受权公布人民币汇率中间价公告》。这种以市场供求为基础，参考一篮子货币调节人民币对美元汇率中间价的机制，既反映了一篮子货币汇率变化，也反映了外汇市场供求状况。虽然《中国人民银行关于完善人民币汇率形成机制改革的公告》只是以部门规范性文件的形式发布和施行，但是它扫除了人民币汇率形成机制改革的法律障碍，为人民币汇率市场化机制的形成提供了法律基础，有利于我国加大对人民币汇率市场化改革的力度，建立以市场供求为基础、有管理的汇率浮动机制，让市场供求在汇率形成中发挥更大作用。

（二）海上丝绸之路沿线地区对人民币接受程度的实证分析

2008年国际金融危机爆发后，为了提高人民币在国际货币体系中的地位，发挥人民币在国际经济交流中的积极作用，中国政府制定了多项措施鼓励人民币"走出去"，包括促进对外经济交流、大规模签订双边本币互换协议、逐步建立人民币离岸市场，以及提升人民币跨境使用活跃度，这些措施有利于海上丝绸之路沿线地区的人民币区域化。

1. 进出口贸易和对外经济交流繁荣发展

货币区域化有两种形式：一是在某一特定区域内，各国通过长期的相互合作而选择放弃本国的货币，并共同选择使用超越主权的单一货币；二是一种货币在特定区域内同其他货币相互竞争和合作，并逐步发挥计价、交易、储备等货币职能，最终成为该区域的主导货币。由于日元已经称得上是海上丝绸之路沿线地区的区域货币，因此本书所研究的海上丝绸之路沿线地区的人民币区域化主要指人民币成为该区域的主导货币。在经济全球化的格局下，对外贸易规模、对外资的利用程度以及国际旅游收支情况不仅衡量了一国对外开放的程度，而且反映了该国在国际经济体系中的地位。一国融入世界经济的程度和开放程度越高，说明它参与国际经济活动的程度越高，其发行的货币成为区域主导货币的可能性越大。改革开放以来，我国的经济取得了举世瞩目的成就，对外开放度不断提高，融入经济全球化的进程不断加快，人民币成为区域主导货币的可能性不断增加。

首先，从对外贸易规模（见表1-3）来看，2013年中国货物出口额达到22090亿美元，超过美国成为世界第一大货物贸易出口国。2014年，中国货物贸易总额达到43030亿美元，占全球货物贸易总额的11.34%，依然是世界第一大货物贸易国。其中，货物出口额为23427亿美元，在全球货物贸易出口总额中所占的比重为12.37%；货物进口额为19603亿美元，占全球货物进口总额的10.30%。中国对外贸易规模达到了全球的领先水平，极大地促进了人民币的跨境流动。

表1-3 2013年和2014年世界及部分国家的货物进出口额

单位：亿美元

国家	2013年		2014年	
	出口	进口	出口	进口
中国	22090	19500	23427	19603
日本	7151	8332	6838	8223
美国	15796	23291	16232	24094

续表

国家	2013年		2014年	
	出口	进口	出口	进口
德国	14518	11916	15109	12174
世界	188260	189040	189350	190240

资料来源：WTO数据库。

其次，对于外商直接投资（见表1-4）而言，2000~2013年，流入中国的外资从407亿美元增长到1239亿美元，外商直接投资增长率超过了2倍左右。2013年，中国的外商直接投资额占全球外商直接投资总额的8.53%，仅次于美国，位居世界第二。同时，中国的对外直接投资额从2000年的9亿美元极速增长到2013年的1010亿美元。2013年，中国的对外直接投资额在全球对外直接投资总额中的比重为7.16%，仅次于美国、日本，位居世界第三。

表1-4　2000~2013年世界及部分国家的外商直接投资与对外直接投资情况

单位：亿美元

国家	外商直接投资			对外直接投资		
	2000年	2010年	2013年	2000年	2010年	2013年
中国	407	1147	1239	9	688	1010
印度	36	274	282	5	159	17
日本	83	-13	23	316	563	1357
美国	3140	1980	1875	1426	2778	3383
德国	1983	656	267	566	1263	576
世界	14150	14223	14520	12412	14676	14108

资料来源：联合国贸易与发展会议数据库。

再次，从国际旅游收支情况分析，随着我国居民收入水平的提高，其旅游消费能力显著提升，出境旅游消费需求持续扩大。2013年，我国的国际旅游支出达到1383亿美元，占国际旅游支出总额的10.85%，首次超过美国（1367亿美元），位居世界第一。同时，中国的国际旅游收入也在逐年增长。2013年，中国的国际旅游收入额为564亿美元，仅次于美国、法国，位居世界第三（见表1-5）。

表1-5 2011~2013年世界及部分国家的国际旅游收支情况

单位：亿美元

国家	国际旅游支出			国际旅游收入		
	2011年	2012年	2013年	2011年	2012年	2013年
中国	790	1099	1383	533	549	564
日本	398	410	322	125	162	169
美国	1164	1299	1367	1876	2006	2148
法国	539	500	532	660	639	661
德国	998	938	1053	534	516	552
世界	11293	11886	12749	12582	12967	13811

资料来源：WB的WDI数据库。

最后，从对外经济联系来看，中国与亚洲国家或地区签署了多项双边或多边自由贸易协议，同时积极推动海上丝绸之路沿线国家或地区参与自贸区的建设。亚洲各经济体纷纷出台了有利于开放经济发展的政策，包括降低进出口关税税率、放松资本管制等。亚洲开发银行于2014年公布的《亚洲经济一体化监测》报告显示[1]，中国与亚洲经济体签署并且已经生效的自由贸易协议达到了14个，正在进行协商的自由贸易协议有7个（见表1-6），同时中国积极倡议亚洲各国建立自由贸易区，以加强对外经济交流。

---

[1] 赵江林：《21世纪海上丝绸之路：目标构想、实施基础与对策研究》，社会科学文献出版社，2016，第48页。

表1-6 2014年亚洲部分国家的自由贸易区协议

单位：项

经济体	建议的	协商中的	签署协议待生效的	签署并生效的
日本	5	8	1	13
韩国	12	8	3	10
新西兰	4	7	0	10
印度	9	15	1	12
老挝	4	2	0	8
新加坡	7	10	2	21
泰国	9	8	1	12
巴基斯坦	12	7	2	7
马尔代夫	0	2	0	1
亚美尼亚	0	0	1	8
中国	8	7	0	14
总计	70	74	11	116

2. 双边本币互换协议大规模签订

人民币的跨境流通是人民币参与国际经济结算的需求基础，而双边本币互换协议的签署是境外国家或者地区对人民币进入其境内的政治支持，也为人民币通过官方途径进入境外国家的金融市场提供了制度基础，有助于提升人民币境外结算和流通的效率，为人民币离岸市场的建立提供资金流动支持，促进人民币发挥国际贸易结算和金融投资的作用。

国际金融危机爆发后，在全球金融危机的背景下，部分国家或地区面临着国际收支危机，急需外汇。中国政府有意提升人民币的国际地位，自2008年12月中国人民银行与韩国央行签署1800亿元人民币的本币互换协议以来，中国签署的双边本币互换协议的规模不断扩大。2014年，中国先后与海上丝绸之路沿线地区的韩国、哈萨克斯坦、巴基斯坦、泰国等国家的中央银行或者货币当局签署、续签了双边本币互换协议。截至2014年末,中国人民银行已经与全球28个国家或地区的央行或者货币当局签署了双边本币互换协议,协议总额达到3.1万亿元左右。[①] 其中,2010年7月23日与新加坡金融管理局续签了本币互换协议,且规模增加为原来的2倍;2012年2月8日与马来西亚国家银行续签了本币互换协议,同时规模扩大了1.25倍;2014年10月13与俄罗斯联邦中央银行签订了规模达1500亿美元的双边本币互换协议(见表1-7)。双边本币互换协议的签订有利于解决海上丝绸之路沿线地区部分国家的外汇管制困难,有利于与对方的央行或者货币当局大规模签订本币结算协议,有利于促进人民币发挥国际贸易结算和金融投资的功能,为人民币在当地"落地发展"创造了良好的法律环境,促进了人民币在海上丝绸之路沿线国家或地区的流通。

表1-7 截至2014年11月8日中国人民银行
签署的双边本币互换协议

单位:亿元

签署时间	对方央行/货币当局	规模（原有规模）	有效期	可否展期
2009-01-20	马来西亚国家银行	800	3年	经双方同意可展期
2010-07-23	新加坡金融管理局	1500（750）	3年	经双方同意可展期
2011-06-13	哈萨克斯坦共和国国家银行	70	3年	经双方同意可展期
2012-02-08	马来西亚国家银行	1800（800）	3年	经双方同意可展期
2013-03-07	新加坡金融管理局	3000	3年	经双方同意可展期
2013-10-01	印度尼西亚银行	1000	3年	经双方同意可展期
2014-10-13	俄罗斯联邦中央银行	1500	3年	经双方同意可展期

资料来源:阙澄宇、马斌《中国—东盟经济合作中的人民币区域化研究》,中国金融出版社,2015,第79~80页。

[①] 中国人民银行:《人民币国际化报告(2015年)》,《金融时报》2015年6月12日,第5版。

3. 人民币离岸市场逐步建立

海上丝绸之路沿线地区的人民币区域化是为了让人民币能够在该地区国家间跨境流通，发挥货币的计价、结算以及储备等功能。但是目前人民币存在僵化的汇率形成机制以及资本项目管制，使得人民币在海上丝绸之路沿线地区的自由交易存在一定的障碍。而在资本项目未完全开放的背景下，发展人民币离岸市场可以避开这一矛盾，可以说发展离岸市场的初衷就是活跃本币的跨境金融交易。

人民币离岸市场是指为境外非居民提供借贷、融资等金融服务，使之享受中国提供的较大税收优惠的金融市场，而且它不受中国国内金融法规的管制。因此，在中国存在资本账户交易限制的时候，积极发展人民币离岸市场，将极大地促进人民币的国际使用、流通、计价以及储备等。从历史来看，美元、欧元等主要的国际货币正是借助离岸市场来实现国际化的。例如，2008年底，美国居民和非居民的美元离岸市场存款占全球美元存款总额的1/4，而在美国官方机构的4892亿美元存款中，仅有1873亿美元存在美国，其他的则存在美国以外的地区。这说明离岸市场在促进货币的国际使用、流通等方面发挥着巨大的作用。其具有以下几个特点。一是离岸市场可以降低非居民投资者面临的国家风险。离岸市场基本不受货币发行国经济政策、法律法规等的管制，由于它的存在，某货币可在货币发行国境外领域流通，投资者可以将资本投资于不同的国际市场，防止资本在货币发行国遭遇主权风险时受损。二是投资者在离岸市场可以获得更优惠的投融资条件。由于离岸市场的金融活动受到货币发行国的管制较少，离岸市场的存款利率一般高于货币发行国在岸市场的存款利率，同时离岸市场没有存款准备金和存款保险金的要求，导致离岸市场的贷款利率低于货币发行国在岸市场的贷款利率。因此离岸市场对投融资者具有更大的吸引力。三是离岸市场可以规避国内市场的金融限制。例如，虽然我国目前还存在资本管制，但是人民币投资者可以选择香港等人民币离岸市场作为人民币的融资渠道。因此，人民币离岸市场的建立有利于形成境外人民币的回流渠道，有利于实现人民币的资本项目自由兑换，有利于形成完全市场化的人民币汇率体系，以及有利于海上丝绸之路沿线地区的人民币融资。同时，通过人民币的离岸市场将地下金融交易搬到明处，有利于对境外人民币的规模、流通范围以及流通渠道等进行监控，降低潜在的金融风险。

当然，离岸市场也会对在岸市场造成冲击，如对货币供应量、货币利率、货币汇率，以及短期资本流动的影响。因此，在建设人民币离岸市场的过程中，应坚持循序渐进，坚持人民币资本项目开放和国内金融制度相协调的原则。目前，人民币区域化还存在不少的障碍，特别是人民币汇率机制还未完全实现市场自由化，如果没有活跃的离岸市场，人民币要成为区域货币甚至是国际货币将非常不乐观。原因有4个：首先，国际货币需要较大的境外交易量，而离岸市场可以为这些境外交易提供便利的渠道；其次，国际货币应当满足投资者在不同时区的金融交易需求，只依赖在岸市场显然是不够的；再次，当货币被境外非居民大量持有时，为了降低货币发行国的主权风险导致的损失，需要在境外提供大量的货币资产；最后，离岸市场为货币在国际市场和国内市场之间建立了一种缓冲机制，减少了国际货币流动对国内金融市场的冲击。因此，积极发展人民币离岸市场，是实现海上丝绸之路地区人民币区域化的必经之路，可以有效缓解海上丝绸之路地区人民币区域化面临的资本账户管制和国内金融水平之间的矛盾。

自2003年国务院批准香港经营人民币业务以来，香港的银行持有的人民币已从2004年的121亿元增加到2008年底的776亿元[①]，香港已经成为人民币离岸市场。随后，人民币离岸市场继续

---

① 邱兆祥：《人民币区域化问题研究》，光明日报出版社，2009，第125页。

保持平稳健康发展，到 2014 年，人民币离岸市场呈现以香港为中心，新加坡、法兰克福等多点并行发展的良好局面。近年，中国人民银行分别与英国、德国、法国、韩国、卢森堡、加拿大、卡塔尔、澳大利亚、马来西亚、泰国和智利 11 个国家的央行或者货币当局签署了合作备忘录①，约定双方充分协作，做好信息交换、持续评估以及相关业务的监督管理工作，并在当地建立了人民币清算银行。截至 2015 年 5 月末，中国人民银行在东南亚、西欧、中东、北美、南美以及大洋洲等地的 15 个国家或地区做出人民币清算安排②，清算安排的内容包括：一是通过港澳地区人民币清算银行在中国人民银行分支机构开立人民币清算账户和其他境外人民币清算银行在其总行指定的中国境内分行开立人民币清算账户，为境外人民币清算银行提供两种接入方式；二是人民币流动性支持政策；三是提供当地人民币现钞供应和回流渠道。人民币离岸市场的建立，有利于上述国家或地区的投资者、金融机构使用人民币进行跨境交易，有利于进一步促进投资贸易的便利化，有利于加快人民币的境外流通效率。

4. 人民币跨境使用活跃度提升

活跃的本币跨境金融交易是货币国际化的重要表现之一，人民币区域化是一个动态的过程，并已经进入起步阶段，其最重要的标志是人民币跨境流通的规模逐年扩大。目前，我国跨境人民币结算模式主要有三种：代理模式、清算模式和境外机构人民币结算账户模式（NRA 模式）。代理模式即中资银行委托外资银行作为其境外的代理行，境外企业在中资银行委托的外资银行开设人民币账户的模式；清算模式涉及中资银行的境内总行和境外分行的业务分工，境外企业在中资银行境外分行开设人民币账户，完成人民币的跨境

---

① 牛娟娟：《人民币国际化取得初步成果》，《金融时报》2015 年 12 月 1 日，第 3 版。
② 中国人民银行：《人民币国际化报告（2015 年）》，《金融时报》2015 年 6 月 12 日，第 5 版。

支付；NRA模式即经中国人民银行核准的符合相关条件的境外企业，可以在境内中资银行开设非居民人民币银行结算账户，境外企业通过其在境内中资银行开设的人民币账户直接与境内机构进行人民币结算，但该种模式下资金账户的使用限制较多，并且境外企业在开设NRA账户时，需要公开其企业的信息，因此在实践中采用该种模式进行人民币跨境结算的企业非常少。

人民币跨境交易结算的进程大致经历了四个阶段。第一个阶段，2009年7月1日，中国人民银行联合财政部、商务部、海关总署、国家税务总局、银监会发布了《跨境贸易人民币结算试点管理办法》，实现试点地区的试点企业与境外企业在跨境贸易中直接使用人民币计价，银行提供人民币国际结算、国际融资、国际投资等金融服务。第二个阶段，2011年8月23日，中国人民银行会同其他5部门联合发布《关于扩大跨境贸易人民币结算地区的通知》。随着该通知的发布，我国跨境人民币交易结算境内地域扩大至全国范围，境外地域从毗邻国家扩展到全球范围的国家或地区，人民币跨境交易结算的范围进一步扩大。第三个阶段，随着跨境人民币业务范围的不断扩大，业务规模不断增长，为了满足各主要地区人民币跨境结算的需求，提高人民币跨境结算的效率和贸易结算的安全性，整合人民币跨境结算的渠道和资源，中国人民银行于2012年开始推动建设人民币跨境支付系统（Cross - Border Interbank Payment System，CIPS）。CIPS的建设分两期进行：一期主要服务于人民币跨境结算和跨境直接投资，实现人民币的实时全额结算；二期将重点突破节约流动性的混合结算方式，全面支持人民币跨境和离岸资金结算。2015年10月8日，人民币跨境支付系统（CIPS）一期在上海上线运行，为境内外金融机构人民币跨境和离岸业务提供资金清算、结算服务，极大地提升了人民币跨境结算的效率。[①] 第

---

① 李婧：《人民币国际化与"一带一路"建设：公共产品提供的视角》，《学海》2016年第1期。

四个阶段，2014年以来，中国人民银行联合其他部委发布了《关于简化出口货物贸易人民币结算企业管理有关事项的通知》等多项通知，下放了重点监管企业名单审核权限，简化了管理流程，进一步优化了人民币跨境使用政策，积极开展跨境人民币创新业务试点，逐步扩展人民币跨境交流渠道。①

截至2014年，我国各项跨境人民币业务继续快速发展，与中国有跨境人民币结算贸易的国家达189个；2014年全年人民币跨境收支达9095万亿元，占本外币全部跨境收支比重的25%左右。② 人民币的国际地位稳步上升，已成为全球第5大支付货币。③ 人民币跨境结算活跃度的不断提升，有利于加强对外经济交流，促进国内金融的发展和开放，进一步加快上海国际金融中心的建设，促使区域性人民币清算中心的建立。

---

① 2014年以来，依照可推广、可复制和宏观审慎的原则，中国人民银行先后在中国（上海）自由贸易试验区、苏州工业园区、中新天津生态城及云南省广西壮族自治区沿边金融综合改革试验区开展跨境人民币创新业务试点，包括个人经常项目下跨境人民币业务、人民币境外借款业务、跨境人民币双向资金池业务，以及股权投资基金人民币对外投资等。2014年6月，中国人民银行发布《中国人民银行关于贯彻落实〈国务院办公厅关于支持外贸稳定增长的若干意见〉的指导意见》，该意见旨在进一步简化经常项目下和直接投资项目下人民币跨境结算业务流程，鼓励在全国范围内开展个人跨境货物贸易、服务贸易人民币结算业务，支持银行和第三方支付机构合作开展跨境人民币业务，支持外贸稳定增长和进出口结构调整。2014年11月，中国人民银行发布《中国人民银行关于跨国企业集团开展跨境人民币资金集中运营业务有关事宜的通知》，允许符合条件的跨国企业集团开展跨境双向人民币资金池业务和经常项目下集中收付业务。同时，沪港股票市场交易互联互通机制（"沪港通"）正式启动，通过当地证券公司（或者经纪商两地投资者）可以使用人民币买卖规定范围内的对方交易所上市的股票；中国人民银行、证监会联合发布了《关于沪港股票市场交易互联互通机制试点有关问题的通知》，就"沪港通"试点中的人民币资金跨境流动做出规范。
② 中国人民银行：《人民币国际化报告（2015年）》，《金融时报》2016年6月12日，第5版。
③ 根据环球银行金融电信协会（SWIFT）统计，2014年12月，人民币成为全球第5大支付货币，较2013年同期排名上升了3位，市场占有率为2.17%。见中国人民银行《人民币国际化报告（2015年）》，《金融时报》2016年6月12日，第5版。

第 二 章

海上丝绸之路的经验：中国货币区域化的历史进程

第一节　海上丝绸之路货币史概述

第二节　中国古代货币区域化的历史

第三节　中国近代货币区域化的历史

第一节　海上丝绸之路货币史概述

一　中国历史上的海上丝绸之路及其转变

古代丝绸之路不仅是古代人民创意的表现，而且是其智慧的结晶。历史上的丝绸之路是东西方经济、文化等多方面沟通和交流的载体，在世界文明的交流史中发挥着重要的作用。它发源于中国，将亚洲、非洲和欧洲的经济贸易联系起来，促进了东西方经贸、文化、科技等多方面的交流。丝绸之路分为"陆上丝绸之路"和"海上丝绸之路"两部分。"陆上丝绸之路"以西安为起点，经过河西走廊，沿着天山南路和北路挺近中亚地区。"海上丝绸之路"有三条，均是以中国为起点构建起来的。历史上的第一条海上丝绸之路又被称作"南方丝绸之路"，起点为今天四川成都，途经云南、贵州一带，经由缅甸并通往南亚印度洋沿线，又被唤作"茶马古道"。第二条海上丝绸之路的起点是我国东南部沿海地区，途经东南亚、马六甲海峡、印度洋沿线，最终抵达阿拉伯及北非沿岸，该线以东南亚贸易为核心，因该时期沿途行销陶瓷制品和诸多香料，故被称作"海上陶瓷之路"，又作"香料之路"。第三条海上丝绸之路从我国东部沿海地区出发，沿着东海航线及 16 世纪后期兴起的连接中国和墨西哥的拉丁美洲海上贸易通道。

我国古代海上丝绸之路的形成、发展、繁盛、转变发生在不同时期，有不同的内涵。

首先，海上丝绸之路的形成。我国古代海上丝绸之路形成于秦汉时期，主要分为两条线路：一是沿着朝鲜半岛和东部沿海路线最终到达日本、琉球和我国台湾地区；根据《汉书·地理志》中记载的汉武帝派遣使者搭乘运载各种丝绸的船舶出使南洋和印度洋可知，另一线路是沿着南海航线通向印度和西方的。

其次，海上丝绸之路的发展。海上丝绸之路在唐朝中期以后和宋朝时期逐渐发展并繁荣起来。在隋唐之前的公元6世纪至7世纪，海上丝绸之路只是作为陆上丝绸之路的补充。到了隋唐时期，西域地区战乱不断，致使陆上丝绸之路被阻断，于是海上丝绸之路逐渐兴起。到了唐朝中叶，由于我国造船、航海等科学技术的不断发展，我国先后开通了通向东南亚、马六甲海峡、印度洋、红海、非洲大陆的海上航线并不断向海外拓展。海上丝绸之路逐渐成为我国对外交往的重要渠道，并最终取代了陆上丝绸之路。根据《新唐书·地理志》的记载，唐朝时期我国东南沿海地区有一条通往东南亚、印度洋北部诸国、红海沿岸、东北非和波斯湾诸国的海上航路。该海上航路当时被称为"广州通海夷道"，即海上丝绸之路的早期形态。宋朝时期罗盘的发明和运用，将我国船舶的航线扩展至西亚诸国，当时泉州是世界上最大的贸易港。当时，我国主要出口丝绸、瓷器、茶叶、铜铁器等商品。

再次，海上丝绸之路的繁盛。元朝至明朝中叶以前，我国海上丝绸之路建设达到顶峰。元朝时期，我国政府在东南沿海地区设有市舶司，以此来管理海内外贸易，市舶司设在杭州、宁波、温州、泉州、广州。明朝永乐帝执政期间，派遣郑和七次下西洋，最远到达非洲肯尼亚，历时28年之久。该阶段的进出口物品不论是种类还是规模，都超过以前。

最后，海上丝绸之路的转变。历史上海上丝绸之路的转变起始于明朝中叶"海禁政策"的推行，"海禁政策"实施的最直接后果是阻碍了郑和进一步扩大的贸易成果。在郑和七次下西洋之后，政府随即就将造船技术的相关资料毁于一旦,并下令禁止建造大型出海帆船。清朝时期,我国政府继续深化闭关锁国政策,只准广州一带对外通商。由此,由我国引领实施的,利于东西方经贸、文化、科技等方面交流的,惠及沿线各国的古代海上丝绸之路被迫中断。相反,当时的西方世界却正在受到由发现新航路的地理大发现带来的冲击。有关历史资料记载,1497～1498年葡萄牙人达·伽马绕过非洲最南部的好望角,到达印度西南部;随后,葡萄牙人的足迹一直到达明帝国沿海地区。1492年,西班牙人哥伦布越过大西洋,发现了美洲大陆。1521年,麦哲伦舰队横跨太平洋,抵达菲律宾宿务岛。从明朝中叶开始,我国被迫接受由西方列强控制的新时期海上丝绸之路,该线路大致为两条:一条是印度洋航线,从我国广州、澳门地区到印度果阿,再到欧洲里斯本,是传统的海上丝绸之路;另一条则是新开辟的太平洋航线,由漳州月港经马尼拉,最终到达墨西哥的阿卡普尔科。中国曾经一度是世界经济贸易的中心,但在连接亚洲和美洲的"马尼拉大帆船贸易"持续的250年间,西班牙人用从美洲获得的大量金银换取从中国运来的丝绸、茶叶、棉布、瓷器、生丝和一些工艺制品。中国的"闭关锁国"政策像囚笼一样将中国的经济贸易困在一国范围内,而中国的财富却不断流向西方,中国的国运也不断走向衰落。[1]

海上丝绸之路是我国历史遗留下来的宝贵财产,应当在修正的基础上将其加以传承。国家主席习近平于2013年访问中亚和东南亚国家期间先后提出了"一带一路"战略构想,其中的"一带"是指习近平主席于2013年9月访问中亚四国时提出的构建"丝绸之路经济带"的倡议;"一路"是指习近平主席于同年10月在印度尼西亚国会发表演讲时,基于东南亚地区作为海上丝绸之路的中枢地位而提出的共同建设"21世纪海上丝绸之路"的倡议。该构想

---

[1] 赵江林:《21世纪海上丝绸之路:目标构想、实施基础与对策研究》,社会科学文献出版社,2015,第21~24页。

为我国与海上丝绸之路沿线国家或地区在经贸、文化、能源、科技、金融等多方面的合作打开了新局面,为"和平合作、开放包容、互学互鉴、互利共赢"的丝绸之路精神注入了富有时代特色的新内涵。

二 中国历史上的货币形制与流通

人民币是指在中国人民银行成立后,于1948年12月1日首次发行的货币,据此,我国对人民币的使用大约有70年,时间并不太长。因而,从历史的角度对人民币区域化的问题进行分析,势必要从货币形制发展本身和货币流通发展两方面进行讨论,前者主要包括我国古代货币的产生和发展、货币经济体系的确立、货币信用的产生、货币流通手段职能的出现和发展,以及我国古代对金、银、铜等金属货币的使用等内容;后者则很大程度上依附于前者,与前者共同发展、相互依存。从海上丝绸之路的视角谈及人民币加入SDR货币篮子背景下的人民币区域化问题,则必定要追根溯源,具体而言,它包括两个层面的内容:一是我国货币的演进和货币区域化进程,二是海上丝绸之路的发展历史。

中国对货币的使用历史悠久,已达数千年。我国是世界上最早使用货币的文明古国之一。历史实证表明,在新石器时代,中国境内就已开始使用和流通原始意义上的货币。金属铸币作为官方认定流通和使用的货币,始于东周时期。随着商业社会的繁荣发展,汉代之后方孔样式的硬质铜币成为我国当时社会上的主流货币。秦朝时期,我国的货币区域化有了迅速发展,秦始皇在全国范围内实施经济改革,统一了度量衡、货币、文字、车轨,使原本小规模流通的货币的流通范围扩大到一国之内,这直接地、较大程度地促进了商业的快速发展。

唐朝时期,我国社会高度繁荣,这一阶段的中国在政治、经济、文化等各个方面都有了长足的发展。唐朝对世界货币文化做出了十分重大的贡献。在货币区域化方面，我国的铸钱技术传播到朝鲜、越南、日本等邻近的国家，并对邻近国家主流货币的形制产生了极其深远的影响，货币区域化的范围也由我国扩大到周边国家。此后的北宋时期，得益于蔡伦造纸术的发明与普及，我国四川等地区产生了最早的纸币——交子。尽管交子不管是在货币形态上还是流通使用层面上都还不具备现代纸币的特征，但它的发明和推广，在一定程度上助推了社会经济发展，具有重要意义。此后的晚清时期，我国政府引入了西方先进的铸币技术，开始学习机器铸币。

三　中国货币理论体系综述

中国的货币文化绚烂而多彩，历朝历代研究钱币学的学者和著作也有许多，此类著作最早可追溯到距今1500多年的南朝刘氏的《刘氏钱志》和顾烜的《顾烜钱谱》；此外，宋代与钱币学相关的理论著述也不少。中国是世界上最早产生钱币学的国家。清朝时期，对与钱币形制、历史等相关内容的研究和取证风靡一时，在资料的积累、整理方面，取得了不俗的成就。有所不足的是，我国钱币学在最初的一千多年时间里，对钱币的研究进展十分缓慢，长时间停滞在钱币的形制方面，为研究货币本身而研究，研究内容并未过多涉及货币流通领域。更有甚者，对与货币相关的各朝代、各时期的经济、政治、文化等方面的研究和对我国货币与世界各国货币的联系和相互影响的探讨十分粗浅。

近现代钱币工作者对货币学内容展开了新一轮的研究和探讨，其中对新货币学科体系研究做出突出贡献的是彭信威学者，他为新货币学科体系的研究打通了一条与旧时研究有所不同的道路。彭信威学者的贡献集中体现在其所著的《中国货币史》一书中。从客观上说，彭信威学者对新货币学科体系的贡献主要有五点，其中与本章相关的内容有二。

其一，提出了完善的货币学学科体系，以及将钱币学和货币学相结合的新观点。"钱币"一般指金属铸币，钱币是货币的一种，后者包括实物货币、称量货币和信用货币。钱币学和货币学在理论上存在本质区别，我国钱币学从最初就作为一门独立的学科，钱币学以对钱币实物的研究为基础；相反的是，我国历史上并无与货币史相关的专著，货币学者也未曾对相关材料做搜集、整理和分析，故历史中货币学并非一门独立的学科，该学科在近代才逐渐得以确立并兴起。应然状态下的钱币学理论研究不仅研究钱币本身，而且研究货币文化。货币文化从广义层面，是指一个社会发展到使用货币足以具备的各种先进条件，包括生产力和与之相匹配的各种规章制度；从狭义层面，指的是钱币艺术，即钱币本身的形制、文字和图形等。彭信威学者认为对货币的研究不应以货币理论为重点，而应当以货币学特别是货币史和钱币学为重点，因此他提出了三结合的观点，即"书本与实物相结合、理论与实际相结合、货币学与钱币学相结合"。

其二，提出了钱币学的研究应当扩大到流通领域，特别是货币购买力变动的重要观点。他认为中国过去的钱币学是对钱币实物形制的研究。根据相关史料记载，中国的货币产生得较早，并且逐渐发展出独立的货币文化。西方的货币发源于小亚细亚，其区域流通方式主要有两种：一种是依靠诸国在交战与征服之中形成；另一种则是在国际交流、互通中形成。对于第一种依靠诸国在交战与征服中形成的货币区域流通方式，在东边，当波斯人征服小亚细亚时，他们就从小亚细亚那里学会了铸造并使用货币，而以色列人是从波斯人那里学会使用货币的。在西边，希腊通过在小亚细亚的殖民运动把货币文化带回希腊，并从事货币铸造。埃及对货币的铸造始于被亚历山大征服之后，因此它最初的货币完全属于希腊货币体系。波斯等东方国家的货币，后来也因亚历山大的征服而逐渐希腊化。古罗马曾用过方铜块，这可以说是它独立发展出来的货币，但不久后由于逐渐吸收了希腊的货币文化，此种货币被逐渐改造了。印度原本有独立的货币，但由于亚历山大的东征，北印度一带的货币逐渐希腊化。对于另一种在国际交流、互通中形成的货币区域流通方式，比如英国的镑、先令和便士体系，是古罗马货币体系通过查理大帝流传过去的，又如现代欧美国家的货币制度，承袭自罗马货币制度。亚洲伊斯兰国家的货币，也承袭了希腊、罗马的传统，连货币单位的名称也是由希腊、罗马的货币名称演变出来的。

彭信威在《中国货币史》一书的绪论部分提到，"其实古钱的形制只是古代货币的躯壳，它的生命或灵魂是它的流通情况，尤其是它的购买力"。由此，彭信威学者将货币流通的范围扩大到包括货币在流通过程中所涉及的各个方面，而货币购买力实质上涉及货币最为本质、最为复杂的价值问题。如此看来，弄清这一本质问题，就可以解开诸如私自销售和铸造货币、通货膨胀、通货紧缩等一系列困扰历代统治阶级的难题。[1]

结合古今学者对于钱币学、货币史的研究内容及目前学术界的主流观点，针对货币区域化问题的探讨，可从钱币发展本身和钱币对经济、政治、文化发展的影响两方面进行研究；对人民币区域化法律问题的探讨，则应结合不同时期、不同朝代官方货币或者主流货币在思想、制度层面发挥的作用进行研究，并应从古代海上丝绸之路的视角出发，将这些内容贯穿起来。

---

[1] 彭信威：《中国货币史》（第2版），上海人民出版社，2015，第1~6页。

第二节　中国古代货币区域化的历史

一　货币经济的萌芽和初期发展

（一）夏商周时期货币区域化的历史

1. 铜、贝币的出现与初期发展

货币的流通缘起于商品经济发展到一定阶段，存续于商品经济时期。在早期的自然经济阶段特别是原始社会早期阶段，生产工具落后导致生产力水平过于低下，人们在与自然界做斗争的过程中可得的物品本身不多，可供交换的剩余产品更是屈指可数，几乎为零。此后，随着社会的不断演进，生产工具的改善带动了生产力的发展，开始出现剩余产品。早期社会的交易形态具有交易方式尚不发达、交易物品相对单一的特点，人们往往通过物物交换的形式用自己制造或得到的物品与他人互换，从而获取自己想要的物品。该种交换形态存在诸多不足，如交易规模的不可预见性、交易对象的随意性、交易时间的偶然性和交易地点的随机性等。

在原始社会后期，随着"一般等价物"的出现，交易形态上升到一个全新的高度。社会生产工具的逐步改善，带动生产力水平不断进步，商品交易在旧有的物物交换基础之上，规模和种类有所扩大。为了有效提高交易稳定性和商品交换的效率，人们开始寻找一种价值相对稳定的中介商品，来充当双方商品交换的媒介，此即一般等价物出现的缘由，一般等价物最初由在交易中出现频率相对较高的商品来充当。不同的历史时期所表现出来的生产力水平不同，加之不同地域因素导致所需的生产条件和方式不同，因此很难寻求到作为长期的、相同的一般等价物的商品。为解决这一难题，历史上的人们最终选定将"金属"作为一般等价物，这就是最初时期"货币价值形态"的产生。

距今约4000年的夏朝，是我国的第一个奴隶制国家。根据相关史料考证，夏朝的海贝是我国最早的用于流通的货币。夏朝民间将海贝作为流通货币，并且还存在仿照海贝制成的石贝、骨贝和玄贝，玄贝的前身是海贝，由海贝染黑而成。中国古代的货币是两种不同物品的总称。根据史书《周礼·九贡》记载，货从"贝"、币从"巾"，"货贡"指代珠贝，"币贡"指代皮帛。凡是与财物有关的文字都与"贝"有关，比如贸、贷、赏、赐、贾、贿、赂等，这反映了古代贝被用来充当货币的事实。[①]

根据历史考证，商朝对贝的使用不论在数目上还是在规模上，都大大增加。在郑州辉县挖掘出并经证实的殷墟古墓中，随处可见用贝随葬的迹象，而郑州白家庄和殷墟妇好古墓也大规模出土过贝。使用贝充当随身陪葬之物，说明商朝的贝是身份尊贵、富庶的象征。此外，我国出土的商朝铭文曾多次将对贝的使用予以记录，如"王赏成嗣子贝廿朋"，表示贝已非单纯的饰品或财物的象征，当时的人们将其作为经济层面流通的特殊物件——货币。

至于周朝，从在陕西一带（西周的发祥地），乃至北京、山东、河南等地已经考古发现并证实的西周古墓中大量出土的贝可以得出，周朝人民对贝的使用规模远在商朝之上，小型墓出土贝的数量也相对商朝增多。周朝人民将贝作为货币，通常情况下也把贝作为价值尺度来计算其资产现值。此外，由铜器铭文的相关记载可知，当时的人们时常把交换中的玉器、田产折合成"朋"来计算。由此

---

① 肖茂盛：《中国货币文化简史》，中国书籍出版社，2013，第25页。

可见，西周时期对于贝的使用已经延伸至经济生活的各个领域。①

商周时期，民间除大量使用贝币外，还将铜作为流通货币。根据在陕西西安博物馆展出的殷墟出土的器皿可知，铜器在商朝的使用范围甚广，且十分普遍。此外，商周时期最有意义的，当属"铜贝"②的出现，该物件是铜和贝的结合体。在周朝初期的市民社会里，生铜往往和贝币一道被作为赏赐物，当时称之为"金"。

2. 铜、贝币作为简易支付工具

在商品交易过程中，提到最多的是"交换"一词，这是交易行为的原初含义。货币进入公共流通领域的成因，大致有二：一是，生产工具的日益进步带动生产力水平不断提高，由此带动社会经济发展、剩余产品不断增多，从而打破了原始社会自给自足的局面；二是，将常用商品作为一般等价物的缺陷日益暴露，迫使人们寻求一种价值相对稳定且不易受外在因素影响的物品来充当一般等价物。

由此看来，夏商周时期民间流通的铜、贝币尽管经历了从最初作为体现身份尊贵、富庶的凭据，逐渐发展到后期作为简易支付工具的过程，但其在功能、价值上都还不是现实意义上流通的实物货币，尚未形成货币的区域化流通，社会对铜、贝币的使用充其量只是约定俗成、长期形成的交易习惯。当时对金属的使用尚不足以使其成为实物货币的原因有二：一是金属器具，比如铜、贝可以凭重量计算；二是金属的支付不限于生铜块和铜贝的形式，金属兵器亦可用于支付③，比如当时社会中，铜制工具发展成为流通手段和支付手段。尽管夏商周时期还不能完全摆脱以物易物的旧交易习惯，该时期产生和广泛使用的铜、贝币还不是现实意义上的实物货币，

---

① 肖茂盛：《中国货币文化简史》，中国书籍出版社，2013，第25页。
② 彭信威：《中国货币史》（第2版），上海人民出版社，2015，第13页。
③ 例如，《国语·齐语》记载："管子曰，制重罪赎以犀甲一戟，轻罪赎以鞼甲一戟，小罪谪以金分，宥间罪。"

但其作为我国古代货币的萌芽,在我国货币流通史上起到承上启下的作用,为春秋时期货币体系的正式确立奠定了良好基础。

(二) 春秋战国时期货币区域化的历史

1. 春秋战国时期的铜铸币

春秋战国时期,货币经济正式确立,形成了4大铜铸币体系,即布币体系、刀币体系、环钱体系和蚁鼻钱体系。

布币体系存在于当时的黄河中游地区,最初由农铲演化而来。布币种类繁多,有空首布、平肩弧足布、斜肩弧足布、耸肩尖足布、平肩平足布等。布币体系的发展经历了两个重要阶段:一是春秋时期的铲形阶段;二是战国时期的扁平首阶段。铲形布币,顾名思义,是币首为空,可以纳柄的布币。春秋时期的铲形空首布币种类与花样极其繁多,当时只是作为民间物品而被广为流传;扁平首布币,是将布首制成扁实状的布币。战国时期的扁平首布币的发展合乎货币的发展规律。

刀币体系是由当时社会中流传的刀具演化而成的。刀币的造型与实物刀具几乎相同,采生铜原料,基于实物刀具按比例缩小而成。铜制刀币尽管大小不一,但造型上确是有共通之处,即柄端口有环,柄身有裂沟。刀币有大小之分,齐国(今山东一带)主要流行大刀货币,而燕国(今北京、天津及部分河北、辽宁地区)则主要流行小刀货币。刀币的流通范围局限在东、北部,相对布币流通范围狭窄。

环钱体系盛行并且与社会经济紧密联系的时期是战国时期。环钱可能源自手工纺车或璧玉,是战国中期形成的一种新型货币,最初以秦、魏两国为中心开始流通。到了战国末年,方孔环钱在齐、秦、燕三国流行开来,并最终成为中国货币的统一形制。环钱是由圆铜片中部镂空一方孔而成,中部方孔有大有小,前期孔小,后期孔大,它的形态轻巧、便携,功能上与其他货币无异,是时兴的4大铜铸货币体系中规模体系最小的一种。环钱的出现在古代货币史上具有划时代意义,它在货币形态中处于自上而下的过渡阶段,地位十分重要。

蚁鼻钱体系是一种小型铜铸币,流行于南方楚国一带,其样式呈椭圆状,正面突起,刻有各种地方文字,背面扁平。楚国地处南方,经济较中原地区落后,而获取贝相对容易,使用贝的时间也较长。春秋中后期楚国出现了由铜贝发展而来的刻有文字的铜仿贝——蚁鼻钱,该铜铸货币是铜贝的高级形态。① 蚁鼻钱上刻的文字形态如蚂蚁一般。同时期流行的另一种相类似的铜铸币,是鬼脸钱,其正面刻有似人形一样的文字,中部有一穿孔,仿佛人的嘴。

2. 春秋战国时期货币流通的进程

春秋时期,依据 4 大铜铸币体系的不同而开始形成的几大货币流通区域逐渐确立,在此基础上的货币交换范围进一步扩大,在经济、政治、文化等多重因素的共同作用下,4 大铜铸币体系相互渗透、相互交融,并开始突破国与国、地区与地区的界限,形成刀币、布币并行的货币体系。

战国时期,我国由夏王朝始建的奴隶制政权体制走向终结,封建制在该时期作为一种新的政权体制逐渐在各诸侯国内被确立起来。该阶段的社会生产力在春秋时期的基础上进一步解放,农业、手工业开始分离,各行各业都有所发展,各地区的经济水平不断提升。剩余产品的增多,刺激了新兴贵族对奢侈品的需求,于是,在社会商品频繁交易的过程中,货币的需求和流通进一步增加和扩大。

这一时期已有将钱币的单位划分大、小等级的先例,类似于现今纸币的票面价值。当时的布币、刀币、环钱、蚁鼻钱各有各的等级划分,比如布币有大、小两种,两枚小型布币的价值大致相当于一枚大型布币的价值。略有不同的是,当时的货币尚没有主币和辅

---

① 彭信威:《中国货币史》(第 2 版),上海人民出版社,2015,第 41 页。

币之分。

根据相关史料记载，战国时期就已存在两种或两种以上货币的小规模流通。在古典书籍中，将刀、布结合的相关文献不在少数，比如《管子》一书提到的"刀布为下币"，又如《荀子·富国篇》一书中的"厚刀布之敛，以夺之财"。此外，有些地名采取刀币、布币和环钱两两结合的命名方式，不同地方出现相同的以混合货币组合而成的地名。①

春秋战国时期，货币经济得以确立的社会根源是，周王室衰败后，北方的齐、秦、晋、宋和南方的楚、越相继强盛，各据一方，各诸侯国相继变法，招贤纳士，通过放松经济政策，运用和推广先进技术来发展农业、手工业，从而使社会经济交流得以进一步提升。社会剧变推动着经济繁荣发展，商品在社会上的大规模交易促使商人在利益的驱动下越过地区、跨过国界，从而促进了货币的区域化流通。此外，生铜币作为金属货币的一种，在交易过程中因便捷、稳定等特点而越来越具有优越性，受到人们的青睐，并逐渐在各地区、各国范围内取代了贝币等其他非金属形式的货币。

从上述针对春秋战国4大货币体系的形制及流行特点的分析可以看出，春秋战国时期货币的铸造和流通具有明显的地方性特征。一方面，当时货币的铸造由民间完成，而非由各国政府强制集中进行。以春秋时期的刀币和蚁鼻钱来说，生活在南方的居民惯于千耕万耘、精耕细作，生活相对精致的他们，选择使用蚁鼻钱这样一种小型精巧、便于携带的椭圆状物品作为贴身货币；相比之下，生活在东方、北方的居民由于长期遭受恶劣气候影响和北方游牧民族的不定期侵犯，因此所选的货币大多与佩刀相似。这说明，当时各国对所铸货币形制的选择和该货币的适用范围，与各国、各地区的生活习俗和传统文化息息相关。另一方面，正是由于当时各国、各地

---

① 彭信威：《中国货币史》（第2版），上海人民出版社，2015，第45页。

区将货币的形制局限在较小范围内，加之货币铸造没有国家强制力作支撑，铸造工艺的民间性和随机性特征明显，铸造水平参差不齐、难以统一，因而，尽管战国时期各国、各地区的货币流通情况相对于春秋及之前时期有所发展，但货币本身的诸多局限性加上阻碍货币流通的外在因素如交易习惯迥异、货币互换机制不健全等，致使当时货币的流通地域和使用范围仍被局限在小国、小地区范围之内。

3. 货币经济确立的意义

如同《孟子》一书中对农作"以铁耕"的描述，春秋战国时期，社会对铁器的使用大大增加，生产力提高带动了商品经济的发展，社会贸易规模也有所扩大。历史资料证明，燕、齐、楚、秦等国商人的贸易往来，促进商品生产不断增加。有些拥有一技之长的居民，虽没有耕地可作，仍可在市场附近靠手艺过活。在农业、手工业产品日益增多的情况下，随着商业贸易的发展，货币的使用量也随之增加。根据常规的贸易理论，商人的财富在频繁交易中日积月累。

尽管春秋时期实际上还属于自然经济时期，但该时期已经开始将铜铸币作为货币。战国时期的生产进一步发展，带动了社会商业的发展。春秋时期，市镇规模的扩大，是货币流通增加的一大动因。春秋时期市镇的规模达到一定水平，一处可逾万家，如齐国繁华的临淄市镇，战国时期的一些文献也反映了这点。

战国时期是我国货币经济长足发展的时期。春秋和战国两个时期的货币大体上可分别以空首布、平首布为代表，两个时期的时间跨度大致相等，但从已经证实并发掘的货币数目及其推测的市值来看，平首布数目是空首布数目的 10 倍至 100 倍不等。就货币的使用规模来看，我国的货币经济无疑是在战国时期确立的。

战国时期，我国产生了第一次货币流通的高潮，出现了"货币拜物教"现象。"货币拜物教"又称"拜金主义"，是在近代兴起的一种价值观，持该种观念的人们以为"万物之中，金钱至上""在社会上，没钱是万万不能的"等，此种价值观起源于资本主义社会，是鼓励人们追求自我物质利益的思想主张。在战国时期，苏秦穷困回家时，兄弟嫂妹都窃笑他，后来做了六国的宰相，家人见到他不敢仰视，因为他地位高而多金。从当时封建统治者利用这种心理而采取黄金贿赂政策以达到其政治目的的情形来看，货币拜物教十分猖獗。但是，直到战国时期，黄金仍不具备现代意义上的货币职能，不是现代意义上的货币。此外，在货币流通领域方面，战国时期流通的货币并不限于市镇，农村也进入货币经济的阶段。

战国时期，我国经济仍处于自然经济阶段，当时货币的流通领域还十分有限。农民占当时人口的绝大多数，他们在物质生活层面长期维持自给自足的状态。而人数较少的官吏的收入基本上是"宝物"，而非货币。战国时期的钱币并非由政府主持铸造，政府在征税方面多以"宝物"而非货币为对象，譬如布缕、粟米之类。虽然当时也有所谓"刀布之敛"，但只限于特殊国家或部门。在战国时期，钱币主要由商人组织铸造，在商品流通领域中作为商人的筹码被辗转使用。商人用钱币向市面上的小生产者购买商品，这些商品的生产者又作为另一链层的消费者用钱币向另一链层的商人购买消费品。货币经济确立的本质含义，是指货币通行下的一种状态，特别是指战国时期的一次货币流通高潮。在此种情况下，不仅产生了价格计算的观念，而且有追求货币的现象发生。所以说，货币经济确立的确切时期是战国时期。

货币经济的确立，对人类生活产生了深远的影响，体现为货币流通对商品流通、人类文化的促进作用。货币经济对人类的积极贡献不仅在于它刺激了商品生产，巩固了货币的购买力及其稳定性，而且在于对货币的使用能够使人们获得前所未有的自由和独立，能够使人们尽情发挥他们的才能，从而促进人类文化的高速发展。自然经济状态下的人们不能离开属于他们的团体、土地，不能将属于各自的财产任意转移；他们的思想长期受到宗教、神明的羁绊，受到本地传统观念的羁绊，所以他们的身体、思想并不自由。在货币出现后，这些束缚逐渐减弱，人们的身体开始解放，异地的新鲜事物开始激发人们的想象力和创造力，就如同战国时期百家争鸣，各家思想竞相碰撞，这是人类文化高潮产生的必要条件。[①]

（三）秦朝时期货币区域化的历史

1. 秦朝统一环钱形制与单位

公元前221年，秦始皇扫灭六国，一统天下。秦始皇生前的贡献主要体现在以下方面。在地方机构的设置上采取李斯的建议，废除分封制，改行郡县制，这对此后历朝历代地方机构的设置产生了极大的影响。在文化制度方面成就颇多，即"书同文、度同制、车同轨、行同伦"。书同文，即统一和简化文字，这不仅是对我国古代文字发展、演变的一次总结，而且是一次重大的文字改革，对我国文化的发展起到巨大推动作用。车同轨，即综合战国时期各国车辆的规模特征，并加以统一。行同伦，即端正风俗，建立统一的伦理道德和行为规范。度同制，即统一度量衡和货币制度。在统一度量衡方面，以秦国原度、量、衡单位为标准，淘汰其他不同的标准；在统一货币制度方面，将货币分为上币和下币，上币是黄金，单位是"镒"（秦规定二十两为一镒）；下币是铜币，形制统一为环形方孔，以"半两"为单位。秦朝时期，黄金主要是皇帝的赏赐之物，铜币则作为社会上主要的流通媒介。下文将主要就货币制度方面的内容展开研究。

要想探讨秦始皇统一货币制度的问题，首先要对我国发现黄金和使用黄金的缘起问题加以说明。从《管子·地数》一文中记载的引伯高对黄帝的话——"上有丹沙者，下有黄金"，还有司马迁、班固等人对黄金的成色、质量等相关内容的描述中可以看出，我国

---

① 彭信威：《中国货币史》（第2版），上海人民出版社，2015，第61~65页。

在很早以前就发现了黄金。原始社会对于黄金的发现和使用，是基于黄金的神秘和象征作用的，当时的人们往往从迷信的角度解读和运用黄金。社会对黄金的使用经历了从迷信把玩，到充当装饰品，再到用作宝藏和支付手段的发展历程，作为支付手段的黄金主要用于赏赐①、馈赠②或者贿赂③，当时的黄金还不具备货币最重要的价值尺度和流通手段这两种职能，早期用黄金制成的金币在形式、单位及规格上也未能统一。此外，战国时期南方楚国盛产黄金，楚国对黄金的使用甚于秦国。秦统一六国以前，社会主要以铜环币为流通工具。

秦朝统一货币制度的核心内容是，废除统一以前各国、各地区流通的货币，把半两方孔圆钱推行至全国范围。以"铢、两"为单位的货币制度在我国流行了一千余年，该货币单位是从战国时期产生和演变而来的。秦朝对货币制度的统一是对旧货币体系的总结和整理，其货币体系起到了承上启下的作用。除此之外，秦朝规定了黄金和铜币作为国家认可的两种货币形式，禁止其他形制的币种充当货币，诸如珠、玉、贝等财物只能作为装饰物和宝藏品，被禁止作为货币使用。对于黄金、铜币的使用，前者主要用于皇帝赏赐和把玩，后者则用于使用和流通，是真正意义上的货币。

2. 中央集权与货币的区域流通

秦朝统一货币的相关制度对货币的区域流通有着深远的影响。首先，在货币制度立法层面，从史料所记载的秦始皇依据法令做出的与货币制度相关的规定可以看出，秦朝是我国历史上最早的货币制度立法国家。当时的黄金和铜钱是相对独立的两种货币，货币制

---

① 例如，《战国策·燕王喜》记载："秦王目眩良久，已而论功赏群臣及当坐者各有差，而赐夏无且黄金二百镒。"

② 例如，《国语·晋语二》记载："黄金四十镒，白玉之珩六双，不敢当公子，请纳之左右。"

③ 例如，《战国策·楚怀王》记载："南后郑袖闻之大恐，令人谓子张曰：妾闻将军之晋国，偶有金千斤……郑袖亦以金五百斤。"

度中关于将金、铜作为上币、下币的规定，即金、铜本位制，也可以类比金钱本位制。不足的是，当时不论是黄金还是生铜，都以重量为单位，没有固定比值，也就无所谓兑换了。

其次，规定了货币的铸造和发行由国家垄断。根据史料记载，秦朝规定铸币权由政府垄断，根据遗留下来的"半两钱"所表现出来的特征，秦朝时期不同面值的货币规格、成色不一，即使是相同面值的货币，其规格、成色也可能不一致。截至目前，尚未发现形制、刻字整齐划一，一眼就可以看出是由官府统一铸造的秦朝货币。例如，在秦国使用的单一半两钱中，由质轻到质重，直径一般为6～20厘米。出现这一问题最重要的原因是，在秦朝统一货币制度的初期，各地对铸币的使用尚未形成统一标准，所以即使事实上社会所流通的金属货币由官府统一铸造，也可能偏轻或偏重，难以做到严格统一。尽管该垄断行为具有表面性，但货币的铸造和发行由国家政府予以垄断表明，当时政府已将货币的铸造和发行作为国家暴力统治和进行经济干预的手段之一，民间私人的铸币行为被视为违法行为。因而，中央集权背景下的垄断货币铸造和发行行为，有助于货币价值观念和货币信用功能的形成和发展，为改变战国时期货币的小国、小区域范围内流通，实现全国范围内的货币通行奠定了基础。①

二 丝绸之路沿线地区贸易与货币区域化

（一）汉唐时期货币区域化的历史

1. 两汉时期货币区域化的历史

（1）两汉的货币制度

西汉的货币制度是在秦朝货币制度的基础上进一步发展起来的。前文已经详尽叙述的秦朝货币制度，是一种金本位制下的货币

---

① 彭信威：《中国货币史》（第2版），上海人民出版社，2015，第57～58页。

制度，以黄金与铜币半两钱为基础。在西汉初期，社会依旧延续"金本位制"传统，而这个时期的金、铜货币有着明显的分工。与秦朝及之前的历朝历代相似，汉初的黄金只具备价值尺度、支付手段、储藏手段和充当世界货币的职能，而铜钱作为主要货币的一种，具备流通手段的职能，其在使用上并无限制。相对于黄金而言，在市民社会中铜铸币的地位似乎更为显赫。

自西汉初期开始，以重量命名的铜铸币的价值开始与货币重量本身相区分。西汉初期的货币开始实行减重，如汉朝出现的"四铢钱"是官方指定的单位面值下的货币，但现实生活中流通的铜铸币仍是民间工匠铸造的，故铜铸币的单位面值虽以"四铢"作称，但其实际重量已远远低于四铢。需要明确的是，根据史书中记载的贾谊在汉文帝在位期间谈到的"曩禁铸钱"推算，汉初的铸币权最初归属民间，后大约在吕后掌权时期逐渐被收归官府。汉朝半两钱的重量小于秦朝的半两钱，而形态近似秦朝的半两钱。

"五铢钱"的铸造和使用，是发行"白金"和"皮币"之后的事。汉武帝时期出现的白金、皮币均不作为流通货币使用，是虚币。虽然如此，白金确实是我国历史上最早出现的银铸币。现经考古挖掘和证实的五铢钱种类繁多，原因之一是汉初时期铸币权并不集中于中央政府，各郡县可以自由铸造货币。中央的铸币机构是上林苑的三官，即钟官、辨铜和均输。钟官直接掌管铸钱事务，辨铜负责辨别铜色，均输掌管铜锡的运输工作。汉初以后，铸币权逐渐被中央收回，各个郡县不得铸造货币。自汉武帝元年废止"赤侧五铢"以一当五的办法以后，各式各样的五铢钱不论形态、质量，平价流通。此外，在汉昭帝和汉宣帝时期，物价低，五铢钱的购买力很高。在汉宣帝时期，社会开始通过对铸币大小的区分，来差异化货币的面值。

五铢钱的出现和应用对我国货币经济的发展和我国货币区域流通的演进，具有极其重要的意义。之所以在本节中强调五铢钱，是因为它是我国历史上使用时间最长、使用范围最广、影响最深远的古代货币，也是使用最成功的货币。五铢钱是在秦朝半两钱的基础上发展而来的，而秦朝半两钱又是对过去历朝历代形形色色的货币的总结和完善，所以五铢钱可谓是集大成者。就五铢钱本身而言，其对货币区域流通最突出的贡献在于轻重适宜，方便携带和使用。此外，两汉时期相较于战国时期，货币经济有了更长远的发展。两汉时期货币的使用范围大大扩大，货币的流通途径也进一步增多。两汉时期货币的使用范围和流通途径的改变主要体现在以下方面：一是租赋，二是薪金、俸禄，三是官职交易、赎买罪身。汉朝时期的俸禄由粮食等实物转变为铜币或铜物结合，原因是粮食等实物作为俸禄不易搬运和储存，而货币具有便于存放和不会变质的优点。货币流通范围的扩大，很大程度上得益于货币经济的发展和信用货币的出现。

我国货币流通途径发生质的改变是在汉武帝时期。汉武帝时期，铸币权正式统一于中央手中。货币流转的周期是：第一步，中央通过发放俸禄或其他开支事由使铜钱从国库流向政府官员和商人手中，政府官员随后将所持有的、中央发放的钱币用于向社会购买商品，于是官员手中的钱币也通过这种方式流转到商人手中；第二步，商人手中的一部分钱币被用于购买生活资料，在社会中流通，另一部分则流入社会生产者手中，该部分经由社会生产者购买生产资料、生活资料流回商人手中；第三步，商人通过缴税的方式最终使得钱币重新流回国库。至此，钱币完成了一次使用周期，钱币的流转初具模型。[①] 币制的统一十分有必要，有助于商品流通和人民生活质量的改善，从而可进一步推动货币的区域流通。[②]

（2）海上丝绸之路与两汉货币的演进

我国已知最早的海上航线，是汉代时期的海上丝绸之路。海上

[①] 彭信威：《中国货币史》（第2版），上海人民出版社，2015，第80~84页。
[②] 彭信威：《中国货币史》（第2版），上海人民出版社，2015，第144~146页。

丝绸之路起始于汉朝，兴盛于唐朝。根据《汉书·地理志》（下）的相关记载，该航线的起点为合浦、徐闻一带，途中绕过中南半岛海岸，经暹罗湾到达今印度尼西亚巴赛河一带；或者沿着马来半岛西岸北上到达今缅甸南部的直通、悉利，再沿着缅甸太公城一路西航，绕过孟加拉湾，到达今印度的康契普腊姆，最后抵达今斯里兰卡。斯里兰卡是欧亚大陆的交通枢纽和贸易中心。汉朝的海上丝绸之路采用水陆结合的运输方式，将中国、东南亚、南亚和西方国家联系起来，促进了沿线各国、各地区的商贸往来。中国货币作为当时商品交易的媒介，改变了沿线地区以物易物的商贸习惯，使各国的货币经济开始萌芽。汉朝海上丝绸之路商贸辐射我国今南部两广和南海等地，以及东南亚、南亚印度和斯里兰卡等地区。根据沿线地区出土的大量从汉唐至清朝的中国钱币可以看出，汉朝五铢钱对各国的货币制度影响颇深。[①]

汉朝时期，我国生产力的发展推动着经济贸易的发展，促进了我国与海上丝绸之路沿线国家或地区的商贸往来。汉朝五铢钱对海上丝绸之路沿线各国、各地区的影响主要有二。第一，东南亚各国纷纷效仿汉朝五铢钱铸造货币，效仿的内容包括钱币的形状、名称、纹饰、文字、铸造工艺等。东南亚地区早期并无金属货币流通，自汉朝海上丝绸之路形成以后，汉朝圆形方孔五铢钱大量流入东南亚地区，并很快成为该地区各国贸易的流通货币，对各国的货币制度产生了重要影响。汉朝时期，最早模仿五铢钱铸造货币的国家是柬埔寨，而越南国内直接流通我国钱币，直至公元970年自行铸造"大平兴宝"。除此之外，东南亚的其他国家如印度尼西亚、泰国、菲律宾等也相继效仿五铢钱铸造和发行货币。第二，汉朝五铢钱的使用推动了各国经济的交流和发展。在经贸联系中形成的货

---

① 樊博琛：《两广地区汉代货币的发现及其相关问题研究》，硕士学位论文，广西师范大学，2015。

币流通,事实上形成了一条维系中外关系的钱币之路[①],不仅促进了中国货币在东南亚的传播,而且促进了各国货币经济的萌发。汉朝铜钱作为商品交换的媒介,打破了各国间经济、文化相互隔绝的局面,促进了东南亚地区的经济发展。

汉朝五铢钱在海上丝绸之路沿线地区商业贸易中的进步意义主要有二。第一,五铢钱的域外推广和使用,维系着各国经济和文化的交流。汉朝五铢钱外流并作为海上丝绸之路沿线地区商业贸易的硬通货,在东南亚地区也被作为货币。出于对铜钱的喜爱,东南亚地区积极发展与我国的经济交往和友好关系,以期获得更多铜钱,比如东南亚的阇婆,曾更改国名来发展同中国的贸易。[②] 还有一些国家为促使我国货币流入,经常遣使来华,汉朝政府对于朝贡者常以铜币作为赏赐。

除流通职能外,汉朝五铢钱在海上丝绸之路沿线地区的文化交流中也发挥着重要作用。中国货币所表达的文化艺术被广为熟识并模仿,并且各国还将其融入各自的文化体系当中。[③] 五铢钱流入东南亚对东南亚各国货币文化产生了深远的影响。我国货币文化不仅促进了东南亚地区货币经济的发展,而且推动了钱币文化的交流。

第二,通过海上丝绸之路对中国货币的传播,东南亚地区形成了圆形方孔钱文化圈,沿线传播的圆形方孔钱文化以五铢钱为基础。19世纪以前,该文化圈存续了两千年左右,此后西方殖民主义者入侵亚洲并开始输入银圆和纸钞,从而逐渐改变了东南亚各国的货币制度。圆形方孔钱文化圈的形成和发展,推动了东南亚沿线各国的商贸发展,促进了"和平、开放、包容、互信、互利"的丝绸之路精神的形成。

---

① 林文勋:《钱币之路:沟通中外关系的桥梁和纽带》,《思想战线》(云南大学人文社会科学学报)1999年第5期。
② 郑凤想、丁安国:《从丝绸之路到钱币之路:中国货币的世界性融合》,《武汉金融》2011年第12期。
③ 吴福环、韦斌:《丝绸之路上的中外钱币》,《西域研究》2004年第3期。

（3）两汉的货币区域化进程

两汉时期在货币已经产生价值尺度、储藏手段、支付手段、世界货币等货币职能的基础上，补充和发展了货币的流通手段职能。根据经济学对货币职能的科学表达，世界货币是以一国商品交换超出国家界限并发展成国际贸易为前提的，具体指在一国商品于世界范围内普遍展示自己的价值中作为其价值表现形态的货币，即充当世界范围内的一般等价物的货币。货币的职能是由商品生产和交换的发展产生并发展而来的。对两汉货币区域化进程的分析将主要从以下几个方面展开。

关于两汉时期我国货币在一国领域内流通的问题。从春秋战国时期货币经济确立到秦朝在全国范围内统一货币制度，再到两汉货币流通手段的确立和发展，我们可以看出两汉及之前时期的货币得以在区域范围内流通的两大特性：一是战争带来的区域联合效应；二是中央集权下铸币权的逐渐统一。由此可以看出，两汉之前的货币得以在国内流通的原因和根本推动力是中央政令及其强力保障，这使得货币流通成为中央集权的统治工具之一，货币的流通因而有了国家强制力作为后盾。历史上货币的区域流通还不具备现今市场经济下货币区域流通的含义，它在很大程度上受制于封建统治者的意志，而非由法律规定，更非受市场因素调节。由于现实的诸多局限，两汉的统治者也未能正确地对当时社会上出现的通货膨胀现象进行分析，然而不得不说铜铸币作为交换媒介并得到大规模使用和流通，大大促进了商品交换，扩大了贸易规模，使得两汉时期国内的社会经济有了长足发展。

关于两汉时期我国货币进入东南亚流通的问题。中国货币进入邻国流通并充当交换媒介，最晚发生在汉朝，尤其是在东南亚地区。在早期流通中国货币的周邻诸国当中，古代的越南最早流通使用中国货币，越南早在春秋战国时期就有我国的钱币出现。自秦朝废分封设郡县以后，秦汉"半两钱"、两汉"五铢钱"、唐"开元通宝"成为越南和中国历朝历代共用的货币。位于我国东南部的古代印度尼西亚民间也从汉代时期就有流传中国钱币。而最晚于唐朝时期，越南以外的缅甸、泰国和老挝等地区，也逐渐开始共用我国的钱币。《宋史·食货志》曾对我国货币的域外流通情况加以描述，其意思大致是：钱财本来是中国的宝贝，现如今四海之内皆在流通。① 由此可以看出，从宋朝开始一直到清朝的近1000年时间里，几乎所有东南亚国家都在流通和使用中国货币。随后，尽管一些国家，如越南等已独立铸钱，但中国钱币仍在其境内流通；而在缅甸、老挝、印度尼西亚、马来西亚等国家，中国钱币一直沿用到20世纪中叶。

关于中国货币在东南亚区域化的储藏职能。"朝贡贸易"在古代中国与海外的商贸往来中居于十分重要的地位，在与东南亚贸易往来的过程中，中国朝廷在朝贡贸易中一直扮演着慈善者的角色，一般表现为送出的多、收取的少。在古代中国封建帝王的统治下，我国的对外赏赐、回赠中货品之外的东西均是钱币。基于海外贸易关系，大量外流的钱币进入东南亚各国的国库储藏，成为各国的库存宝藏。至于民间也多以中国钱币作为商品交换的媒介进行商贸往来。久而久之，东南亚一带的民间多以储藏中国钱币作为其财富，特别是边境、相邻沿海地区的边民。近现代的东南亚许多国家，仍存留着许多中国钱币，以宋朝钱币居多，而直到20世纪中叶，东南亚一带还有大量中国铜铸币被收藏，数量规模以越南、缅甸、老挝、印度尼西亚居首。

关于中国货币在东南亚区域化的结算职能。结算问题是货币在区域流通过程中需要解决的首要问题，自然经济状态下国际贸易和商品交换中的货币结算方式，实质上以各国政府认可为前提，是当时唯一的结算方式，这是缺乏统一适用的国际货币制度所致。宋朝以前，东南亚各国并无严格意义上的独立货币，无论是官方还是民

---

① 《宋史·食货志》记载："钱本中国宝货，今四夷共用。"

间，无论是国内货品交易、商贸互通还是国际货品交易、商贸互通，基本奉行"小额使用贝币，大额以金钱作价"的原则，中国货币在当时尚未成为东南亚区域的主要结算工具。越南独立铸钱始于北宋初年，且基本复制中国的货币制度——以"文""钱""贯"作为货币单位：每个铜币面值一文，十文为一钱，十钱为一贯，越南货币随后在对外贸易中逐渐发展为与我国钱币形成固定兑换比率。元朝时期中国发行纸币，推行钞法，同时期越南铜钱与我国中统元宝交钞的兑换细则为：民间商人在贸易往来中以六十七文铜钱折算中统元宝交钞一两，政府方面以七十文铜钱折算中统元宝交钞一两。中国与泰国境内的罗斛国进行贸易往来通常以海贝进行折兑，与缅甸的贸易往来则以银两和海贝作价。由此可见，元朝纸币事实上已被用于国际支付，具备了国际结算的货币职能。明朝时期，越南胡朝发行过的纸币面额与中国的"大明宝钞"相似，"以利兑换"。在中南半岛上，明清时期的泰国、缅甸、越南、老挝为了实现对外贸易计价、兑换的便利，将本国钱币设置为与中国钱币计价相近。海岛一带的国家或地区，长期以中国货币作为商贸往来的交换尺度。比如元明时期马来半岛曾用锡铸大钱，充当商贸往来的货币，其形制十分笨重且不利于与中国钱币进行兑换计价，后改用便于兑换的小块锡钱。又如古爪哇法典中规定的，有关铜钱的使用和中国铜钱的使用规则基本一致。

由此可见，在相当长的一段历史时期内，东南亚各国与中国及东南亚各国之间的商贸往来都以中国货币计价，以中国钱币结算，中国货币实际上是东南亚地区的国际通货，具备区域货币的基本特征。[①]

2. 唐朝时期货币区域化的历史

（1）唐朝时期的货币制度

唐朝货币体制在沿袭前朝货币制度的基础之上有所发展，流通

---

① 杨小平、孙仲文：《中国货币在东南亚区域化的历史进程——历史与展望》，《中国金融》2009年第7期。

的货币以钱、帛居多。在金、银的使用方面，扩充了黄金的价值尺度和支付手段职能。唐末时期，白银的使用较为普遍。唐朝币制改革中，最重要的要属对货币名称的改革。春秋战国一直到秦汉时期，社会上流通的货币多以重量为名称，尽管随着时间的推移，货币的实际重量逐渐脱离了货币本身的名称，比如两汉五铢钱，其实际重量或轻于五铢，或重于五铢。从唐朝开始，货币基本以"宝"作称，比如通宝和元宝之类，货币名称中还带有当时的年号，从此，货币就不再以重量作名称。货币称"宝"体现了一国货币社会地位的提高，货币开始有能力支配人们的社会生活。

据史书记载，唐朝的官方货币有三种，根据铸造时间先后为武德四年（公元621年）的开元通宝、乾封元年（公元666年）的乾封泉宝和乾元年间的乾元钱。三种铸币中以开元通宝最为著名，开元通宝中的"通宝"取"通行宝货"之意，开元通宝仿汉朝五铢钱的形态制成，每文钱直径为2.2~2.6厘米，重量通常为4克，每十文重一两，每一文的重量称为一钱。乾封泉宝一文相当于开元通宝的十文，该钱币通行一年即告作废。乾元钱的法定种类有二：一是乾元元年（公元758年）所铸的当十的乾元重宝；二是乾元二年（公元759年）所铸的当五十的乾元重宝，这种钱背面的外郭是双圈，所以被称为"重轮乾元钱"。重轮乾元钱每一千文重二十斤，重量约为当十乾元重宝的2倍。此外，铸币材质也延伸至铜、金、银、铅等。[①]

唐朝货币文化得以传播至国外的一个重要原因是唐朝盛极一时的社会文化。唐朝货币文化对周边诸国产生了深远的影响，如东边的古代日本、朝鲜等国。此外，唐朝货币文化还对我国境内西域的一些民族产生了影响，如回纥和突骑施。在唐朝军队平定安史之乱的时候，回纥曾协助平定叛乱。根据史料记载，回纥统治者牟羽可

---

① 彭信威：《中国货币史》（第2版），上海人民出版社，2015，第214~215页。

汗就曾铸造过一种方孔钱，钱币的双面均为回纥文字。

历史学家时常把汉朝和唐朝并称，这是因为它们在国力、军事和国际外交方面均有可圈可点之处，而在货币制度方面也是这样。汉朝从汉武帝开始的 300 多年间持续使用五铢钱，而类似的，唐代自武德四年起一直使用开元通宝，近 300 年未曾改变。汉唐的货币制度有其优越性。

唐朝实行钱帛本位制，唐朝的绢帛自建唐到开宋期间一直使用，未曾间断，且数量规模不在钱币之下。绢帛虽对外不足以充当货币，对内却具备货币的价值尺度、支付手段、储藏手段以及流通手段职能。在绢帛的价值尺度职能方面，比如贞观年间，谷物价格以绢来计算。绢帛充当支付手段的方面很多，如借贷、课税、劳动报酬、供给赏赐、租金等。此外，绢帛有时也辅助发挥流通手段的职能，而当储存绢帛以备不时之需，如用于日后的支付、交易时，它就发挥了储藏手段的职能。唐朝将绢帛作为辅币使用，很大程度是为了弥补钱币本身币值不稳定、货币形制混乱造成的不足。①

在唐朝货币制度中，黄金似乎未曾发挥价值尺度和支付手段职能。货币最重要的职能是充当价值尺度和流通手段，汉朝文献中的"金"和唐朝相似，有时指代铜钱，汉朝一金固定值一万钱，即在一定时期内，一万钱至少是一斤黄金的价格。这就是说，西汉时期的黄金与铜钱之间有法定比价，黄金在一定程度上发挥着价值尺度的职能。与汉朝不同的是，唐朝的金、银与铜钱之间并没有法定的兑换比率，因而唐朝时期的金、银并不具备价值尺度职能。此外，这一时期的黄金也不具备流通手段职能，因为金、银并不用作日常买卖的通货。可见，唐朝时期金、银的货币性低于绢帛，算不上十足的货币。

不过，唐朝时期的金、银还是发挥了流通手段和储藏手段的职

---

① 彭信威：《中国货币史》（第 2 版），上海人民出版社，2015，第 233 页。

能。在流通手段职能方面，赋税、捐献、赏赐、军政开支、贿赂、谢礼常用到金、银。在储藏手段职能方面，黄金自被发现并使用起就具备该职能。至于白银的流通手段职能，从唐朝开始变得越来越重要。唐朝时期，中亚的火寻（即元代的花剌字模）和布豁（即元代的不花剌）等国盛行银币①，随着同中亚各地的交往日益密切，中国内地居民开始知晓西域一些民族对于绢帛乃至金、银，特别是对白银的喜爱。因此，唐朝政府向外国使臣施以馈赠时，除绢帛外，也用金、银。唐朝末期的许多开支用到白银，五代时期白银的重要性甚至赶超西汉的黄金。

唐朝金、银以"两"为货币单位，有时也以斤为单位。唐朝文献中的"金"，若指金、银，则为一两黄金或一两白银。此外，金、银有时就直接以铸造形式为单位，如一铤、一饼。唐代的金、银并不全然被铸成铤或饼，有时也被铸成器皿或饰物，直接用于赏赐和馈赠。②

（2）唐朝的丝绸之路与货币演进

唐朝货币的区域流通与中亚粟特地区有着密切的关联。在唐朝安史之乱以前，沟通东西方贸易的主要路线是：东部以中国渭水流域为起点，途中沿我国河西走廊、新疆地区，经过枢纽地带（中亚），最终抵达西亚、南亚、北非及欧洲各国，即唐朝的陆上丝绸之路。由于古代中亚粟特地区的商人是该地区贸易中最大的转运商，因此这里有必要简要介绍一下粟特地区的铸币历史受我国唐朝商贸制度和传统文化的影响。

粟特地区货币的铸造一边在模仿，一边在不断改进。从当地出土的货币种类可知，当地的铸币广泛受到希腊、中国唐朝以及其他一些国家、地区的影响。其中，我国唐朝对中亚粟特地区货币的影

---

① Robert P. Blake, "The Circulation of Silver in the Moslem East Down to the Mongol Epoch," *Harvard Journal of Asiatic Studies* Vol. II (1937): 300 – 304.

② 彭信威:《中国货币史》（第2版），上海人民出版社，2015，第236~238页。

响主要通过开元通宝体现。公元7世纪中叶，粟特地区首领开始铸造青铜方孔货币，该钱币仿照唐开元通宝外观铸成。粟特地区仿唐朝制中空的方孔货币，一改过去以统治者或神灵作为图案。此外，根据粟特地区的差异，铸币也有所不同。在布哈拉地区铸造的青铜货币，一部分完全复制唐朝货币的形制，该地区出土的铜铸币数量较多。出土的货币表面刻有汉字"开元通宝"，而在背面刻有布哈拉的标志，这足以显示唐朝时期国力之强盛，丝绸之路对经济贸易影响之大。此外，在撒马尔罕地区铸造的青铜铸币，正面写有与统治者相关的信息，用粟特斜体文字载明，反面为各部落的标志，每一位部落统治者都独有一个标记用于彰显自己的独特地位。

早期进入中国的粟特胡商驻扎在敦煌、姑臧一带，当时的粟特胡商在商贸往来中大多使用一种价值相对较低的斯塔特银币——撒马尔罕本土货币。由于市面流通和使用的斯塔特银币币值较低，所以人们在大宗商品或珍稀商品买卖时，常常以实物货币结算。这一点，在4世纪初的粟特文古信札中得以印证。与此同时，中国的小铜钱也出现在信件中。

7世纪中叶，中国境内粟特商人的贸易货币随着粟特本土货币体系的变迁而发生改变。当时的吐鲁番胡商选择将波斯萨珊王朝银币作为商贸往来的主要流通货币，这是由于商人们对贸易货币的选择受到了本土货币制度的影响。

根据吐鲁番出土的历史文书，在高昌国（公元460~640年）存续期间，民间发生过一起买卖标价女奴的案例，一名撒马尔罕女奴市值120波斯制卑路斯德拉克马。在撒马尔罕女奴交易完成后的一年内，唐灭高昌，很快又灭掉龟兹，设安西都护府，唐朝势力逐渐延伸至中亚。随后，唐高宗于中亚的粟特地区设立州政府，从唐朝中原到西域再到亚洲中部地区，陆上丝绸之路的东段完全处于唐朝控制之下。至此，唐朝陆上丝绸之路的商贸通路被进一步延伸，唐朝时期国内流通的钱币和绢帛——开元通宝和丝绸，开始成为丝绸之路贸易往来的硬通货，粟特人也开始模仿开元通宝，铸造和发行铜币。

我国学者刘波察觉到，粟特地区货币体系由于受丝绸之路贸易的影响，而在历史演变中丝绸之路丧失了自身的独立性。他指出，首先，粟特地区货币形制的发展在根本上是为迎合地区商业经营模式的需求，因此粟特地区的商民往往仿制与之贸易往来最密切一国所持的货币。其次，尽管粟特商人是古代陆上丝绸之路贸易中最大的转运商，但由于缺乏货币信用，他们无法将自有的钱币文化渗透到丝绸之路当中。① 商事贸易只是影响粟特地区货币体系的一个因素，粟特地区的货币体系之所以长期处于变动状态的最根本原因是多种政治势力的长期介入。具体而言，在不同历史阶段，希腊、波斯、中国、阿拉伯对中亚的统治直接影响了当地的货币制度，而粟特地区本土货币体系的演变也必然体现在长期奔走在外的粟特商人的贸易往来中。②

唐朝时期，南方海上丝绸之路贸易是在汉朝海上丝绸之路的基础上逐渐兴盛起来的，其路线与汉朝时期相同，此处就不再赘述。

（二）宋元时期货币区域化的历史

1. 宋元时期的货币制度

两宋时期，钱币仍作为主要流通货币使用，市民社会逐渐开始重视对白银的使用。此外，绢帛已渐退回作日常用品使用。

在历朝历代的钱币构成中，数两宋最为复杂。这种复杂性表现在许多方面。首先，钱币的种类多，比如铜钱、铁钱并用。其次，货币流通呈现地方性特征。尽管宋朝是一个高度中央集权的封建王朝，但两宋的币制比其他朝代更分散，体现在不同地域对铜钱、铁

---

① 刘波：《敦煌所出粟特语古信札与两晋之际敦煌姑臧的粟特人》，《敦煌研究》1995年第3期。
② 杨洁：《公元3－8世纪中亚贸易问题研究》，博士学位论文，兰州大学，2012，第150~158页。

钱、纸币的重视和使用程度不同。再次，钱币上记载的文字呈现字体上的多样性。北宋曾用篆书、行书、草书、真书、瘦金体等作为流通钱币的字体，且每种钱都有2～3种字体。复次，宋朝钱名种类繁杂。唐朝钱币以开元通宝最为出名，其间虽然也出现过乾封泉宝、乾元重宝等钱币，但其都有特殊性。宋朝与唐朝大不相同，开始流通铸有年号的钱币，并且每更改一次年号就更铸一次钱币，当然也有少数例外。最后，钱币依大小和材质分别作价，具有不确定性。需要强调的是，宋钱在面值种类上有大小之分，社会流通的宋钱面值有小平钱、折二钱、折三钱、折五钱和当十钱等不同种类，其中前两种为主流钱币。南宋流通的钱币较北宋还多了当百钱这一种。当时的铜钱、铁钱之间，还没有固定的兑换比率。

南宋、北宋在货币制度的选择上有较大差异。北宋在钱币材质选择上以铜钱为主，社会多流通小平钱；南宋则以铁钱为主，主要流行折二钱。此外，北宋钱币形制较南宋多变。

宋朝时期的第一种钱并非年号钱。北宋宋太祖在建隆元年（公元960年）铸宋元通宝，他在位时并未铸造年号钱。宋朝的第一种年号钱，是宋太宗于太平兴国时期（公元976～984年）所铸的太平通宝。宋元时期，社会上曾经流通过铁钱，该钱币由四川雅州百丈县币匠所铸，式样精致，且数量十分稀少。① 此后北宋历代皇帝——宋真宗、宋仁宗、宋英宗、宋神宗、宋哲宗、宋徽宗、宋钦宗，也根据自己的年号，铸造不同的元宝。在宋神宗时期，钱币数量大增，而且折二钱开始流行。宋朝与货币相关的文化在宋徽宗时期达到巅峰。南宋亦是如此，以年号铸钱，只是由于南宋推行纸币，所以金属货币的铸造规模骤减，特别是小平铜钱。北宋币制对南宋的影响直至淳熙六年。淳熙六年，钱币上换用另一种字体，即后代广为流传的宋体。

宋代的铸币技术和钱币文化对周边一些国家，特别是古代越

---

① 《文献通考·钱币考二》。

南，产生了潜移默化的影响。古代越南与中国关系十分紧密。在唐朝时期，古代越南有些地区还无使用钱币的先例，社会上仅流通贝币，直至它于太平兴国五年（大越大平十一年，公元980年）开始铸造大平兴宝（铜钱）。该钱币的制作形式与中国的钱币相似。[1]

纸币的发明和使用，是南宋智慧的集大成者，更是货币史上的一大进步。我国唐朝时期有货币"飞钱"，它与现在的汇票类同。真正意义上的纸币是宋朝时期的交子和会子。随后的朝代，纸币有了进一步发展。元朝印制和发行中统元宝交钞，明朝印制和发行大明宝钞。两朝先后印行的纸钞——中统元宝交钞和大明宝钞对当时的海外贸易做出了巨大贡献。

兑换券和纸币是中国发明的。中国最早的兑换券是交子，交子流通的区域本限于四川。交子曾于熙宁二年在河东推行，陕西也推行过两次，前者因民间商人不愿意对政府出售粮草而废止，后者也以失败告终。除交子外，南宋最通行的纸币是会子。绍兴七年（公元1137年）时，吴玠在河池（今陕西凤县）发行银会子，这是最早的银本位制纸币。

中国纸币之所以产生和发展，既有商业生活层面的原因，也有政治军事层面的原因。在商业生活层面，首先，宋朝商业在日益发达的同时，对便捷通货的需求越发迫切；其次，中国五代之后形成了众多货币经济区域，使用和传播纸币为的是防止各货币经济区域铜币的外流；最后，某些地方使用的钱币面值虽小体积却十分庞大，质量也大，使用和携带起来十分不便。在政治军事层面，南宋、北宋中央政府在军事上饱受强敌的威胁和侵略，国家的财税被大规模用以养护重兵，只得发行纸币来弥补开支。[2]

两宋时期，金银和金银钱也有被大量使用。在黄金货币职能的发挥方面，宋朝与唐朝时期极为相似。此外，宋朝时期的白银具备

---

[1] 彭信威：《中国货币史》（第2版），上海人民出版社，2015，第292~298页。
[2] 彭信威：《中国货币史》（第2版），上海人民出版社，2015，第313~315页。

了当时黄金所具备的各项货币职能。在价值尺度职能方面，两宋的金银相差不多。

首先，白银在支付手段职能层面的运用。两宋帝王对下层阶级的赏赐往往通过金银结合或单独赏赐白银的形式。两宋政府在财政开支、缴税管理、官吏供俸等方面常常使用白银。宋朝初期，白银初步具备充当法偿货币的职能。当时政府对铜钱的需求很大，铜钱总量却不充足，于是在太平兴国五年，转运使张谔建议准许百姓在缴纳赋税时用银绢暂替铜钱。① 在支付手段方面，官吏的俸禄和官饷也用到过白银，黄金却没有这种职能。

其次，白银在储藏手段和国际货币职能层面的运用。在储藏手段职能方面，黄金似乎比白银发挥得彻底一些。在国际货币职能方面，两宋时期中国与境外国家或地区的经贸往来多用白银结算，所以对白银的使用更为广泛。

最后，在流通手段职能方面，白银比黄金发挥得更为全面。比如，宋朝买卖马匹、粮食等，都会用白银结算。宋朝是中国历史上使用金银钱最多的朝代，宋朝时期官方铸造过大量金银钱。北宋末年到南宋初年所铸的金银钱最多。特别是宋徽宗时期，金银钱铸造甚多。两宋期间白银作为货币，流通量显著增加是有其域外原因的。由于邻近民族的进犯和政治苛求，宋朝的岁币负担愈发严重，因此宋朝在岁输方面只能使用白银替代钱币。两宋时期西域通行白银，邻近的契丹、蒙古等民族流通和使用白银是因为它们同西域国家、地区有不定期的贸易往来，所以两宋通行白银很大一方面是受到中亚的影响。南宋纸币——会子，有时用金、银来兑换，但主要使用白银予以收兑，白银因而成为纸币的兑现基金。②

---

① 《宋史·食货志》下二。
② 《宋史·孝宗纪》乾道二年十一月己酉记载："尽出内藏及南库银以易会子。"《宋史·食货志》下三记载："当时户部岁入一千二百万，其半为会子，而南库以金银换收者四百万。"参见彭信威《中国货币史》（第2版），上海人民出版社，2015，第306~307页。

元朝自发行宝钞后，就一直使用不兑现纸币，建立起世界上第一个纸币本位制度。元世祖忽必烈建立了元朝的统一货币制度。在中统元年，政府印制和发行的中统元宝交钞以丝为本，以两为单位，该种丝钞二两价值白银一两。同年，政府随后又印制和发行了以银为本的中统元宝交钞，使用贯、文作为单位，该种银钞票面价值为十文至二贯九不等。元朝时期的"中统钞法"规定该种钞票流通形式为"不限年月，通行流转""诸路通行中统元宝，街下买卖金银、丝绢、段尼斛（同斗）一切诸物，每一贯同钞一局，每两贯同白银一两行用，就为定制，并无添减""允许民间持钞者随时向官库兑换金银"，它还规定人民的赋税"均得用钞票缴纳元，对伪造者处以严刑、首先者以犯人家产赏之"。以上规定不仅说明了中统钞通行全国，是当时的法偿货币，而且体现了中统钞的流通、使用并无时间和区域上的限制。这间接地有助于中统钞成为海外贸易过程中的主要通货。①

此外，元朝随后的币制改革给中国的币制带来了一种根深蒂固的、基本的变化，那就是确定了白银的价值尺度职能。蒙古族最初过着游牧生活，由于受到邻近民族的影响而一跃进入货币经济时代。铁木真时期尚残留了"物物交换"的旧时交易习惯，在受到其他相邻民族影响之后，他们很快学会使用白银。此后，白银普遍作为储藏手段，同时又是发行纸币的重要保证。当时的白银货币是中国式的银锭或元宝，并非西方式的银圆。②

2. 海上丝绸之路与宋元货币流通

在海上丝绸之路方面，中国流入东南亚国家或地区的钱币，数量最多的是宋朝的钱币。如同彭信威学者在其著作《中国货币史》中阐述的，中国历史上货币文化达到顶峰的时期是宋朝。宋朝钱币

---

① 吴平：《海上丝绸之路货币探索》，载《福建省钱币学会第二次会员代表大会、第五次东南亚历史货币暨海上丝绸之路货币研讨会专辑》，1994，第5页。
② 彭信威：《中国货币史》（第2版），上海人民出版社，2015，第407~408页。

的形状、穿孔的大小、轮廓的阔狭、铜色的配合等都十分值得考究。尤其在钱文、对钱（指同一种年号钱同时用两种或三种字体）上体现了美术与文学的完美结合。宋朝的货币文化对丝绸之路周边一些国家、地区有着重要影响。比如，古代越南在北宋时期开始流通中国钱币，并学习铸造钱币。又如南洋地区大概也是在同一时期开始流通和使用中国钱币的。[1] 因而，宋朝的钱币得以在海上贸易中传播并成为通货的原因：一方面是宋朝海上商事贸易的繁荣、货币经济的飞速发展；另一方面是宋朝钱币的制作十分精美。

在铜币的流通方面，中国南宋时期的海上运输十分发达，在南海与印度洋、非洲东部的诸多国家或地区，都大量流通和使用我国铜钱。宋朝时期的海上货物贸易主要以奢侈品为主，当时输入我国的象牙、犀角、琥珀、玛瑙、水晶、珊瑚、镔铁、玳瑁、番布、苏木及香料等，实物上以丝绢、瓷器结算，钱币上以金、银、铜币结算。不仅如此，在中国北部的金国、高丽地区，以及东部的古代日本也大量流通宋朝的钱币。

丝绸之路贯穿东西方诸多国家或地区，经过历史演变，人为地形成国际货币交互使用和流通的区域。正如日本学者冈崎敬描述的那样，自东而西的丝绸之路亦是一条从西向东的"白银之路"。[2] 在东南及南部印度洋沿海的海上丝绸之路贸易区，许多国家同时使用和流通着一国内部和外国的钱币。在两宋时期东南亚及印度洋沿岸的一些国家或地区，中国钱币畅行无阻，作为国际通货使用。在某种程度上，宋朝时期的海上丝绸之路亦可以被称为"钱币之路"。

宋朝时期，钱币大规模外流，其中以南宋铜币外流更为严重。宋朝时期，我国海上运输业的崛起，使得海上交通的重要性越来越

---

[1] 彭信威：《中国货币史》，上海人民出版社，2007，第296~298、333页。
[2] 〔日〕冈崎敬：《东西交涉考古学序说——丝绸之路与白银之路》，载《东西交涉的考古学》，（东京）平凡社，1973，第8页；姜伯勤：《广州与海上丝绸之路上的伊兰人：论遂溪的考古新发现》，载广东省人民政府外事办公室、广东省社会科学院编《广州与海上丝绸之路》，广东省社会科学院，1999，第21~33页。

强。时称南方地区的明州（今宁波）、泉州、广州为三大港，同时期的古代日本、南洋、波斯等国家或地区的商船于此处采购我国的丝绸、瓷器、茶叶和药材。在海上商贸日益繁荣的同时，宋朝钱币外泄的情况也日趋严重。流入他国（地区）的宋钱数目以日本居多，往后的排序依次为南洋、印度南部、波斯湾、北非北部。除古代朝鲜、日本、越南之外，印度南部、斯里兰卡、印度尼西亚、波斯湾地区也曾经流通和使用过我国钱币。[①] 钱币的大规模输出，导致国内出现钱荒，其场景即所谓"边关重车而出，海舶饱载而归"，故而北宋宋哲宗只得颁令禁止钱币外流。商人自古就有贪利的本性，尽管法令严苛，仍不能阻止宋朝钱币的外流，该局面一直延续至北宋灭亡。

宋元时期，中国的海外贸易空前繁荣。我国在元朝时期曾于东南沿海地区先后建置7个市舶司，广州和泉州是当时的贸易大港。在广州本地，许多来自域外的阿拉伯、印度商人，以及南海诸国商人聚集于此、互通有无。在商业贸易日益活跃的同时，广州出现了专营进出口业务的"舶牙"。元、明两朝先后印行的中统钞和大明宝钞成为当时市舶司贸易的主要流通手段。在元朝初年的一段时间里，继印制和发行中统钞之后，又严禁金、银和铜钱出口，国内不允许钱币自由流通。当时的纸钞与境外某些国家、地区的货币还有相对稳定的比率。此外，上述国家或地区在民间贸易中亦通行中国纸钞，朝贡贸易也以中国纸钞作为贡品赏赐。

为防止铜钱流出，宋朝政府曾做过许多努力，包括颁行法令、政令等。南宋中期曾颁行《庆元条法事类》，以钱禁对象为标准分为"将铜钱入海船者""以铜钱出中国界者""以铜钱与蕃商传博易者"三种，所犯之人属以上一类或几类，则处以杖刑至配流等惩罚。此外，宋朝对官吏的钱禁执法也做了严明的赏罚规定。

---

① 唐柳硕：《从中国境内出土发现的古代外国钱币看丝绸之路上东西方钱币文化的交流与融合》，《甘肃金融》2002年第2期，第11页。

长期以来，南宋实施的钱禁政策与开放海外贸易事实上是矛盾的，因为发达的海外贸易不仅会带来利润，而且会使当事国承担对外贸易成本，并使之经受国际市场的诸多考验。事实上，海外贸易市场常常在无形之中超越一国行政区划和边境的界限，把不同种群、利益集团纠集在海外贸易体系之中，形成一个紧密的利益共同体，以此化解宋朝政府长期不断的打击。由此看来，两宋期间对外贸易的频繁，使得铜钱外流始终禁而不绝，导致朝廷钱禁律令软弱无力或形同具文。[1]

宋朝时期海外进出口贸易的商品种类繁多。打捞出水的宋朝沉船——"南海一号"搭载有数量规模庞大的宋代瓷器，这一方面说明中国瓷器在海外销量巨大，另一方面也说明了在宋朝的海外贸易中，实用性产品越来越受到海上丝绸之路沿线国家或地区的青睐。船体内留存的大量宋朝钱币，也从侧面暗示着宋朝钱禁政策的徒劳无功。[2]

三 海禁政策与白银对华流入

（一）明清时期的货币制度

1. 明朝时期的货币制度

明朝初年曾效仿元朝前期的货币政策，即只用纸钞，禁止社会流通钱币，使用金、银来结算。该货币政策施行不久就由于种种原因，先是改为钱、钞并用，纸币为主、钱为辅，后来由于通货膨胀，纸币价值暴跌，信用扫地，于是改为全由银、钱支付。

明朝的纸币制度有一个特点，那便是在200多年间的货币流通之中，只使用一种钞票。在明朝正统时期之前，大明宝钞广为通

---

[1] 吴平：《海上丝绸之路货币探索》，载《福建省钱币学会第二次会员代表大会、第五次东南亚历史货币暨海上丝绸之路货币研讨会专辑》，1994，第5~6页。

[2] 李庆新：《南宋海外贸易中的外销瓷、钱币、金属制品及其他问题——基于"南海Ⅰ号"沉船出水遗物的初步考察》，《学术月刊》2012年第9期。

行。因为在各国使者朝贡时,政府往往以赐予的形式给其钞锭,故而和元朝交钞一样,大明宝钞也有部分流通到外国。明朝正统时期以后,大明宝钞流通受阻,只剩下官俸用纸钞折付。到了明朝末期,实际用于支付和结算的只有银和钱。关于明朝的钱币,朱元璋在称帝之前就曾铸造过大中通宝。明代的钱币只称"通宝",不称"元宝"的原因是,朱元璋名字中有个"元"字,所以有所避讳,并且随着年号的不同,钱币的名称也不同。明朝的钱币比元代多,但比其他朝代少。在明朝流通的铜钱中,明钱只占一小部分,大部分是唐宋钱,尤其是宋钱。就是私铸钱币的人,也不一定私铸明钱,而往往私铸唐宋钱。①

相关文字记载,白银作为中国的法币,始于明英宗正统元年(公元1436年)。明初时期,中央政府为了推行纸币——大明通行宝钞,禁止民间用银交易,但是朝廷发行大明宝钞无度,致使纸币一再贬值,失去信用,老百姓自发开始广泛地使用白银进行交易。此后,明英宗于即位之年,颁行解除禁用银钱交易的法令,对于江南各省上缴朝廷的税粮,也拆成银质货币征收,史称"金花银"。中国用银向以称重币制,各省流通各种形态的银锭、元宝、银锞等,以两计量流通,全国没有统一的银质货币铸造标准。

2. 清朝时期的货币制度②

清朝时期的货币制度为银、钱平行本位制。和明朝相同的是,清朝社会基本用银,少数情况下用钱币交易,由此可见,清朝时期白银的地位显著提高。清朝虽说实行银、钱平行本位货币制度,但政府的重点明显是放在白银上,并且还有提倡用银之意。此外,官员的俸禄供给也用银计算和支付。官吏的收入虽用银表示,但不完全是货币形式的,还包括粮食。由此可见,清朝时期实物经济的成

---

① 彭信威:《中国货币史》(第2版),上海人民出版社,2015,第557页。
② 史学界通常将1840年作为中国近代史之开端,但本章出于研究连贯性的考虑,不再对清朝进行拆分,而是将近代清朝货币史部分一并在此进行阐述。

分仍然存在，只是相对前朝少些。

清朝对于白银的使用历史，可以分为三个阶段。第一阶段是最初的100年，国内大部分的地方专门使用铸成"锭"形的银块，虽然如此，银块还以"两"作为计价单位；第二阶段是嘉庆以后的八九十年，即19世纪的大部分时间，外国银圆逐渐深入中国内地，并成为内地的一种选用货币；第三阶段是清朝末年的几十年，中国开始自行铸造银圆，并将银圆作为法币使用。其中，在第二、第三阶段里，银两依然在社会中流通并被使用。白银的使用并没有法令上的规定，完全随各地的习惯和方便而定。中国自制和发行的"宝银"，银楼几乎可以随意铸造。元宝铸成后，即送公估局鉴定，并用黑笔批明重量和成色，这样就可以依照批准的重量和成色进行流通。[①]

（二）明清时期货币区域化的历史

明清时期海上丝绸之路的贸易类型与宋元时期不同，宋元时期的海上贸易货物主要是各类并非日常所必需的奢侈品，真正意义上的大宗商品、日用生活品贸易是从明朝中期开始的，是在大航海时代到来之后发展起来的。一方面，明清时期的货物贸易量显著增长，贸易重心从奢侈品转向大宗商品是这一时期海上贸易的一个重大变化。另一方面，大约明代中期以后，随着西方世界海上探索热潮的全面袭来，西方人开始大规模涌入东方。在明朝初期前后，中国与欧洲的贸易主要通过阿拉伯人间接进行；明初以后，中西方由原本的间接货物贸易转向直接货物贸易。明代中期以后，随着西方对东方世界的不断了解，西方越来越多的人踏上了寻觅东方世界的征程。中西方海上贸易地位的不断提高，使得海上贸易中周边国家原本的贸易地位被逐渐取代，西方诸国一跃成为中国海上贸易的主要贸易国。自此，中国的海上贸易一分为二：一是与东亚、东南亚

[①] 彭信威：《中国货币史》（第2版），上海人民出版社，2015，第575~576页。

之间的传统贸易；二是与欧洲各国之间的贸易。尽管中国与西方的贸易规模进一步扩大，但西方各国逐渐打开亚洲贸易市场，改变了原有货币格局，使得中国货币对海上丝绸之路沿线地区的影响开始减小；与之相反的是，西方银圆在亚洲的流通大大增加，银本位制下的中国对西方银圆的需求进一步增加。

明清时期的海上贸易分为朝贡贸易和民间商业贸易。朝贡贸易在明代前期地位十分重要，在明朝中期以后，民间商业贸易地位逐渐突显。民间商业贸易包括合法商业贸易和商业走私贸易。在海上丝绸之路中传出的中国商品主要有丝绸、瓷器、茶叶等，而在同一条航线中反方向流进中国的货物则是白银、香料等各种商品。明清时期，政府为了防止国内钱币的流出，对民间海上商业贸易的各种行为予以严格限制，甚至在短时期内推行海禁政策，即"闭关锁国"政策，该政策间接导致中国经济的落后，甚至衰败。从客观层面分析，中国的对外开放受阻，是阻碍明清时期的中国走上早发内生型现代化道路的重要原因，但最为根本的原因是中国内部商业贸易发展的畸形化。根据史料记载，明清时期的海上贸易规模事实上大于之前的朝代，明清时期的海禁政策实施的时间也并不长，远短于开海或部分开海时期。

在明清的大部分时期，白银是从日本和美洲流入中国的，且数量规模十分庞大，并成为流入中国最重要的外国商品。白银大量流入的原因主要以下几点。

第一，明清时期中国国内自产白银明显不足。中国虽说是世界上最早开采银矿和使用白银的国家之一，但是从明朝至民国初期的这段时间里，中国的白银生产一直低迷，且国内银矿品位不高，开采往往得不偿失。明清两代，中国银产量不多，与宋元时期相比，明清时期的白银产量不增反减。特别自16世纪以来，日本和美洲白银产量的迅速攀升，使得中国白银产量在世界白银总产量中的比重逐渐降低。然而，明清时期中国国内对白银的需求巨大，主要原因是商品经济的蓬勃发展。中国的经济和商品交易自宋以来蓬勃发展，直至明朝时达到鼎盛，形成了初具规模的商品市场，商品交易日益频繁，奢侈品的消费量呈下降趋势而生活必需品的消费量则不断上升。以远程贸易为主业的商帮也是在这样的经济环境中逐渐形成的。商品经济的不断发展必然带来对货币的需求增加，此外，这时候的人口出现了较大幅度的增长，人口增多也在一定程度上增加了货币的需求量。

第二，货币和财政制度的演化。在古代，金、银等贵金属被普遍赋予货币的功能。然而，这些贵金属在古代中国的储量并不多，这也就导致贵金属本位制无法真正有效地建立并执行。因此，秦始皇统一全国后，以铜代替贵金属建立了铜本位制，铜币外圆而内方。即便如此，以铜为货币仍然存在问题，当时中国的铜实际上也并不多，而且又有铜钱大量外流现象存在。因此，"钱荒"的问题一直无法得到解决。直到宋代，纸币的出现才在一定程度上缓解了"钱荒"。到了元代，则出现了中统钞，至此，不兑现纸币开始盛行，世界上第一个纸币本位制由此形成。到了明初，大明宝钞的不稳定导致其很快被淘汰，宝钞的名存实亡使得对铸钱的需求又开始增加，铸钱的数量也由此大幅增加，但是铜的低产量导致"钱荒"问题再度恶化。因此，解决的办法就如大家所见，铸钱越来越轻，越来越劣质，再加上当时私人私下自行铸币现象的存在，政府货币政策的时常变动，使得宝钞和铜钱的信誉受到了严重损害。[①]

此外，自唐代始，白银已在商品流通中起到交换媒介的作用。然而其在中国货币体系中的地位长期未能得到确定。从总体趋势看来，白银的使用频率不断提高，在宋代，它被普遍使用。在明代，银本位、铜辅位制在明万历九年得以确立，此前，商品流通中凡涉及大额货币的基本用银支付，涉及小额货币的则用铜钱支付。银不

---

① 全汉升：《中国经济史研究》（第1期），（台北）新亚研究所，1991，第586页。

仅作为商品交易中的媒介,而且成为"正赋"。明初的财政制度沿用古法,税赋通过对百姓征收实物来实现,当时田赋主要征收稻谷和小麦,田赋之外,百姓还必须承担徭役。随着银被普遍使用,逐渐地,部分徭役被允许折算成银两进行征收,直到实行一条鞭法后,所有的税赋和徭役都被要求统一折算成银两进行缴纳。同时,政府的支出,如发给官员的俸禄等也被折算成银两。至此,银本位制确立,中国对白银的需求量剧增,而当时的海外贸易使得大量白银从海外流入。可见,征收货币而非实物的财政制度和银本位制的确立与白银的大量流入是相互促进的。

第三,日本和美洲成为白银的主产地。明代以前,中国的银产量一直是比较大的,甚至出现过白银外流的现象。但是明代伊始,中国白银的产量确实减少了。此时,日本和美洲的白银产量急速增长,白银的世界总产量由此大幅增长,白银生产的地域分布发生了变化,日本和美洲成为白银的主要产地,中国白银产量在世界白银总产量中所占的比重已不足为道。日本自古以来就有开采白银,只是在16世纪以前,白银的产量不是很大,直到16世纪之后,日本的大名们开采银矿的积极性提高,不仅加大了对原来所探测到的银矿的开采,而且探测到了更多新的银矿。日本的白银产量在17世纪初期达到最高点,此后开始呈现下降趋势。即使如此,直至中国明代后期,日本的银产量仍在世界银产量中占据较大比例,达15%。日本对白银的开采要早于美洲,美洲白银在16世纪40年代得到当时殖民美洲的欧洲人的重视。同时,这些美洲殖民者发现了大量的银矿并开始了白银的开采。1554年,汞齐化炼银法由于成本低、可操作性强等优势而开始被应用于美洲银矿的开采,这个方法的使用促进了白银生产效率的提高。自此,美洲的白银产量开始进入急速增长阶段。

第四,中外贸易不平衡现象的存在。中国海上贸易历史悠久,但是一直以来,贸易的对象主要是奢侈品。对外输出的商品主要是瓷器（瓷器在当时属于奢侈品）、丝绸织物（而非生丝），输入的商品则主要是一些珠宝、香料等。明朝初期海上贸易的主要目的是朝贡，白银在朝贡与对朝贡者的赏赐中有一定的出入。总而言之，在朝贡的过程中，白银无论是出超还是入超，其流量其实并不大。白银流动差的现象一直到明代中期才出现改变。15 世纪初期，郑和七下西洋，中国与周边国家的往来因此变得愈加频繁，海外贸易也随之增加。15 世纪末期，哥伦布、达·伽马等的世界探险之旅代表着大航海时代的到来，新大陆的发现为全世界更大范围的贸易打开了更畅通的道路，东西方的贸易随之迅猛发展，这一时期贸易的商品主要是大宗日常用品，奢侈品退居次位。

在欧洲完成工业革命以前，虽然欧洲在火器、钟表、呢绒、船舶、玻璃等商品的生产上相比中国占据更多的有利条件，同时南洋香料、东洋铜等的转口在欧洲也能够实现，但是中国对这些商品的需求量并不是很大，而当时中国输出的大宗日常用品在海外却大受欢迎，有较大的输出量，这也就造成了所谓贸易顺差。欧洲人一方面想和中国人进行贸易，另一方面又没有比较满足中国人需求的商品卖给中国人，只得向中国人支付白银以维持和中国人的贸易关系，获取中国产的廉价商品。在欧洲人找到鸦片这种有毒商品并使其流入中国商品市场之前，他们所支付的白银可说是当时的中国最为需求的商品。白银的支付也使得其成为"欧洲人在亚洲内的贸易以及他们在亚洲和欧洲之间的贸易中获取利润的主要来源"[1]。

---

[1] 〔英〕亚当·斯密：《国民财富的性质和原因的研究》（上卷），郭大力、王亚男译，商务印书馆，2003，第 198~199 页。

第三节 中国近代货币区域化的历史

一 民国时期货币区域化的历史

1932～1935 年，南京国民政府开始了对货币制度的改革，中国由此走上货币现代化的道路，这为抗战前中国的经济发展提供了有利的条件。此次货币制度改革分两个阶段进行：第一阶段是政府制定并实施"废两用元"政策，该货币政策统一了货币的国内价值，对货币的发行也予以标准化规定；第二阶段是政府"法币政策"的推行，该政策的推行不仅彻底改变了国内货币的定价方式，而且使得我国传统的银本位制就此退出历史舞台，纸币作为商品的法定交换媒介开始以统一价值在国内流通。通过此次货币制度改革，中国得以摆脱 20 世纪 30 年代早期的经济大萧条，可见此次货币制度改革取得了一定的成效。不足的是，后期货币发行缺失严谨的制度，加之政府企图通过滥发货币的简单方式来弥补财政赤字，由此引发恶性通货膨胀，法币最终无法适应市场需求，在流通领域被淘汰。民国后期政府滥发法币致使法币最终被市场淘汰的事实，暴露了通过发行货币弥补财政赤字这一方法的缺陷。

（一）国民政府时期的货币制度

中国货币使用的历史从商朝以贝币作为商品交换媒介开始。在秦汉时期到清末的 2000 多年历史中，商品交换媒介则以方孔圆形的铜钱为主。进入中华民国，在"七七事变"爆发以前，国际上对于国民政府是持认可态度的，当时的国旗是"五色旗"，国歌则是"卿云歌"。

1. 民国时期货币的流通情况

鸦片战争爆发之前，民间主要以银两和制钱为商品的交换媒介，白银铸币在当时还没有开始被使用。在当时，商品交易市场中所使用的银两种类很多，有碎银、小锭、中锭和元宝等。其中，碎银即零散的、形状不规则的银子，重量一般少于 1 两；小锭形似小馒头，重约 2 两；中锭又名小元宝，重约 10 两；元宝多用于大额的支付，重量一般超过 50 两。然而，当时各地区宝银的铸造并没有具体的规格限定以及相应政策进行约束，结果是不同地区的宝银含银量存在差异，地区间商品流通也因此受到限制。在商品交易中，百姓只得先将所持有的银子兑换成铜钱，再用铜钱进行支付。鸦片战争爆发后，随着对外贸易逐渐发展，外国银圆开始流入中国。根据相关史料记载，当时有多达几十种国外银圆在我国货币市场中流动。在诸多外来银圆中，西班牙银圆最受国内市场青睐，因此又称西班牙银圆为"本洋"。墨西哥鹰洋在 1854 年初流入广东，它是墨西哥独立后所铸造的银圆。鹰洋含银量高，银质纯正，成色不易改变，这些优势使得墨西哥鹰洋在当时得到人们的广泛认可。此后，本洋在商品经济中逐渐被鹰洋所替代，鹰洋成为中国货币市场的标准货币。

2. 民国时期的货币发行

（1）民国时期法币的发行情况

1935 年初，南京国民政府开始推行法币政策，这个时候的法币发行虽然数额较大，但是对发行量还是有一定的限制的。到 1935 年末，法币的发行总额是 8.6 亿元；到 1937 年末，发行总额达到 16.4 亿元；1938 年末的发行总额增加至 23.1 亿元。抗日战争中期，沿海地区的城市相继沦陷，由于之前政府的财政税收很大部分来源于发达的沿海地区，因此财政税收受到影响，大幅减少；与此同时，战争的进行使得军费支出不断增加。20世纪40年代初，国民政府开始出现财政赤字，并且财政赤字呈现日益严重的倾向，在1940年达到40亿元，1941年达到90亿元，1942年达到198亿元，1943年财政赤字降为130亿元，虽有所减缓，但数额仍十分巨大。为了弥补财政赤字，国民政府采取了错误的货币政策，大量发行法币，通货膨胀开始爆发。

1945年8月，日本无条件投降，中国社会短暂的、安定的环境为经济发展提供了一定的保障，这一时期的商品价格也保持在一个较低的水平。但是，好景不长，国民党很快发动了内战，战争势必导致军费的大量支出，国民政府又一次面临严重的赤字危机。财政赤字数额于1946年达到4.8万亿元，1947年升至27万亿元，其中军费支出赤字占总财政赤字的92.6%，为25万亿元。1947年初，上海中央银行陆续收到各地库存钞票告罄的电报，央行决定加大纸币的发行以缓解财政赤字。面额2000元的关金券由此产生，1元关金券相当于20元的法币，也可以理解为上海央行印发了4万元的大额钞票。1948年，国民政府军力进一步减弱，内战形势发生了根本性转折，由此法币在国内货币市场上开始被拒收，逐渐被淘汰。当时的通货膨胀严重到买一张饼需要4万元左右，连乞丐也不屑于1000元的赏赐。此时，国民政府再次推出新政策，实行币制改革，发行金圆券，试图力挽狂澜。

（2）民国时期金圆券的发行情况

1948年，国民政府的金融和财政两个职能部门联合进行了一次重大的货币政策改革。上海中央银行总行的总裁俞鸿钧组织一批专家、学者拟定了改革方案，其主张大力增加财政税收，强烈反对针对原有法币政策进行调整，认为如果彻底改革，将致使法币的发行产生一系列问题。然而对于这一方案，蒋介石并不认可。为了有效缓解当时货币发行和流通的困难局面，蒋介石赞同推行当时财政部部长王云五等人拟定的币制改革方案，具体是大规模收兑民间流通的金银、外币，抑制通货膨胀。

当年8月19日，国民政府为推动新一轮的币制改革，相继颁布了《金圆券发行办法》、《财政紧急处分令》和《人民所有金银外币处理办法》等一系列货币改革政策。政策实施的具体流程如下。国民政府首先印行金圆券20亿元，以该新型纸币代替流通中的法币。在金圆券印行的最初，该纸币面值主要包括1元、5元、10元、50元和100元。在法币定期兑换金圆券方面，规定兑换规则是300万流通法币兑换1元金圆券；在金银兑换金圆券方面，规定兑换规则是1两黄金兑换200元金圆券，1两白银兑换4元金圆券，其他外币参照统一汇率进行兑换，违背币制改革政策相关规则将被没收全部金银，同时被判处监禁刑罚。为了大力推行币制改革政策，国民政府决定由民间百姓、企业、钱庄、银行来完成法币兑换金圆券的工作，并延长黄金、白银和外币的兑换时间。

事实上，发行金圆券的行为本身就涉嫌通货膨胀，其结果必然导致物价持续上涨。在数额方面，国民政府计划发行的金圆券数额在20亿元以内，尽管政府对外承诺发行金圆券是经过前期充分准备的，但是经过简单换算便可知，20亿元金圆券预计可兑换法币6000万亿元，远超实际发行的法币总额660万亿元。

从1948年8月21日发行金圆券起至同年9月底，新一轮币制改革的弊端逐渐暴露。金圆券发行近40日内，在上海商品市场流通区域发生了多起抢购风波。国民政府于1948年9月30日宣布金银、外币兑换时间延长10天，致使货币改革政策信誉扫地。同年10月1日起，市民由于担心货币短期内贬值而蒙受巨大损失，为了尽快将手中的金圆券花光，开始疯狂抢货。

3. 民国时期的币制改革

国民政府为确保币制改革政策顺利实施，专门在天津、上海和广州设了经济管制专员。蒋介石派遣蒋经国与俞鸿钧共同担任上海经济管制专员，并由蒋经国负责每晚向蒋介石汇报币制改革政策在上海的执行情况。

在改革政策颁行之后，位于上海的浙江第一商业银行总经理李馥荪与上海各大银行合谋凑齐1000万美元，来应对金圆券兑换制度。蒋介石知晓此事后十分震怒，在蒋介石看来这些资本主义银行家眼里只有金钱，完全不考虑国家安危，他们的行为更是对国民政府推行相关政策的敷衍。此后，蒋介石当即责令上海各大银行立即将本行持有的金银、外币向央行登记兑换，如果再次发现存在制作假账、虚与委蛇的情况，国民政府将加大处理力度，给予最严厉的制裁。

在蒋介石发出警告的两天后，上海浙江第一商业银行被查封，上海银行和金城银行需要决定是否接受法律制裁或向国民政府交出全部金银、外币。此时，上海申新纺织公司总经理、美丰证券公司总经理、上海水泥公司荣鸿元、韦伯祥和胡国梁等人均因私自窝藏金银、外币而遭受相应的法律制裁。此外，蒋经国在内的一批经济管制专员集结国民党军警、特务冲进各大银行、钱庄，洗劫金银和外币。

此时的上海人心惶惶，一方面，资本家和银行家由于担心身陷囹圄，开始纷纷前往央行总行将自有的金银、外币兑换成金圆券；另一方面，越来越多的百姓迫于生计，只得将自己仅有的金银、外币兑换成金圆券。在该币制改革政策实施的两个多月内，国民政府从民众手中收兑了大量的金银、外币。据史料记载，1948年8月至10月，上海中央银行总行共计收兑黄金165万两、白银900万两、银圆2300万枚，以及其他外币千余万元。

1948年10月28日，即该币制改革运动实施后的第68天，国民政府行政会议宣布此次币制改革政策以失败告终。同年11月，国民政府宣布取消最初发行额度以20亿元为限的金圆券的限制额度，随即金圆券的发行量大幅增加，一发不可收拾。据相关史料记载，1949年5月，上海大米的价格达到每升4.4亿元金圆券，换算之后得出每一粒大米的价格是130元金圆券，金圆券持续贬值，通货膨胀已经到了最严重的时刻，此后一直到1949年6月，金圆券发行量累计125万亿元。中国的西南地区开始出现拒收金圆券的情况，国民政府的币制改革政策全面崩溃。①

（二）货币改革运动的效果评价

在国内方面，国民政府发起的货币改革运动不仅是对古代货币制度的一次总结，而且是现实寻求货币经济发展的一项重要举措，在历史中起到承上启下的作用。在国际方面，货币改革运动的推进对此后抗日战争阶段的中国产生了极其深远的影响，促使国民政府与英、美两国在政治和经济两方面结成同盟，也更方便获取国际支持，并为抗战提供了良好的外部环境。国民政府的货币改革运动依时间顺序依次是"强制废两用元"和"施行法币政策"。其中，"强制废两用元"是统一货币对内价值的前提，从根本上使货币的对内价值趋于统一；"施行法币政策"是国民政府被迫推动的，其运行的背景是国际经济形势对国内经济产生了十分恶劣的影响，当时的国民政府只能通过施行法币政策重新确定货币的对外价值。

1. 货币改革运动使统一货币得以实现

在国民政府为推动我国货币现代化进程所推行的一系列币制改革中，"废两用元"作为系列改革措施的第一步，从根本上使封建时期作为海外贸易硬通货的白银永久性退出流通舞台，与此同时简化了货币流通中繁杂的手续，使主币在流通中得以标准化，并在流通过程中显著减少了因货币问题招致的贸易纠纷。此外，国民政府强化了专属国家铸币权，明确规定了货币的单一化铸造标准，区分了商品白银和货币银圆，减少了交易结算中因白银、银圆之间的价格差所造成的损失，推动了经济的平稳发展。国民政府时期的"废两用元"是极具现实意义的币制改革措施，象征着中国现代货币制度初步形成。该项改革运动在全国范围内的稳步推行，使得在中国

---

① 刘轶、董敏：《民国时期货币发行和币制改革探析》，《兰台世界》2014年第28期。

畅通了400余年的"银两制"货币成为历史，银本位制和在海外贸易中作为硬通货的货币——银两，从此退出中国舞台。

"废两用元"的进步意义在于推动了流通中主币的改革与统一，终止了银两在中国流通的进程。虽然如此，"废两用元"改革运动却没能促成辅币的统一。民国时期真正实现货币的统一，是在法币政策推行的阶段。

2. 货币改革运动推动国民经济的发展

民国时期的货币制度改革在很大程度上稳定了国内的金融局势，使过去频发的经济波动和经济不确定性骤然缩减，商贸主体亦能合理规划未来的发展路径。此外，民国时期的货币制度改革还促进了国内工农业生产的发展。

3. 货币改革消除了贵金属的国际影响

我国货币本位的历史演进经历了从贵金属本位到银本位，再到外汇本位的转变，近代中国的货币价值和经济活动受国际市场上贵金属价格波动的影响逐步下降。民国时期，我国推行法币政策，基本消除了国际市场上贵金属波动对我国经济造成的有害影响。此外，法币政策还从外部消除了由银价上涨所导致的货币升值对海外贸易所产生的负面影响，对外贸易形势得到明显改善。1936年初，对外贸易出现了几十年来所未有的盈余。虽然后来继续出现贸易赤字，但相对而言，赤字得到明显改善。

法币政策的实施有其不足之处。货币发行量在法币政策实施后开始增加，约一年半时间里，法币的流通量就增加了3倍多。由于货币供给量迅速增加，从经济表面上看，中国开始进入快速发展时期。然而，货币供给的增加，也招致了通货膨胀这一恶果。中国物价自1935年11月起摆脱了下降，1936年我国上海地区物价指数同比增长了12.6%，到1937年6月物价指数又增长了16%。[1] 尽管通

---

[1] 中国人民大学国民经济史教研室编辑《中国近代国民经济史参考资料》（二），中国人民大学出版社，1962，第313页。

货膨胀是此次货币制度改革所不能预料的，但它仍然使国民经济踏上了复兴之路。①

一国政府自古以来就有过度发钞的倾向。现代货币数量理论表明，由于货币流通量和物价水平之间呈正相关关系，所以一国政府降低通货膨胀、稳定货币价值的方法之一就是控制货币发行量。弗里德曼甚至主张稳定货币价值必须做到遵守"单一货币规则"。抗战时期的中国在经济发展方面呈现停滞的状态，军费开支却猛然大增。随着战局不利，国民政府的主要税收征收地区相继沦陷，政府财政收支变得越来越紧张，只能通过发行货币来维持军费开支，这使得国民政府的货币发行量高速增长，最终导致当时的恶性通货膨胀。恶性通货膨胀直接摧毁了市场上流通的法币的信誉，法币的使命开始走向终结。

法币政策的失败是国民政府违背货币流通规律，无视货币发行规定的必然结果。该项货币制度改革的失败，更深层次地说明了以发行货币作为弥补财政赤字的主要手段是行不通的。②

二　新中国成立以后人民币区域化的历史

改革开放至今，中国的经济实力不断增强，中国的对外开放水平不断提高，海外贸易和跨国人员交流越来越密集。人民币作为国内流通和使用的现代货币，也渐渐流出国境，并被周边甚至更远的国家和地方所接受。在中国香港、澳门和蒙古国以及俄罗斯南部，还有东亚，东南亚的老挝、缅甸、越南等国家，人民币可以在当地流通。此外，有些国家或地区甚至出现了"货币替代现象"，即该地区使用并接受人民币作为流通和交付手段，而不使用其本国货币。在德、法、美等发达国家还出现了人民币兑换点。以上内容表

---

① 〔美〕费正清：《剑桥中华民国史》（第二部），章建刚等译，上海人民出版社，1992，第178页。

② 黄余送、裴平：《民国政府的货币改革》，《中国社会经济史研究》2006年第4期。

明，人民币已经在部分国家或地区行使了国际货币的职能，人民币国际化之路正在悄然向前推进。

（一）港澳台人民币区域化的进程

1. 香港地区人民币区域化的进程

人民币在香港地区流通和兑换使用的历史悠久。早在20世纪50~60年代，内地与香港就有贸易往来。随着内地与香港地区贸易往来和人员互动增多，人民币在香港的流通规模不断扩大。

在2004年之前，人民币一直只能在香港民间流通，尽管流通的人民币规模多达几百亿元，但它仍然被排除在香港银行体系之外，找换店和地下钱庄等非官方渠道发挥着人民币兑换的作用。还有一部分人民币，则是通过毒品贩卖、赌博、走私和洗钱的非法方式流入香港。随着中国综合国力的不断增强，人民币在香港地区的流通规模和范围不断扩大，人民币于2003年底加入香港地区的金融体系之中，并被特区官方纳入正常的货币流通渠道。

2. 澳门地区人民币区域化进程

人民币在澳门的流通主要由民间推动。人民币在澳门地区流通规模的扩大是澳门地区和内地之间日益密切的贸易和人员往来，尤其是其旅游业快速发展的结果。

在物资方面，澳门地区的生产、生活物资供给主要依靠内地；在劳动力方面，澳门在20世纪70~80年代经济得以飞速发展的原因是，从内地得到大量的劳动力。改革开放之后，内地与澳门地区的经贸往来日益频繁，内地已经成为澳门地区的第一大原材料进口地、第三大产品出口地。

尽管人民币在澳门的流通数量巨大，但存量不多。因为谈及人民币在澳门流通的问题，以赌资形式流入澳门是一种极其重要的模式。这部分的流通数量难以统计。

3. 台湾地区人民币区域化进程

人民币在台湾地区的流通和使用，主要是政治因素在起作用。

台湾与大陆的贸易往来历史悠久。国民党于1949年退居台湾后，海峡两岸进入长期军事对峙局面，台湾与大陆的贸易处于30年的中断状态。一直到20世纪70年代末，台湾与大陆的贸易往来只能间接通过第三方进行，且贸易规模较小。

由于受到台湾当局的阻挠和限制，两岸直接"三通"至今未能实现，人民币在台湾地区的流通并没有得到台湾当局的法律认可。随着大陆经济的飞速发展，两岸经贸往来和人员交流规模逐年攀升，人民币对台湾的影响逐渐增大。台湾对大陆的贸易顺差地位，台商对大陆不断增加的投资额，台湾居民赴大陆经商、旅游、进行文化交流等，使得台湾对人民币的需求不断增加，岛内人民币的流通、使用呈现升温趋势。

台湾居民私底下接受人民币作为流通手段。在政府方面，人民币在台湾经历了从被拒绝承认到被逐渐放宽使用限制的过程，具体而言，有三个阶段：一是1949～1990年，该时期是台湾地区全面禁止人民币流通的阶段；二是1991～2000年，是消极缄默阶段；三是2000年至今，是逐渐放宽阶段。2002年7月，中国人民银行正式批准大陆商业银行可与台湾银行办理直接通汇业务。目前，大陆主要商业银行与台湾主要商业银行基本建立起了直接通汇关系。

（二）东南亚人民币区域化的进程

1. 人民币在越南的流通

越南与我国云南、广西两省接壤，人民币在越南的流通开始于边境居民的相互贸易。随着边境贸易日益活跃以及中国居民赴越南旅游的人次和两国跨境交流的人数逐年增加，人民币在越南的流通规模不断扩大。

一方面，在越南，商业贸易、民间投资、旅游、访学等交往都不同程度地流通和使用人民币。另一方面，人民币也以赌资的形式流入越南境内。人民币在越南的流通呈现范围广、渠道多、支付能力强、兑换简易方便等特点，此外，人民币还通过地摊银行等渠道输入越南，非法输入人民币的方式呈增多趋势。

2. 人民币在缅甸的流通

缅甸在我国的西南方向，与我国紧密相连。缅甸与我国的边境贸易和双边旅游等经济交往和人员来往均十分频繁。缅甸外汇长期缺乏、政府更迭不断，以至境内经济发展低迷，通货膨胀程度极高，人民币在当地全境流通，并且有替代缅甸货币的趋势。

缅甸在与中国的经贸交流中，基本使用人民币结算。人民币流入缅甸有以下几种渠道：一是旅游，缅甸希望通过吸引大量中国游客，振兴国内旅游业来推动经济发展；二是博彩业，中缅边境博彩业是促使人民币流入缅甸的一种地下渠道；三是毒品走私，中缅边境是毒品走私的密集区，非法进行地下毒品走私并用人民币进行毒品交易的情况不在少数。

3. 人民币在老挝的流通

与缅甸的地理位置相似，老挝亦在我国西南方向，也与我国接壤，两国的边境贸易亦十分频繁。老挝北部的芒赛地区与我国云南省邻近，贸易活动比较频繁，该地区的贸易主要以人民币结算，人民币相对于老挝本币——基普更受青睐。

中老跨境贸易逐年增加。近几年，中老每年的贸易全以人民币结算，数额可达十亿多美元。中老的边境活动以博彩业最为流行，老挝人通过为中国人开设赌场来变相吸收人民币作为其国内外汇。此外，"金三角"等地区的毒品走私也是导致人民币流入老挝的一个重要原因。

4. 人民币在泰国、柬埔寨、新加坡的流通

泰国与柬埔寨并不与中国接壤，但是两国与中国相距不远，新加坡则是著名的"花园城市"，三国与中国均有长期的经贸往来和人员互通，并且中国与它们之间的海外贸易规模逐渐增大。泰国、柬埔寨、新加坡的旅游业十分发达，并主要以此吸引人民币流入境内。泰国是第一个允许我国在其境内开辟旅游市场的国家，柬埔寨则是世界闻名的佛教旅游胜地，每年吸引了许多中国游客前往观光旅游。新加坡是世界著名的离岸金融中心，对人民币的流动基本不加限制，同样每年吸引了大量的中国游客前往旅游。泰国、柬埔寨、新加坡通过旅游消费、经济互通，促进了人民币在当地的流通。①

通过对比分析人民币在我国港澳台地区以及东南亚诸国的流通态势，可以看出人民币在周边国家或地区的分布十分广泛，其流通量呈现一定规模。具体而言，人民币在周边国家的流通态势呈现以下几个特点：一是人民币的境外流通是自然形成的，是地区、国家之间长期经济、文化等诸多方面交流渗透的结果；二是人民币的输出主要基于边境贸易和旅游消费，人民币的境外流通量受边境贸易和旅游的影响较大；三是人民币的输出范围主要集中在与中国接壤及在中国周边的国家或地区；四是人民币的域外流通规模较大，但当地沉淀量较小，呈现"大进大出"的总体特征；五是人民币的境外沉淀量受到海外贸易顺逆差、出国旅游人次和人民币消费额的影响。人民币的境外沉淀量体现了人民币在域外稳定使用的趋势，人民币接受国对中国呈现贸易顺差或接待的中国旅客多，以人民币支付的消费额大，人民币在该国的沉淀量就大。②

（三）人民币域外结算的发展历史

20世纪60年代，我国曾经使用英镑作为对外贸易的计价结算货币。此后由于英镑大幅度贬值，我国为了避免因此造成的损失，从1968年开始在进出口中使用人民币作为计价结算货币。人民币计价和结算首先在我国港澳地区试行，此后渐渐推广到对欧洲、美国、日本及其他地区的贸易中。在布雷顿森林体系解体后，西方各国货币纷纷实行浮动汇率制度，人民币对其汇价也随之起伏波动。

---

① 刘力臻、徐奇渊等：《人民币国际化探索》，人民出版社，2006，第88~107页。
② 刘力臻、徐奇渊等：《人民币国际化探索》，人民出版社，2006，第121~122页。

虽然1971年中国银行对外扩充了人民币远期买卖业务，人民币结算量却在下滑。

人民币区域化对外重启的时间是在20世纪90年代后期，分为人民币区域化起步阶段和人民币区域化加快阶段。人民币重新起步阶段为20世纪90年代前后至21世纪初期。

在人民币区域化起步阶段，人民币主要是以边境贸易的方式流出境外。人民币兑换、运输主要通过地下钱庄、街头兑换点、个人携带等非正式金融渠道。20世纪90年代中期，我国边境贸易迅速发展。当时与我国接壤的诸多国家的国际贸易并不发达，各国内部缺少美元等国际硬通货，与此相比，人民币币值却相对稳定，所以人民币成为与这些国家贸易互通中计价和结算的媒介。随着边贸规模的扩大和我国经济的蓬勃发展，人民币外流量进一步扩大并在这些地区中成为仅次于美元、欧元的第三大硬通货。人民币跨境流通量最大的，当属香港地区，人民币可以在香港地区通过多种途径自由兑换；在我国澳门地区，人民币使用范围也极其广泛。目前在老挝东北部至其首都万象，人民币可以全然代替其本币在其境内流通；在越南全国范围内，人民币都有流通，越南国家银行已经开展了人民币存储业务；在中国和缅甸的边境贸易方面，人民币年输出量、输入量十分巨大。在与我国西北方向接壤的国家中，人民币主要在中亚五国和巴基斯坦流通。在与我国东北方向接壤的国家中，人民币主要在朝鲜和蒙古国流通，人民币在蒙古国已经作为主要外币使用，蒙古国各个银行也开展了人民币存储业务。21世纪以来，在日本的华人集中地区也开始流通和使用人民币。西方部分发达国家或地区也开始流通和使用人民币，随着中国赴海外旅游的人数增多，欧洲多国和美国、加拿大等国的机场及饭店开展了人民币兑换业务。

在人民币区域化加快阶段，中央政府通过各种政策措施来推动人民币通过正规金融渠道走向境外。境外对人民币的需求主要表现在投资、财富管理、外汇储备等方面，与之前以外贸、旅游需求为重点有所不同。2008年美国次贷危机爆发后，新一轮金融危机殃及全球，为了应对此次危机，中国内地与香港地区，以及白俄罗斯、冰岛、阿根廷、韩国、印度尼西亚、马来西亚等国签署了总额达8000多亿元人民币的一系列货币互换协议，使人民币成为潜在干预货币之一。2009年4月8日，国务院决定在上海和广东四市开展跨境贸易人民币结算试点，此举意味着人民币区域化迈出了历史性的一步。人民币结算试点于2009年7月启动，上海、广州、深圳、珠海、东莞成为我国首批政策试点地区，近500家企业参与其中，境外试点主要在中国香港和东盟地区。2010年之后，人民币区域化全面进入"提速期"，一系列中央政策密集出台。2010年7月，中国人民银行和新加坡金融管理局签署了1500亿元人民币的双边本币互换协议，使我国的货币互换国数量达到8个之多。目前，人民币已经被柬埔寨、菲律宾、马来西亚、新加坡等国家直接作为中央银行的外汇储备使用。[①]

[①] 国务院发展研究中心课题组：《人民币区域化条件与路径》，中国发展出版社，2011，第29~33页。

第 三 章

海上丝绸之路的实践：人民币区域化的法律制度构成

第一节　SDR 框架下的国际货币法律制度
第二节　SDR 框架下海上丝绸之路沿线地区的货币法律制度
第三节　SDR 框架下的国内货币法律制度

第一节 SDR框架下的国际货币法律制度

一 牙买加体系与人民币国际化

在布雷顿森林体系解体后，IMF于1972年7月成立了研究国际货币制度改革的专门委员会，并于两年后提出了"国际货币体系改革纲要"。[①] 1976年1月，IMF下的国际货币制度临时委员会在牙买加举行会议，达成了《牙买加协议》，该协议奠定了新的国际货币体系的基础。而后该临时委员会通过了《IMF协定第二修正案》，新的国际货币体系由此形成。与布雷顿森林体系相比，牙买加体系中美元的地位虽然有所削弱，但是仍然是这一体系的核心货币。处于牙买加体系外围的主要有两类国家：一是如东亚国家等出口导向型国家，因为这些国家在对美国出口的过程中积累了大量的外汇储备，并利用这些外汇储备购买了美国国债等资产，使美元回流到美国；二是欧洲国家和拉美国家，由于这些国家购买了大量美国政府或者公司的金融资产，美国借此机会向其国内投入了大量的真实资本，并将这些资本用于投资其国内建设或者对外贸易。由此，20世纪后半期的牙买加体系表现出美元主导的特征。

[①] 季勇、曹云祥：《国际货币体系演进规律及中国应对策略——基于金融危机的视角》，《现代管理科学》2016年第2期。

（一）牙买加体系的主要内容和运行状况

1. 牙买加体系的主要内容

牙买加体系涉及黄金、汇率、国际收支等一系列问题，其内容归纳起来主要有以下3个方面。

① 推行黄金非货币化，以及强调SDR的国际储备地位。该体系明确否决了黄金作为国际货币的地位，表现为：第一，删除了与黄金有关的条款，取消了黄金的官方定价，各国可以按照市场规律以协定好的价格进行黄金自由交换；第二，删除了黄金作为债权债务清算工具的强制要求，各成员国之间以及IMF与成员国之间可以以其他方式清算债务，同时IMF也会通过合理的手段在一定期限内放弃手中持有的黄金；第三，强化了SDR在国际货币储备体系中的地位，扩大了其使用范围，并完善立法，同时规定开立有SDR账户的国家可以用其SDR偿还IMF的贷款①，作为偿还债务的担保，SDR可被IMF成员国用于向IMF借贷。

② 允许成员国自由选择、制定和调整汇率，使浮动汇率制合法化。该体系正式赋予了浮动汇率制度合法的国际地位，使其将在长期内与固定汇率制度共存，成员国可根据本国国情选择适合的汇率制度。IMF仍会严格监督成员国的汇率制度，并适时进行协调，以保证国际金融环境的稳定，减小货币价值波动的幅度。

③ 增加国际货币基金的总份额，增强IMF在解决成员国国际收支困难和维持汇率稳定方面的能力。同时，放宽了对发展中国家的信贷限度，增强了发展中国家的融资能力。②

2. 牙买加体系的运行状况

牙买加体系下的国际货币制度首要的价值取向应当是效率，即实现国际经济市场效率的提升，使国际贸易、国际兑换、国际结

---

① 陈柳钦：《金融危机下国际金融体系改革的思考》，《当代经济管理》2009年第10期。
② 巴曙松、杨现领：《货币锚的选择与退出：对最优货币规则的再考察》，《国际经济评论》2011年第1期。

算、国际收支调节更加便捷。① 根据国际经济学理论，衡量国际货币制度效率的指标包括该制度下的清偿能力、市场信心、效率调节三项。因此，对牙买加体系运行状况的分析，可从这3方面着手。

（1）清偿能力

清偿能力又被称为国际储备的适度性和稳定性，指现今的国际货币制度创造一个有效的结算和融资中介的能力。在牙买加体系中，欧、美、日三个地区或国家的官方货币一同充当着国际货币的角色，这种国际货币储备模式表现出分散、多元的特征，为世界其他国家或者地区提供了更多的选择。这不仅有利于解决某种单一货币国际清偿能力不足的问题，而且打破了以往由美元决定的单一、薄弱的货币体系，使得当前货币体系的稳定与多国的经济发展相挂钩，降低了其随一国经济的波动而波动的可能性，从而增强了其稳定性。正是由于人民币在2008年金融危机中的良好表现及其币值在近期世界经济动荡中的相对稳定，经过历时5年的评估，IMF最终于2015年12月1日正式宣布人民币将于2016年10月1日加入SDR货币篮子，这标志着人民币已成为同美元、欧元、日元和英镑一样的国际货币。因此，为保持世界货币体系的多元和国际货币供应的充足，拥有国际货币的国家应当加强沟通与合作，着眼于世界经济的增长，积极达成相关财政方面的协议。历史表明，当世界经济良好运行时，世界货币国家能有较好地沟通和协调，做到经济金融领域沟通、对话、协调的较为一致的协作；反之，拥有世界货币的国家则会更注重自身的利益②，为保证本国经济的稳定和可持续发展，会不管不顾自己作为世界货币国所应承担的责任。

---

① 洪波、虞红丹：《从制度经济学角度看牙买加体系的特点与问题》，《南方金融》2012年第4期。
② 武广、冯文伟：《人民币国际化问题探究——人民币国际化对国际清偿力的影响》，《金融理论与实践》2008年第3期。

(2) 市场信心

货币危机发生的可能性直接决定着国际市场信心的强弱。良好的国际货币体系应当参照一个稳定的汇率环境，保持国际货币往来的稳定，而在牙买加体系下，货币金融危机时有发生。国际市场信心受创的典型案例主要有两种。第一种是在经济全球化和金融自由化的大背景下，一些金融水平不高的国家随意开放自己的资本项目。但是由于其金融水平低，表现为国内资金供应不足、金融管制手段不够完善、利率制度相对落后，一些银行和企业便会滥用制度漏洞引入外资，投入房地产、证券、股票等市场，结果造成经济繁荣假象，使本国的货币政策走向歧途，从而间接引发金融危机。第二种与全球游资密切相关，游资的日益增长以及频繁流动加大了金融危机爆发的可能性和深度[1]，而现今没有一个国家有足够的能力去抵抗游资对国际货币体系的破坏。同时，牙买加体系尚未形成对热钱流动进行监督的有效机制，容易导致金融危机的爆发。

(3) 效率调节

国际货币体系的效率调节主要体现在其对各国的国际收支调节上。然而，自牙买加体系建立以来，并没有制度化的国际收支调节机制，IMF暂无国际收支调节机制和制裁机制，各国的逆差完全由自己进行调节，因而牙买加体系也被称为"无体系的体系"。毋庸置疑，各成员国总是会将本国宏观经济的增长目标放在首要位置，将保持国际汇率体系稳定的义务放在次位甚至更后的位置[2]，这便与IMF的要求相矛盾，但是只有这样才能抑制本国的通货膨胀、提高就业率，实现经济的快速发展。于是，许多成员国特别是发达国家，往往会凭借自身的经济优势制定一系列不利于国际收支平衡的

---

[1] 姜建清、孙彬：《重建市场信心是缓解流动性危机的有效途径》，《金融论坛》2009年第1期。

[2] 李树：《经济理性与法律效率——法经济学的基本理论逻辑》，《南京社会科学》2010年第8期。

国内法，而很少顾及其他国家特别是一些发展中国家的利益，从而经常使本国的收支处于失衡状态，使汇率波动剧烈，这影响了国际货币体系的稳定。

（二）牙买加体系下国际经济的新特征

由于牙买加体系对国际货币体系的重新洗牌，且牙买加体系自身对国际货币体系就具有正反两面的效应，因此在牙买加体系下，国际经济呈现新的特征。

第一，全球通货膨胀加剧。在布雷顿森林体系解体后，以美元为主导的国际货币本位制度使得全球货币流动呈现不良态势，通货膨胀的发生率不断提高，发生了多起影响世界货币体系和各国经济的金融危机。

第二，美元悖论。美元悖论是各国美元储备资产持续增加与美元持续贬值之间的矛盾。我国已成为美国的第一债权国，而近年来美元却持续贬值，综观全球，这两者的矛盾在不断加深。

第三，新兴市场崛起。中国、巴西、南非等新兴市场的崛起，对全球经济的发展做出了巨大的贡献，世界经济格局也由此发生了明显的变化。随着人民币加入SDR货币篮子，国际货币体系发生了根本性的调整。

第四，外汇储备分配失衡。新兴经济体积累了大量的外汇储备，其外汇储备总量已经超过全球外汇储备总量的一半，导致全球外汇储备分配的失衡超出了普遍认可的金融安全保护所需的标准。

第五，美元地位相对下降。美国经济的衰弱导致美元币值的稳定性受到各国的质疑，也引发了诸多国际金融问题，而欧元、日元、人民币等新兴世界货币的兴起，使得各国在外汇储备中有更多的选择，美元汇率有下降的趋势，美元的地位相对下降。

（三）牙买加体系的缺陷

牙买加体系是为了适应世界经济多极化而设计的灵活的国际货币体系，维持着世界经济的稳定。然而，随着国际经济政治形势的变化,这种"无体系的体系"也暴露出其不稳定的内在缺陷,与当前经济政治的发展要求存在偏差。

首先,该体系受美国经济影响过大,基础不够稳固和牢靠。在布雷顿森林体系解体后,虽然美元不再与黄金直接挂钩,各国货币均有成为世界货币的可能,但是事实上美元的国际地位并没有遭受大幅度地削弱,也并没有任何一种其他货币可以与美元相提并论。相反,这种脱钩反而使得美国的货币政策有较大的自主空间,美国更会基于自身发展利益制定偏向于自己的货币政策。并且,当前的美国经济实力相对减弱,国债屡创新高,"美元悖论"凸显①,国际收支出现大量逆差,使得它面临着更大的风险。

其次,汇率体系不稳定,对于多种汇率机制的并存运行,发展中国家未有科学的协调方法。由于大部分发展中国家的金融市场不发达、法律制度不健全,通过外汇市场规避风险的能力低,若发展中国家采用浮动汇率制,一旦汇率波动得较为剧烈,其外汇储备可能不增反减;而发展中国家一旦采用固定汇率制,其面临的货币投机风险则会增加。不论采用何种汇率制度,发展中国家均会处于较为被动的状态。

最后,国际收支调节机制不健全。美国的经常账户表现为逆差,而东亚国家的经常账户多表现为顺差,并且东亚国家多将这些顺差额以低利率投资于美国低风险证券。② 当前调节国际收支平衡的手段都存在一定缺陷,如常用的汇率调节机制就容易受到出口商品弹性的限制,并且各成员国间的合作协调也难以实现。

(四) 牙买加体系下东亚国家间的货币合作

牙买加体系具有内在的不稳定性和不平等性,区域货币合作是东亚国家化解经济不稳定、减少经济不平等的必由之路,也是人民

---

① 李向阳:《布雷顿森林体系的演变与美元霸权》,《世界经济与政治》2005 年第 10 期。
② 杨飞:《牙买加体系缺陷及其改革思路》,《现代物业》2010 年第 2 期。

币从区域化走向国际化的必然阶段。

1. 牙买加体系的不稳定性与东亚货币合作

牙买加体系的不稳定性推动了东亚国家之间的货币合作，而该合作带来的危机防范和应对收益远大于其成本，是东亚国家应对牙买加体系不稳定性的理性选择。对于区域货币合作而言，牙买加体系下的金融危机所提供的驱动力有如下特点。

第一，国际金融危机所带来的金融驱动力逐渐衰弱。当危机正兴时，区域内各国为了追求共同的金融利益，最易达成合作。而在危机过去后，各国的合作意识将弱化，合作动力不强、障碍大，它们所关注的焦点不再是共同的金融安全和发展追求，而是自身如何更好地发展，合作机制所产生的效益也会大不如前。

第二，潜在的国际金融风险将为合作的维系提供最低驱动力。东亚国家之间的货币合作正是该最低驱动力的成果，在1997年金融危机后，东亚国家在多个领域开展了货币合作，取得了多项成果。且在危机远去后，合作交流机制仍然存续。因此，当2008年金融危机爆发后，东亚国家在较短时间内就完成了货币合作的谈判，加强了自身抗御风险的能力。目前东亚的货币合作主要着眼于金融危机的应对，在合作领域上还较为单一，纵使是危机应对方面的最大成果——流动性救援机制也未实现组织化。

2. 牙买加体系的不平等性与东亚货币合作

东亚货币合作的最大成果是在区域内货币已部分替代美元，区域内国家的货币，如人民币、日元等逐步在区域金融交往中发挥重要作用，在区域经济往来的过程中发挥着计价、结算和储备的工具作用。由于经济实力和历史发展的原因，美元在国际货币体系中的优势地位仍将长期存在，且占据绝对的垄断地位，并会在牙买加体系中继续发挥主要影响作用。牙买加体系为美国获得大量铸币税提供了巨大的空间，同时美国还有制定国内政策的自由，而美国在最终市场中的无可替代性，给其他国家带来的铸币税损失和其他损失是持久且巨大的。因此，形成了美元与其他国际货币之间的不平等、国际货币与其他国家货币之间的不平等。在此大背景下，东亚国家必须寻求彼此间的合作，来弥补这种损失。诸如通过实现区域内国家货币的区域化，分享铸币税收益，来限制和约束美元的货币霸权。牙买加体系的不平等性所提供的货币激励随着中韩等东亚国家经济的发展而不断加强，它们彼此之间的依赖增强，特别是中国经济的成功转型和发展，使得美国作为东亚最终市场的价值有所下降。

二　WTO与人民币国际化

中国于2001年12月11日正式成为WTO成员。中国加入WTO以及对外开放程度的加深，使得以人民币作为价值尺度、交易媒介和支付手段的需求大幅加强，人民币也可在国际贸易中加速自己的国际化进程以及获得其他国家的信任。加入WTO意味着我国在世界经济中占有一席之地，这也要求我国要努力将人民币发展为国际货币，以促进和增强对我国投资利益的保护，以及促使我国更好地利用国际资源，获得铸币税收益等。

（一）对外贸易发展与人民币国际化的内在联系

从世界货币发展史可以看出，正是因为国际贸易的出现才使得黄金成为真正意义上的国际货币。随着英国将船舶驶向世界各地和美国的崛起，英镑、美元等货币又相继成为国际货币。这些世界货币的发展历程都说明货币发行国要想使其货币成为世界货币，它自身必须有强大的贸易影响力。[1] 他国对一国的经济依附程度与该国的贸易影响力有着直接的联系，其贸易影响力越大，该国货币成为国际货币的可能性也越大。而中国经济的发展和进出口额的庞大奠定了人民币国际化的基础。无论是周边国家还是欧美非国家或地

---

[1] 柴佐君：《货币体系的发展史及其矛盾分析》，《东方企业文化》2010年第15期。

区，均与我国有贸易关系，且该关系十分紧密。随着"21世纪海上丝绸之路"战略的提出，我国对外贸易的发展毋庸置疑会更进一步。人民币国际化无论是对我国投资者，还是对外国交易者，抑或是对其他国家都会大有裨益。

首先，我国国际贸易的发展要求减少外汇风险。目前，我国大部分国际贸易的计价和结算对美元和欧元的依赖性比较强，外汇风险水平受制于外部环境，倘若美元或欧元发生结构性贬值或者美国或欧盟经济发展进入萧条期，汇率波动的风险便落到我国企业的肩上，如此我国企业定会遭受汇率变动带来的收益损失。倘若在对外贸易中能直接以人民币来计价和结算，便可消除汇率波动给我国企业带来的风险，促进我国对外贸易的发展以及增强我国投资者对外投资的积极性。

其次，贸易持续顺差要求人民币尽快实现国际化。改革开放后，我国对外开放程度不断加深，成为多个国家的最大进口国，我国经济的发展离不开庞大的对外贸易。随着我国经济实力的不断加强，出现了持续的贸易顺差，积累了大量的外汇储备。[①] 此时，我国若出现国际收支失衡，将严重影响自身进一步扩大经济规模和发展对外贸易。

最后，外贸企业的运营需要人民币国际化。近年来，我国外贸企业实力猛增，在国民经济体系中扮演着重要的角色，且出现了诸多具有国际影响力的大企业。倘若实现了人民币的国际化，我国企业便可以节约下大量兑付成本和贸易融资成本，降低财务成本，提升自身国际竞争力。欧元、美元作为计价结算货币的背景使得我国企业承担了诸多多余的外币衍生费用，这大大增加了我国企业的贸易成本。数据显示，用人民币计价和结算每年可以为我国企业节约近4%的成本。[②] 可见，用人民币计价和结算对我国企业的发展是

[①] 王彬：《人民币汇率均衡、失衡与贸易顺差调整》，《经济学》2015年第4期。
[②] 周先平、李标、冀志斌：《人民币计价结算背景下汇率制度选择研究——基于汇率变动时变传递效应的视角》，《国际金融研究》2013年第3期。

大有促进作用的。

一国货币要想成为国际货币，则必须经历区域化到全球化的过程，如此才能在国际上发挥结算、投资和储备的功能。近年来，人民币对周边国家的吸引力逐渐增强，在部分地区和国家中已经扮演起了国际货币的角色，这为其实现国际化奠定了基础。

（二）WTO背景下人民币国际化的优劣势

中国加入WTO是人民币国际化进程的一大契机和转折点，人民币国际化的呼声也越来越高。然而人民币国际化并不是一蹴而就的，国内经济基础以及配套的法律、政策、制度必须跟上，中国"入世"后，对外贸易规模日益庞大，人民币国际化既具备了一些有利条件，也存在着一些不利因素。

1. WTO背景下人民币国际化的优势

第一，我国经济实力和综合国力不断增强。美元、欧元、日元等之所以能成为世界货币，离不开美国、欧盟、日本雄厚的经济实力的支撑。一国的综合国力和经济实力直接决定了该国货币在国际货币体系中的地位，以及他国对该国货币的信赖度，这种影响力、地位和信赖度的一个集中作用便是促使该国货币走向国际化。我国目前是世界第二大经济体，经济增速虽有所放缓，但依然保持在每年7%左右，居世界前列。这意味着人民币的国际化已经有了坚实的经济基础。

第二，我国对外开放的程度不断加深。加入WTO后，我国对外贸易便屡创佳绩，进出口贸易额居世界前列。特别是近年来，我国提出了建设天津、上海、福建、广州4大自贸区和21世纪海上丝绸之路，这些更是进一步深化了改革开放，使对外投资和引进外资都更加便捷。除此之外，我国还积极组织和参与国际组织，如亚投行，与诸多国家或者地区建立了战略合作伙伴关系。中国已经是世界各国不可缺少且不可替代的合作伙伴。

第三，我国有良好的国际信用和强大的国际清偿能力。人民币币值始终保持着较为稳定的态势，不会大幅波动，国家自我经济调节能力强。自 1994 年我国外汇管理制度改革以来，人民币表现出了对内币值稳定、对外汇率稳中有升的态势，成为一种值得全球信任的强势货币。且我国在长期经济发展和对外贸易中，积累了充足的国际储备货币，我国的国际清偿能力之强毋庸置疑。

第四，我国周边国家对人民币的广泛接受和使用。事实上，随着我国与周边国家交流合作的加深以及我国周边国家旅游业的发展，人民币已经成为周边国家或地区与我国间的边境贸易计价结算的主要工具，这些国家或地区已经实现经常项目下人民币的可自由兑换和资本项目下人民币的大部分可自由兑换。更为重要的是，一些国家通过官方的方式正式承认和公布人民币在该国内可进行自由兑付，并逐步公布了人民币与本币的比价，实现了人民币在该国的自由流通。

2. WTO 背景下人民币国际化的劣势

虽然我国现阶段已经初具了人民币国际化的条件，但人民币国际化也存在着许多不足的地方。首先，虽然我国经济实力和综合国力都较为雄厚，但是我国人均收入水平并不高，且存在着地区发展不平衡和贫富差距大的困难，在国际贸易领域的影响力还不够大。其次，我国现阶段仍未实现资本项目下人民币的可自由兑换，实现货币的完全可自由兑换是货币国际化的首要条件。再次，我国人民币汇率形成机制仍不够完善，汇率的定值较多地受控于官方的宏观目标，未实现汇率市场化。最后，我国国内的金融市场发展相对滞后，未形成诸如伦敦、纽约、东京那样的国际金融中心，金融市场仍不甚健全，金融法律制度仍不够完善，与发达国家相比，差距都较大。

（三）WTO 背景下人民币国际化的路径分析

WTO 背景下的人民币国际化主要从国际贸易的角度出发，即我国在国际贸易中需要做出多种努力，以推动人民币国际化的进程。

第一,应当强化人民币在国际贸易中的计价结算功能。人民币在对外贸易中的整体规模仍然较小,且多作为支付手段使用,作为计价结算工具使用的范围仍不广。因此,我国需要健全和完善人民币跨境结算机制,不断提高人民币的可获得性和吸引力:一要实现周边贸易经常化,扩大周边贸易中人民币计价结算的范围,通过双边协定或者多边协定使人民币成为一般贸易结算货币[①];二要不断扩大人民币贸易结算试点的区域,不断增强我国金融机构本币结算的能力和扩大本币结算的业务范围;三要实现我国金融市场的自由化,加强我国金融机构的开放程度和对外合作范围。

第二,加快产业结构转型,优化进出口贸易结构。目前,在我国进口商品中,初级产品的比重较高,工业品的比重较低。根据国际贸易的一般规则,美元是初级产品的主要计价结算货币,因此美元在我国进口贸易中发挥着重要的计价结算作用。所以,要实现人民币的国际化,我国必须自我革新,优化进出口贸易结构。

第三,加快自由贸易区的建设。由货币国际化发展史可以看出,加强自由贸易区的建设是实现货币国际化的重要路径。当前,我国已经成立了天津、上海、福建、广州四大自贸区,各自由贸易区的战略目标和地位各有不同。然而,要想加强自由贸易区建设,须优化部分自由贸易区内的现行法律制度和政策,与其他国家签订长久的自由贸易协定,并与周边国家建立起实质性的贸易合作伙伴关系,从而促进我国对外开放程度进一步提高,金融体系建设进一步完善。

第四,加强人民币跨境流动的监管。在我国货币实践中,人民币跨境流动的活跃程度多高于我国货币管理当局的管控水平,这对我国政府实施货币政策带来了巨大的挑战,因此我国必须采取有效

---

① 周先平:《国际贸易计价货币研究述评——兼论跨境贸易人民币计价结算》,《国外社会科学》2010年第4期。

的措施加强对人民币的监管以适应人民币跨境流通的不断增加。[①]对于人民币跨境流通的监管应成为银行日常工作的内容,应当逐步改变人民币支付体系中的现金结算方式,使金融机构不断加入人民币的跨境贸易监管中。只有不断完善人民币跨境流动制度监管,才能保证人民币国际化战略健康有序地推进。

三 国际货币互换机制

货币互换是指两国的中央银行按照事先商定的规则,在一段时间内互相交换彼此的货币,到期后再换回本金的行为。双方事先商定好的规则被称为"货币互换协议"。典型的货币互换行为一般包括三个阶段:第一阶段是合同启动阶段,互换双方通过签订协定的方式交换特定数量的货币;第二阶段是合同存续阶段,互换双方向对方支付与互换资金相关的利息;第三阶段是合同到期阶段,互换双方反向交换数量相同的两种货币。

国际货币互换机制的形成不是偶然的,而是金融全球化和全球经济一体化的必然结果,其存在的原因是多样的,而该机制是长远的、长效的。原因之一是近几十年来的金融深化和经济全球化使得全球金融市场的规模和融合程度不断扩大和加深,全球经济呈现命运共同体的状态,牵一发而动全身。原因之二是国际金融危机的演变,从拉丁美洲债务危机到东南亚货币危机与银行危机,再到美国次级抵押贷款危机与欧洲主权债务危机,国际金融危机从金融体系外围国家转入核心国家,因此金融危机一旦爆发,危害程度将更深、传播速度将更快、受害范围将更广。原因之三是国际资本的大规模频繁流动,金融危机爆发期间的国际资本大规模流出导致一国

---

① 贾辉艳:《对人民币国际化进程中金融监管问题的探讨》,《经济研究参考》2012年第31期。

货币贬值、外币流动性短缺和资产价格下跌。[1] 原因之四是人民币国际地位的上升，一旦中国金融市场达到较为完善的状态，资本账户项目实现全面可自由兑换，人民币的重要性必然促使其成为一种不可或缺的区域性、世界性货币。基于上述背景，我们可知国际货币互换机制有利于缓解国际金融机构的短期融资压力，特别是短期美元融资压力，有利于抑制金融危机的跨境传染，有利于降低各国央行积累外汇储备的必要性，更有利于强化互换货币的国际地位。

（一）几大国际货币互换体系综述

1. 以美联储为中心的双边货币互换体系

2008年美国次贷危机发生后，全球遭受了巨大的经济损失，风险资产的份额也大幅增加，资本充足率大幅下降。为了化解这一全球经济困境，全球金融机构开始了去杠杆化，旨在提高美元融资能力和缓解全球范围内的美元流动短缺。2007年12月起，美联储陆续与其他国家央行签署双边货币互换协议。其操作模式为：①某国央行欲启动该货币互换机制，就应按照即时的市场汇率向美联储提供特定量的本国货币以换取美元；②该国将与美国自动达成一个协议，即该国必须在特定的期限内以相同的汇率回购本国货币，此程序的汇率在第一步中已经确定，因此便不存在汇率风险；③此时该国央行便可利用该互换货币在其国内进行贷款等，由此产生了该国央行的两个义务：一是承担上述贷款的信用风险义务，二是承担到期后向美联储回购本国货币的义务[2]；④在第二步中规定的互换期限届满时，该国央行应向美联储支付利息，此即美联储的贷款利息收入，而美联储不必支付相应的对价，但是美联储需承诺其获得的货币要放在美国国内的外国银行，且不可被用于放贷和投资。

---

[1] 张明、肖立晟：《国际资本流动的驱动因素：新兴市场与发达经济体的比较》，《世界经济》2014年第8期。

[2] 付俊文：《美联储货币互换工具的实践及对我国央行的启示》，《亚太经济》2011年第5期。

2.《清迈协议》下的货币互换体系

东南亚各国在1997年金融危机中吸取了惨痛的历史经验,意识到一国必须拥有充足的外汇储备,一国的经济不可依赖于外国或者国际组织,甚至IMF等国际金融组织,由此产生了区域内货币互换的想法。2005年5月6日,东盟十国与中日韩三国财政部部长在泰国清迈召开会议,共同签署了建立"东盟10+3"框架下双边货币互换网络的协议,即《清迈协议》。《清迈协议》由两部分组成:一是扩展后的东盟互换安排;二是由双边货币互换与回购协议构成的网络。但是令人遗憾的是,只有中日、中韩、中菲之间签署了本币互换协议,且迄今为止"东盟10+3"国家几乎没有使用过《清迈协议》,而多是依靠积累外汇来应对金融风险。造成如此遗憾主要是因为《清迈协议》存在着如下缺陷:一是欠缺中介协调管理机构,因为《清迈协议》并不是一个协议,而是一系列双边互换协议,因此极易可能杂乱无章且各自为政;二是缺乏监测机构,这使得《清迈协议》不得不依赖于IMF的监测机制,而东亚国家已产生了对IMF的不信任感;三是缺乏独立的审批机制,每个成员国能够获得的资金与IMF的贷款相挂钩[①],由此将导致互换审批流程过慢而错失时机。

3. 欧盟内部的货币互换体系

美国次贷危机的危害遍及全球,欧洲的大部分国家没有幸免于难,纷纷陷入货币流动性短缺的经济困境之中。欧盟内部本来就存在着高度的合作关系,因此为应对这一金融危机,欧盟一方面通过欧洲央行与美联储进行了货币互换,以补充市场的货币流动性;另一方面还设立了以欧元和瑞士法郎为核心的双边互换机制,因为瑞士法郎在次贷危机中表现出了较为稳定的良好状态。第二种互换既可以发生在欧洲央行与欧洲各国央行之间,也可以发生在欧洲各国

---

① 蔺捷:《金融危机背景下IMF贷款条件性改革》,《国际商务研究》2011年第5期。

央行之间，这种互换的灵活性较前者强。如在2008年冰岛发生金融危机时，其央行就与北欧三国央行签署了双边货币互换协议，使得欧元在冰岛内的流动性得到保障。

（二）中国货币互换协议的实践概况

1. 2000年央行在《清迈协议》框架下签署的货币互换协议

2000年5月6日，在泰国清迈召开的"东盟10+3"国家财政部部长会议通过了《清迈协议》，建立了双边货币互换机制，决定扩大东盟原有的货币互换网络。基于该协议，"东盟10+3"国家将秉承自愿原则，根据共同认可的原则建立利彼利己的货币互换网络，以克服一国的外汇流动短缺和国际收支失衡所产生的问题，其他成员国所提供的应急外汇基金将有利于稳定我国的金融市场。我国央行第一次对外签署中央银行间的货币互换协议是2001年与泰国中央银行签署的货币互换协议，总金额为20亿美元。紧接着，我国央行又与日、韩、马、菲、印尼五国的中央银行签署了货币互换协议。但是令人惋惜的是，这些货币互换协议没有实际动用过，因为在《清迈协议》下启动货币互换协议的条件比较严格。

2. 2008年金融危机后的新一轮双边货币互换

金融危机发生以来，东亚地区的货币互换出现了新的趋势，部分国家甚至开始越过区域金融合作，自行签署双边互换协议，以向对方提供流动性支持。我国央行在国际金融危机后签署的货币互换协议显现出创新点，表现为：其一是点扩大，即与我国建立双边货币互换关系的国家或地区增多，在2008~2012年短短的三年时间里我国便先后与14个国家建立了双边货币互换关系；其二是量扩大，即双边货币互换协议中的互换货币金额增多，诸如2008~2012年我国与韩国互换的人民币翻了一倍，创历史新高[1]；其三是时间

---

[1] 陈宏：《中韩货币互换对双边贸易及人民币国际化的推动作用》，《北京工商大学学报》（社会科学版）2010年第2期。

变长，普遍将货币互换协议的有效期限延长至三年或者三年以上；其四是功效变强，我国对国际金融援助的参与，保护了其他地区的金融安全，加强了双方共同抵御金融风险的默契和协作。

（三）永久性货币互换机制的构建

在人民币区域化和国际化的过程中，为维护其币值的稳定以及减少美元波动对我国经济的恶性影响，应当探索永久性的货币互换机制，以应对全球货币新周期以及美元货币互换网络带来的挑战。

首先，参与美国主导的多边互换网络是我国构建永久性货币互换机制不可逾越的道路。因为我国的美元外汇储备量居世界第一且在本身的外币储备中美元的数量亦是第一，与美国的合作是我国永久性货币互换机制构建中不可忽视和绕开的重要路径。况且美元仍是世界第一大货币。因此，我国央行在进行对外货币互换合作时，应当积极主动地探索与美联储的合作，当我国出现资本外流的情况时，需要动用美元外汇储备[1]。

其次，《清迈协议》下多边化货币互换机制是我国构建永久性货币互换机制的重要角色。我国应当立足于现有的货币互换协议，积极扩大货币互换范围，团结东亚各国，把原本零散的双边货币互换协议打造成团结系统的多边互助机制，增强东亚地区共同抵御金融风险的能力。因此，保证货币互换国之间的货币自由流动是基础，改革各国的汇率制度是推力，协调各国的宏观经济政策是目标。

最后，构建人民币互换基金池是我国构建永久性货币互换机制的重要创新举措[2]。筹建货币互换基金池，完善货币互换系统，发挥人民币的结算功能，有利于我国防范金融风险，更好更快地推动人民币的国际化。

---

[1] 张明：《全球货币互换：现状、功能及国际货币体系改革的潜在方向》，《国际经济评论》2012 年第 6 期。

[2] 刘海峰：《人民币货币互换与人民币的国际化》，《特区经济》2009 年第 12 期。

第二节 SDR框架下海上丝绸之路沿线地区的货币法律制度

21世纪海上丝绸之路沿线地区的人民币区域化有可能涉及东盟、南亚、西亚、北非、欧洲等几大经济板块，相关地区包括日本、韩国、泰国、菲律宾、新加坡、印度等，其货币法律制度因不同的社会经济环境与文化历史传统而表现出不同的制度特色。其中，东盟国家在历史上的海上丝绸之路经贸往来中占据着重要地理位置，并积淀了良好的经济文化基础，其在21世纪海上丝绸之路建设中也发挥着重要战略作用。因此，本节的研究重点将主要集中于东盟地区及部分南亚重要国家。

一 海上丝绸之路沿线国家的货币政策

（一）东盟十国的货币政策

自20世纪70年代以来，东盟国家积极倡导金融自由化，推行了金融自由化改革，打开了金融合作的大门，取得了区域金融合作的瞩目成就。在金融自由化的进程中，东盟国家的中央银行所推行的货币政策和制度，极大地推动了其各自的经济发展，东盟国家间的货币也朝着"一体化"的方向发展。在经济全球化和金融一体化的大背景下，东盟国家不断强调货币政策的自主性，制定了更加科学的汇率制度,加强了国家间的对话与协作,取得了"中国-东盟投资合作基金"等重要成果。

1. 东盟国家的经济发展概况

东盟全称为"东南亚国家联盟",是区域性国际合作组织,英文简称为"ASEAN"。它创建于1967年8月,由马来西亚、印度尼西亚、泰国、菲律宾、新加坡、文莱、越南、老挝、缅甸和柬埔寨组成。其中,印度尼西亚、马来西亚、菲律宾、泰国、新加坡为始创国,这5国于1972年2月签署了《东南亚友好合作条约》。其他5国加入东盟的时间分别为:1984年(文莱)、1995年(越南)、1997年(老挝和缅甸)、1999年(柬埔寨)。东盟初期的目标并不是国家间的政治合作,而是经济、社会、文化方面的交流合作,直到1976年才正式确立了政治方面的合作目标。但是,基于当时特定的国际局势,在1991年冷战结束前,东盟国家间的政治和安全合作较为突出,而经济方面的合作较为滞后,未取得较为突出的成果。冷战结束后,世界格局发生重大变化,至此,东南亚地区才有足够安定的环境去发展经济。这个时期东南亚的形势呈现三个显著特点:一是政治上日趋稳定,国家追求的更多是和平与发展;二是经济上发展迅猛,平均增长率居世界前列;三是区域间的交流更加频繁,东盟的国际地位显著提高。[①]

2015年,在全球经济增速普遍放缓的情况下,东盟国家也呈现经济减速或者衰退的迹象,但仍是世界上经济最活跃的地区之一。2008年全球经济危机爆发以后,东盟国家亦受到重创,直到2010年才逐步摆脱金融危机的影响。2011年以后,东盟国家的经济开始复苏,但增速普遍不快。2015年,东盟国家的经济增长率仍然普遍下降。根据东盟各国官方已公布的统计数据,整理得出2015年东盟主要国家的季度增长率数据(见表3-1)。

---

① 刘鸣:《2015年东盟经济共同体:发展进程、机遇与存在的问题》,《世界经济研究》2012年第10期。

表 3-1　2015 年东盟主要国家各季度的经济增长率

单位：%

国家	第一季度	第二季度	第三季度	第四季度
印度尼西亚	4.72	4.67	4.73	4.71
马来西亚	5.6	4.9	4.7	5.0
菲律宾	5.2	5.6	6.0	5.9
新加坡	2.6	1.7	1.8	2.0
泰国	3.0	2.8	2.9	3.0
越南	6.12	6.47	6.87	7.01

资料来源：根据 *World Economic Outlook*（IMF，2015）中数据整理得到。

另外，2015 年，印度尼西亚的经济增长率创下 2009 年以来的新低，马来西亚的经济增长率低于官方预期，菲律宾的经济增长率低于该国政府预定的增长目标，而新加坡的经济增长受到国际市场需求波动和国内经济转型的双重影响；不过，越南经济则创下 5 年来年度增速的新高。基于此，东盟各国为走出经济困境，意识到应当加强合作，于是适当调整了宏观经济政策，以推进区域经济一体化进程。[①] 2015 年底，东盟轮值主席宣布东盟经济共同体正式成立，标志着东盟经济跨入共同体时代。但是，要真正实现东盟区内政治安全同盟构建、生产要素自由流动和社会文化资源整合，仍存在一定的困难。东盟国家的政治制度多样、发展阶段不同、意识形态各异，以及内部合作和协调机制的不完善，均会影响这一区域性制度安排的实际效应。因此，未来东盟经济共同体的发展仍然有待拭目。在我国实现人民币区域化的过程中，倘若东盟经济共同体能尽早实现货币合作，那么这无疑会对人民币在该区域内流通大有裨益，能节约人民币区域化的成本，加速其区域化进程，货币领域合作协商的窗口和对话途径也会更加明晰和便捷。

倘若东盟国家自身开放不够，我国在实现人民币区域化的过程

---

① 周玉渊：《从东盟自由贸易区到东盟经济共同体：东盟经济一体化再认识》，《当代亚太》2015 年第 3 期。

中必然会受到巨大的阻力。但是东盟经济共同体的成立，意味着东盟国家融入全球经济的进程进一步加快，有利于东盟国家增强自身的经济实力、提升自身的国际竞争力。我国是东盟国家的主要贸易伙伴，也是东盟国家的主要外资来源地。东盟的对外开放性和我国同东盟之间贸易合作的紧密性，为实现人民币在东盟国家内流通提供了可能性和基础性条件。

2. 东盟国家金融自由化的必要性及历程

（1）东盟国家金融自由化的必要性

"二战"后，东盟国家虽在政治上取得了独立，但其经济结构仍较为单一，以农矿业为主，对国外工业品的依赖很大。由此，它们在相对落后的生产力水平的基础上建立了较为薄弱和不完善的金融制度和金融体系。东盟国家的经济起步较晚，生产力水平落后，因此它们的金融水平普遍不高，存在着金融体系不发达、金融资源短缺的现实难处。为了改变这一困境，东盟国家选择首先发展本国的经济，重视出口导向型产业的发展，并对金融体系实行严格的监管，将优势金融资源集中到有发展潜力的产业部门。[①] 在当时特定的历史背景下，限制金融发展具有一定的合理性，既有助于保证传统产业的发展和国家基础经济的建设，也有助于维护国内金融秩序的稳定。但是，金融本身就具有灵活和活跃的特征，经济水平的提高更是突显了限制金融发展的负面效果，表现为银行储蓄少、贷款需求低、私营中小企业在信贷政策上被不公平对待、汇率管制导致本币币值高估、通货膨胀等。金融限制制度下必然会衍生大量的金融创新行为，金融创新的目的是规避政策管制。随着金融创新的不断演进，政府享受的金融福利高于其付出的成本收益，于是东盟国家普遍放宽了对金融市场的管制，改为实行自由化的金融政策。随着计算机、互联网的发展，国际金融一体化的程度进一步提高，东

---

① 张昱、田兴：《国际贸易，金融市场及国际经济政策协调——中国—东盟经济周期同步性的影响因素分析》，《中山大学研究生学刊》（社会科学版）2011年第3期。

盟国家逐步融入世界金融体系的洪流之中。因此，东盟国家没有充足的正当性理由继续实行金融管制。但是之前的管制产生的负面效应带来了金融市场竞争不够、金融资源配置不够科学、企业融入国际竞争的能力不强等问题。于是东盟国家首选的改革方案便是以利率自由化为核心的金融自由化改革，该举措有利于资源的配置，有利于提高企业经营效益，有利于提高劳动生产效率，有利于适应经济发展新形势。金融自由化是东盟国家促进经济发展的必然选择。

（2）东盟国家金融自由化的历程

各东盟国家的金融自由化改革虽然都有自身的考量，根据国情实施了不同的方法，且在不同方面开展改革，但是因为各东盟国家的金融体制有很强的关联性，所要解决的问题也有很多相通之处，因此，其金融自由化改革的主要内容大致相近。主要包括：①利率自由化改革，取消对利率的限制；②信贷配给制度改革，减少贷款限制和行政干预，使银行经营更自主；③国有银行民营化改革；④法定准备金改革，降低了其占有比率，增强银行对资金的自主支配能力；⑤对外金融管制改革，实行灵活的汇率政策，准许内外资金自由流动，放松对外资金融机构的限制。

以较具代表性的新加坡为例。新加坡实现金融自由化的一项重要举措是设立离岸金融市场，它于1968年10月开设了第一个离岸金融市场。此外，新加坡于1975年取消了统一的国内银行存款利率，实行存贷利率的完全市场化政策；同时积极发展亚洲债权市场，取消了诸多金融税负[①]，撤销了外汇管制，使得国内金融市场越发自由。亚洲第一家金融期货交易所即是在新加坡设立的。

3. 东盟国家的金融自由化与其货币政策的关系

金融自由化改革可能会动摇一国的根基，所以东盟各国在选择政策之前充分考虑了自身的国情，不约而同地从货币政策出发，以

---

① 曹婧、韩金凤、孙欣：《新加坡金融监管经验及启示》，《金融纵横》2014年第8期。

货币改革为着眼点。货币政策具有积极的引导作用,既能科学分配资源,也能改善国家的经济状况,极大地促进东盟各国之间的同质发展和平衡发展。金融自由化意味着政府放松对金融的管制,目的是建立自由的金融环境,实现利率的市场化和国际资本的自由流动。货币政策亦是实现国家宏观经济目标的重要手段,一方面,各国央行毫无疑问地需要继续通过强有力的货币手段放松对金融市场的监管;另一方面,货币政策又直接影响着金融自由化的进程。因此,金融自由化与各国的货币政策关系密切。

(1) 金融自由化与货币政策工具

东盟国家在早期对金融市场的发展采取了限制措施,主要通过减少货币信贷供给的方式直接影响金融市场资金的流动和金融市场的活跃度。因为银行的贷款是金融市场主体进行经济活动的主要资金来源,紧缩性的货币政策会直接导致可供贷款的金额减少,因而金融市场主体便没有足够的能力进行金融市场创新和开展相关交易活动。各国央行采取的紧缩性货币政策工具主要有:①利率管控;②减少信贷额度并采取一定的控制和干预手段;③高额的准备金要求。

(2) 金融自由化与货币政策中介目标

在东盟国家普遍实行金融限制政策的大背景下,各国央行货币政策的中介目标一般为信贷总量,其优点在于:①中介目标——信贷总量与最终目标——实现金融自由化有很大的关联性,东盟各国的金融市场都较为不健全,各国央行控制着信贷总量即控制住了一国的货币发行总量;②各国的银行是金融市场主体获得信用贷款的唯一途径,因此通过各银行上报的数据信息即可获得信贷总量数据,其可预测性强;③各国央行均是官方机构,只需一纸文书便可使之跟着国家的宏观经济政策走,国家能较好地控制信贷总量,控制贷款规模的增长。① 但是,随着世界金融一体化和金融创新的出

---

① 刘金全、刘兆波:《我国货币政策的中介目标与宏观经济波动的关联性》,《金融研究》2008 年第 10 期。

现，金融自由化与信贷总量之间的关系正逐渐被减弱，以信贷总量为主的中介目标亦出现了诸多弊端。

（3）金融自由化与货币政策的传导过程

金融市场的开放使金融创新不断涌现，催生了诸多的非银行金融机构，它们与商业银行展开了激烈的竞争，银行存款的来源亦被分流，货币变得并不一定指现钞或一串串的数字。紧接着，银行的存款可能就会流向证券、股票、房地产等领域。① 此时各国央行对金融进行限制变得越来越难，原有的作用点亦会变得越来越弱，由此，央行控制活动的基础被削弱。金融市场的创新使得金融机构的业务越发多元，金融机构的存款更多的是活期存款，活期存款本身就具有派生货币的属性，从而使得货币的创造主体不再局限于央行。

4. 东盟国家之间货币政策的协调与合作

实际上，早在1997年3月召开的首次财政部长会议上，东盟各国就决定开展彼此间的金融合作，签署了奠定金融领域合作框架的部长谅解协议，并约定定期举行金融领域的会议，以进一步推动彼此间的货币合作。东南亚金融危机使得各国均有一定的忧患意识，看到了彼此间命运共同体的存在，于是在危机过去后，东盟国家间的金融合作进一步加速。目前，东盟国家之间货币政策协作的成果及其意义如表3-2所示。

表3-2 东盟国家之间货币政策协作的成果及其意义

时间/事件	成果	意义
1999年"东盟10+3"峰会	进一步加强了财政与货币合作	奠定了东盟国家货币领域合作的基础
2000年5月"东盟10+3"财长会议	达成了《清迈协议》	货币互换和回购的双边协议格局得以建立

---

① 黄志忠、谢军：《宏观货币政策、区域金融发展和企业融资约束——货币政策传导机制的微观证据》，《会计研究》2013年第1期。

续表

时间/事件	成果	意义
2008年8月	东盟国家间的货币互换额从原来的2亿美元增加到10亿多美元	建立了庞大的货币互换格局

资料来源：王帅《人民币在东盟区域化的可行性及路径研究》，硕士学位论文，河北大学，2014。

由表3-2所列的主要事件可以看出，东盟国家间的货币政策协调与合作已经取得了诸多实质性的成果。按照这一发展规律，只要东盟继续坚持国家间的货币政策协调与合作，建立起利彼利己的货币基金机制和联合浮动汇率机制是指日可待的。在经济全球化和金融一体化的影响下，协调和合作的货币政策能稳定区域内的金融发展和经济发展。因此，东盟各国应适时调整各自的货币政策，创立东盟货币基金和建立东盟汇率联合浮动机制，以区域货币政策的协调来保障各自经济的稳定。

东盟国家间货币政策的协调与合作的益处在于：①促成危机防抗共同体，产生"1+1>2"的功效，协调配合使得原有分散的政策更具效率；②实现东盟国家汇率的稳定，更好地协调各国间的汇率政策；③实现东盟国家国际收支的平衡，当一国国际收支失衡时，除了可运用国内政策进行调整，还可以动员东盟国家间的援助机制，协调采取共同措施，减缓收支失衡的状态；④维护国际金融市场的稳定，东盟已经是国际格局中重要的一极力量，东盟国家间的协调和合作可以减少金融危机的发生以及弱化其恶性影响。

（二）南亚次大陆国家的货币政策

南亚次大陆是喜马拉雅山脉以南的一大片半岛型陆地，位于亚洲大陆南延部分，主要由印度、巴基斯坦、孟加拉国、不丹、尼泊尔、斯里兰卡、马尔代夫7国组成，总面积约为437万平方公里，人口约为16亿。南亚次大陆中共有4国与我国接壤，其他3国亦与我国距离不远。它事关我国西部对外开放战略的实施,是我国周边的重点战略区域,也是21世纪海上丝绸之路的重要沿线区域。虽然中国对南亚地区的政策并不存在一个明确的指导文件,但是在经济上,我国始终积极开拓南亚市场,以使之服务于中国西部对外开放战略,保证中国能源运输管道的安全,这为人民币在南亚地区实现区域化提供了必要的基础。

印度是南亚次大陆的核心地区,拥有着南亚地区大部分土地和人口,同时亦是"金砖五国"之一。在我国推行人民币区域化和部署"21世纪海上丝绸之路"战略的过程中,印度是必须重点攻克和不可绕开的区域,其在我国对外战略中的地位不言而喻。因此,本部分将重点介绍印度的货币政策。

1. 印度的经济发展及其宏观调控回顾

2003~2008年,印度经济的平均增长率为8.7%。世界一度认为印度已进入高速增长期,但在2008年,印度经济惨遭国际金融危机的打击。[①] 之后,印度便实施了刺激性的财政和货币政策,经济开始复苏,2011/2012年度的GDP增长率达到8.7%。然后,由于欧债危机的影响和国际市场的低迷,印度国内发生了严重的通货膨胀,经济开始迅速下滑,2012/2013年度的GDP增长率仅为4.5%,跌至10年来的最低点。[②]

面对如此经济困境,2013年,拉古拉姆·拉詹临危受命,出任印度储备银行行长。拉古拉姆·拉詹设立了"促增长、抑通胀、维持汇率稳定"的目标。为抑制通货膨胀,他力顶财政部的降息压力,力促央行与政府达成协议,确保央行能独立自主地实现目标政策,以恢复市场对央行的信心来减少通胀预期;为稳定汇率,他下调了隔夜边际贷款利率,重新发挥回购利率对调控市场流动性的作

---

① 文富德:《莫迪上台后印度经济增长"新常态"》,《亚太经济》2015年第2期。
② 刘小雪:《保持定力的印度货币政策》,《中国金融》2015年第6期。

用；为稳定外汇储备，他实施了灵活性强的卢布－美元互换项目。①
2014年，穆迪当选印度总理，新政府以积极姿态重振市场信心，国内私人投资有所回升，流入的海外资本亦开始增长。新政府公布了年度预算案，计划降低财政赤字，还公布了几项扩大收入和合理化支出的改革措施，使得印度的支出结构向资本性支出倾斜，央行得以采取较为宽松的货币政策。同期，印度国内原油价格大幅回落、其他大宗物资的价格持续疲态、农业丰收，这些缩小了印度的经常项目赤字，使其国内通胀压力降低，2014年末印度的宏观经济指数表明印度宏观经济稳定性大大增强，而2015年以CPI衡量的通胀率降至5.1%。可以预见，未来的一段时间印度经济将高速、稳定增长，其央行所承受的来自政府和市场的压力将变小。未来印度将进行银行业改革，着眼于提高印度银行业的整体水平，试行准许私人金融服务公司开设银行、开展保险业务等举措。这些改革举措，有助于人民币进入印度境内流通，有助于开办中资银行或者网点，有助于实现人民币在印度境内的可自由兑换，有助于人民币实现在印度境内的区域化。

2. 印度的资本项目货币可兑换及汇率政策

自1947年独立以来，为了促进国民经济增长和实现国际收支平衡，印度基于不同时期的国情和外部环境实施了不同的汇率政策和外汇管制政策（见表3－3和表3－4)②。

表3－3 印度的主要汇率政策

实行时间	汇率政策
1947年独立后	盯住英镑
20世纪70年代末	围绕美元区间爬行

---

① 王丽：《印度经济发展方式转变的实证分析》，《南亚研究季刊》2009年第3期。
② 吴娟：《印度与中国汇率制度改革比较与启示》，硕士学位论文，东北财经大学，2012。

续表

实行时间	汇率政策
1983年	盯住一篮子主要贸易伙伴的货币
1991年金融危机后	1992年3月起实行汇率双轨制
	1993年3月起实行汇率并轨制，放弃盯住一篮子货币
当前	采取有管理的浮动汇率制，且已实现了资本项目的自由兑换

表3-4　印度的主要外汇管制政策

实行时间	外汇管制政策
1947年独立后	《1947年外汇管制法案》规定对所有对外交易实行管制，并且这种管制力度在《1973年外汇管制法案》中得到进一步强化
20世纪80年代早期	对外融资仅限于双边和多边的官方援助

那么，在前期外汇管制如此严格的背景下，为什么印度会进行大规模的改革开放以及实现资本项目的可自由兑换呢？究其原因，可将其分为国内和国外两个方面。

①国内方面。自1947年以来，印度的经济体制是公营与私营并存的混合经济体制。在苏联的影响下，20世纪50年代末，印度开始实行大规模的国有化改革，最终印度的经济体制演变出明显的国家管控特色，并且印度政府认为在国家管控下完全可实现自给自足，而这带来的后果便是印度的经济活力被极大束缚。于是便引起了高失业率、财政赤字扩大、国际收支失衡等恶性后果，这些给印度的社会和民生带来了极大的冲击。1985年，拉·甘地提出了"新经济"政策，开始对内放松经济管制，这一举措虽带来了经济增长，但其实行伴随着一路的经济波动。

②国外方面。首先，亚洲四小龙和中国的改革震撼了亚洲，而苏联和东欧市场的崩溃使印度对苏联的经济模式失去信心。其次，海湾战争结束使印度进口原油的支出大增，加上印度商业银行的严格信贷政策和外资存款大量外流导致资本项目顺差下降，印度的国

际收支情况恶化。最后，印度向 IMF 提出了援助请求，因此不得不接受 IMF 提供的自由化改革方案，这是 IMF 一贯的贷款要求。

受国内外政治经济环境的影响，一场以自由化、市场化、私有化和全球化为导向的经济改革就此拉开了帷幕。印度实现资本项目可自由兑换的三个阶段及其主要标志可被归纳为：起步阶段（1973 年 9 月 ~ 1992 年 9 月），1973 年 8 月印度制定了《外汇管制法》，规范了外商在本国的直接投资；拓展阶段（1992 年 9 月 ~ 1994 年 8 月），1992 年 9 月印度建立了"外国投资促进委员会"，允许外国机构投资者参与本国的证券交易；全面推行阶段（1994 年 8 月至今），该阶段又可分为两个部分，其一是 1994 年 8 月实现了经常项目的可自由兑换，进入全面推进资本项目货币可自由兑换时期，其二是 2006 年 3 月建立"放宽资本项目工作委员会"，并制定了卢比资本项目可自由兑换的路线图和时间表。[①]

二　海上丝绸之路沿线地区的货币合作

（一）"东盟 10 + 3"机制和中国—东盟自由贸易区货币合作分析

1. "东盟 10 + 3"机制下人民币区域化的道路

20 世纪 90 年代后期，在经济全球化的浪潮下，东盟国家启动了新的合作计划，以构筑全方位合作格局，采取外向型经济模式，"东盟 10 + 3"机制因此而生。"东盟 10 + 3"即指东盟十国与中、日、韩三国。随着中国同东盟国家、日本、韩国之间的经济合作不断加深，多边和双边贸易规模迅速增长，人民币在"东盟 10 + 3"区域内已具备了一定的区域化基础和规模，具体表现在以下方面。

首先，中国经济的迅速增长和国际地位的提高，使得中国对外贸易和对外合作的深度和广度日益加深，越来越多的国家或地区愿意与我国建立长期的战略合作关系，中国已成为亚洲地区最具国际

---

① 何迎新：《印度资本项目可兑换的经验与启示》，《区域金融研究》2011 年第 9 期。

影响力的国家之一，这将支持人民币在"东盟10+3"区域内实现区域化。自2009年试点实行跨境人民币结算以来，人民币的区域化使得在东盟地区内人民币的结算比美元、欧元、日元等国际货币的结算更加方便，打破了这些国家货币主导该区域货币市场的格局。同时，2010年1月1日正式启动的中国—东盟自由贸易区是全球第三大自由贸易区，其巨大的贸易规模对人民币在东盟地区实现区域化起到了促进作用，而上海自贸区将给予成员国双边和多边贸易的出口商品和服务免除关税和数量限制的优惠，可通过自由化贸易实现与主要贸易伙伴的长期依存关系。

其次，离岸人民币市场的快速发展，促使人民币作为国际投资货币在"东盟10+3"国家的使用范围和规模不断扩大。"东盟10+3"地区有着巨大的国际投资空间，特别是东南亚和南亚地区，其大部分国家经济不甚发达，需要大量的外资来带动本国多方面的发展。2014年10月24日亚洲基础设施投资银行的成立，将进一步扩大中国在成员国乃至在世界范围内的基础设施投资，必然也会使中国的对外投资更加便利与积极，而这些投资会促进人民币在该地区的使用和流通。[1]

最后，美元、欧元、日元的国际地位下降，人民币加入SDR货币篮子后，其国际地位和国际对它的信心迅速提升和增强。2008年次贷危机暴露了美元的缺陷，希腊主权债务危机使得欧元的国际公信力下降，日本经济持续低迷使得国际社会对日元暂不看好，因而美元、欧元、日元的国际地位受到了质疑，而人民币表现出的稳定性，在金融危机中的良好势态，获得了国际社会的认可。如2000年"东盟10+3"国家签订的《清迈协议》中关于双边货币互换的条款和2008年中国与韩国、马来西亚、白俄罗斯、印度尼西亚、阿根廷等国家签订的双边本币互换协议，都以人民币作为计价结算

---

[1] 张萌、蒋冠：《人民币国际化路径研究——基于"东盟10+3"发展模式的分析视角》，《思想战线》2013年第5期。

货币，人民币的使用正式进入他国的官方渠道，从而更好地推动了人民币在"东盟10+3"国家实现区域化。

但是，人民币在"东盟10+3"地区的区域化亦存在诸多障碍。一是美元在国际货币体系中的霸权地位无法动摇，在东盟国家中的实力仍很大，要打破这种路径依赖需要付出极大的代价。二是东盟各国之间的差异巨大，分歧和利益冲突显著，缺乏相互信任与一致认同。东盟本身是一个松散的组织，这使得我国在实现人民币区域化的过程中，各国仅从自身利益出发考虑问题，难以形成共识。三是中、日、韩3国之间的矛盾。中国与韩国的关系因萨德系统的部署而日渐紧张，中国与日本以及韩国与日本之间都有历史和现实矛盾，且这些矛盾和冲突一时难以解决，它们将对"东盟10+3"地区的人民币区域化产生一定阻力。

2. 中国—东盟自由贸易区的货币合作现状及问题

（1）中国—东盟自由贸易区的货币合作现状

中国与东盟的经济合作自1989年亚太经合组织的成立而拉开序幕。20世纪90年代，"东盟10+3"机制逐步形成。而双方金融与货币领域更为广泛的合作始于21世纪初，伴随着《中泰货币交换协议》《中国-东盟全面经济合作框架协议》《清迈协议》等一系列协议的签署，中国—东盟自由贸易区的货币合作发展进入了新的阶段（相关具体事件及其意义见表3-5）。

表3-5 中国—东盟自由贸易区的货币合作现状

时间	事件	意义
1989年	成立亚太经济合作组织	拉开了中国和东盟经济联合的序幕
1997年	东盟-中、日、韩首脑非正式会议	形成"东盟10+3"机制
2000年	第五次"东盟10+3"领导人会议	在建立中国—东盟自由贸易区的五条具体建议中提出"继续推进金融领域合作"，标志着中国与东盟成员国之间的金融合作被纳入议程

续表

时间	事件	意义
2001年	中泰签署20亿美元货币交换协议	标志着中国与东盟国家的货币合作开始
2002年	中国-东盟领导人会议,签署《中国-东盟全面经济合作框架协议》	中国-东盟经贸合作进入新阶段
2003年	第二届"亚洲合作对话"会议,达成《清迈宣言》	促进亚洲债券市场发展,改善和统一税收、法律、会计、信用担保和评估、清算结算系统及监管体系,发行以本地货币计价的债券,促进地区内直接投资,确保融资模式的多样化
2004年	东亚及太平洋地区中央银行行长会议组织筹建第二期债券资金	投资主权与准主权本币债券
2005年	东亚及太平洋地区中央银行行长会议组织宣布第二期债券资金进入实施阶段	
2011年	中国-东盟海上合作基金	进一步扩大合作领域
2014年	成立亚洲基础设施投资银行	促进亚洲区域的建设互联互通化和经济一体化的进程

资料来源：王帅《人民币在东盟区域化的可行性及路径研究》，硕士学位论文，河北大学，2014。

(2) 中国—东盟自由贸易区货币合作中存在的问题

现今，中国—东盟自由贸易区有较好的合作基础和发展前景，但是我们亦要看到，中国—东盟自由贸易区所涉及的国家数量多，它们在政治、文化、经济上的差异大。因此，在中国—东盟自由贸易区货币合作的过程中亦存在着不容忽视的难处。

①经济方面。首先，各国经济发展水平差异大。其中，新加坡属于高等收入国家，而老挝、柬埔寨等则依然处于低收入国家行列。各国经济发展水平不同，导致各国金融行业的开放和发展程度也不同。其次，自由贸易区内各国的货币政策差异大。实行货币一

体化的区域内各国在政策上必须具有一定程度的一致性,政策、目标越一致,放弃货币政策独立性而带来的成本就越低。再次,自由贸易区内的生产要素流动性差。各国语言、法律、文化、宗教信仰、政治等方面的差异导致各国劳动力的自由流动性差。[①] 同时,各国的金融化程度不同导致存在资本流动的障碍,资本流动缺乏灵活性。最后,自由贸易区内的金融市场一体化程度较低。自由贸易区内各国汇率制度的差异较大,如印度尼西亚实行的是有管理的浮动汇率制,泰国实行的是盯住货币篮子的汇率制,菲律宾实行的是单独浮动汇率制。

②政治历史方面。从欧洲货币一体化的实践来看,强有力的政治基础是区域内各国实现货币一体化的必要条件,各国必须放弃一部分本国的货币主权。而迄今为止,自由贸易区内各国并没有任何放弃主权的表现。传统的东盟合作模式强调达成共识和非正式性,这两点都不适合中国—东盟自由贸易区的区域货币合作。同时,自由贸易区内各国发展历史的差异大,且在发展过程中存在着历史摩擦,区域内的整体信任基础差,加之各国的宗教信仰差异很大,导致在观念和认识上有很大的不同。

3. 中国—东盟自由贸易区的货币合作对策

综观国际货币合作,可将其分为三种模式:单一货币联盟、多重货币联盟以及主导货币区域化。中国—东盟自由贸易区具体选择何种模式,还有待看各国间的差异进一步缩小的情况。但是就近期而言,中国—东盟自由贸易区可以尝试从以下五个方面实现货币合作。

第一,加强宏观经济合作机制。稳定的宏观经济是实现金融领域合作的必备前提,各国领导人之间要有固定的对话平台,并就一些有关经济合作的重大问题达成协议,为区域内金融领域的合作创

[①] 刘淑娟:《生产要素流动性变迁及其效应探析》,《当代经济》2009年第3期。

造有利条件。

第二，建立金融救助机制。金融救助机制有利于稳定金融环境，减轻金融危机带来的伤害。应加强区域内各国防御金融危机的能力，在《清迈协议》的基础上做进一步补充和细化，把货币互换合作机制作为中国—东盟自由贸易区货币合作的基础框架。

第三，建立金融监管和预警机制。在目前中国与东盟各国的交流机制中，倘若想设立一个专门的金融监管和预警机构是不太实际的，因为所涉国家众多，国家间的利益难以得到较好的平衡。因此，建议在各国的央行中设立专门的职能部门，它们之间定期进行联络与沟通、互换信息，以保证各国可以做出科学的宏观安排。

第四，建立中国-东盟货币基金机制。日本曾提议建立亚洲货币基金机制，作为亚洲金融合作和援助的重要存在，该机制也是解决中国—东盟自由贸易区合作障碍的重要手段，但是日本的提议因当时的条件不成熟而未能实现。《清迈协议》要求建立货币互换机制①，其中的一项重要措施就是建立基金机制，因此建立中国-东盟货币基金机制是重要且可实施的。

第五，建立中国-东盟清算联盟②。在中国—东盟自由贸易区内，各国的金融市场发育程度不同，因此只能考虑建立与贸易相关的清算联盟，其他清算联盟暂不具有实施的可能。

（二）中国和印度之间货币合作分析

我国一向高度重视与印度的合作，与印度官方间的交流甚是频繁，李克强总理上任后出访的首站即是印度。中印两国为邻国，且在诸多方面存在相似之处，如人口多、同为文明古国、都为发展中国家的潜力股。据统计，中国是印度的第六大出口国，同时是印度的第一大进口来源国，双方的合作已经有了坚实的经济、政治、文

---

① 李莉莎：《国际货币体系变革中的组织机制重构——以国际货币基金组织为视角》，《理论月刊》2011年第3期。
② 杨继梅、齐绍洲：《欧洲银行业联盟初探》，《国际金融研究》2013年第8期。

化基础。印度政府曾多次表态，中印之间应当摒弃对抗竞争的思想，积极探索合作竞争的新模式。2013年5月，李克强总理出访印度，明确提出了构建"孟中印缅经济走廊"的倡议，而印度是该走廊中的核心国家，我国跟印度之间的货币合作是南亚次大陆地区货币合作的重要窗口。① 2013年12月18日，孟中印缅经济走廊联合工作组第一次会议在昆明召开，各国官员、专家学者、国际组织代表在会后签署联合研究计划。中国和印度的合作不仅有利于双方实现对外贸易的增长和经济的发展，而且有利于带动周边国家一同发展。我国应该把握机遇，深化两国的金融合作、货币合作，为海上丝绸之路的铺展、人民币区域化在南亚地区的实现打下坚定基础。

1. 中国和印度之间货币合作的障碍

中国和印度之间的货币合作是"21世纪海上丝绸之路"战略推行的必然路径，是区域经济发展的必然阶段，更是人民币区域化的必然选择。但是由于我国与印度的金融业起步都较晚，两国国内金融体系都不甚完善，双方在货币合作方面面临着进一步深化双边贸易结算、跨境本币监测等难题，具体表现为以下几方面。

①政治障碍。中国和印度在政治体制、经济体制、人文社会等方面均存在着差异，因此两国在处理核心利益问题的时候所采取的方法是截然不同的。印度多采用逢源于东西方以及美、俄两大国的做法，倘若不能取得印度的信任，两国之间的货币合作进程势必会受影响。在中印货币合作的过程中，两国汇率体制的选择很容易受到各自政治因素的影响。两国政府在考虑货币合作的同时，还考虑着自身的经济利益和政治利益。同时，中印两国在争取国际规则话语权和改造现有国际金融秩序上均会产生一定的冲突。

②本币结算障碍。首先，中国内地和印度未实现直接人民币结算。中国内地和印度之间的人民币结算，通过在香港设立的印度银

---

① 陈利君：《建设孟中印缅经济走廊的前景与对策》，《云南社会科学》2014年第1期。

行的分行进行，并且首家此类清算银行直到2011年才成立。目前，在印度国内不能实现跨境人民币结算和开立人民币账户，绝大部分跨境人民币结算是在香港完成的。其次，中方贸易顺差不利于中方议价。中印两国之间的贸易规模持续增长，但其中存在着严重的不平衡，即中国对印度的出口量远大于进口量，印度在更多的场合是作为购买方的，此时印度企业在议价和选择货币方面就具有更强的主动性和话语权。在此情况下，大部分印度企业必然会选择自身的货币，以获得更多的利益。最后，中印双方相关的银行体制还准备不足。高效的合作体系、健全的担保体系、多样的融资体系以及便捷的清算体系是中国和印度开展货币合作的基础保障①，然而中印双方金融业都不甚发达，业务范围都较窄，仅中国工商银行在印度设立了少数分支机构，导致结算规模有限。

③项目投资障碍。印度计划于2012~2017年对基础设施领域进行大量投资，但项目资金缺口近1亿美元，同时印度计划在2022年之前提高其制造业比重。总而言之，印度具有很大的投资空间，且印度也需要大量的外资来帮助其实现国家计划。但是印度对中国的投资始终是欲拒还迎，认为中国的投资会导致印度进口额增加，从而使自己的贸易逆差形势更加严重。因此，中国对印度的投资一直处于低水平状态。

④合作规划障碍。中印的金融合作目前仍处于以经贸合作服务为主的具体业务层面，合作制度不健全，金融机构零散，缺乏信息交流和组织机制，更缺少长远的战略性合作规划。

2. 中国和印度之间货币合作的发展路径

中印目前的货币合作基础较为薄弱，如何打好地基至关重要。两国可以开展有限的常态性、功能性经济合作，并在此过程中提供金融服务，争取以此为基础取得更大的突破，最终构建出长期且制

---

① 刘文娟：《当前跨境贸易人民币结算的障碍与对策分析》，《经济师》2011年第12期。

度化的金融合作框架，建构出亚洲金融基础体系。在条件成熟时，协同一致带动整个南亚地区的货币合作。

①推进两国银行间业务的合作。首先，充分发挥两国在对方国家开设的商业银行的作用，探索构建科学的协调机制，可以开展代开账户、外汇买卖、本币拆解等业务，努力扩大双方的业务范围，倘若条件允许，可多开设些商业银行的分支机构。其次，加强两国政府间的对话和沟通，两国央行可以在各自国家的宏观政策、市场信息、金融走向等方面互换信息，提高两国间政策的协同性。最后，应当努力减少两国在现钞来往方面的阻碍和成本，如协调两国的跨境调运机制、税费等[①]，建立现钞押运机制、健全银行间跨境代理结算制度等。

②实现货币互换，建立健全贸易结算支付体系。为降低双方贸易的成本和减少汇率波动对自身的影响，便利和促进边境贸易，有必要加强两国间的双边结算。一方面，可设立清算基金。清算基金的作用广泛，不仅可以满足两国的清算需要，而且可以为南亚地区其他国家提供援助，帮助其解决金融危机，增强人民币在该区域的存在感和可信度。另一方面，可签订长期的货币互换协议。这样在本国，企业和个人便可通过所在国的金融机构获得对方国的货币，用于支付从对方国进口的商品。这有利于增强对方国货币在本国内的流动性，减少本国的企业和个人的交易成本，降低汇率的变动对企业和个人的影响。

③加快人民币汇率制度改革。现阶段，我国的汇率制度弹性不够，较多地受制于官方的经济目标，且资本项目未全面开放。因此在谋求对外合作之前，自身应当做好充足准备[②]，积极推进汇率体制改

[①] 马先仙、杨文武：《后金融危机时代中印货币合作探析》，《南亚研究季刊》2013年第4期。

[②] 张卢鸽、胡列曲：《中印金融合作的动因及制约因素分析》，《时代金融》2014年第2期。

革，在相关方面做到与印度的汇率体制相协调。一方面，可建立常态化的汇率协调体制，充分的沟通与对话可以实现对汇率的有效管理，减少政治因素对汇率体制的干扰。另一方面，可探索建立利率汇率联动机制，加快实现利率市场化改革和汇率市场化探索。

第三节　SDR 框架下的国内货币法律制度

实现人民币区域化是一个"推己及人"的过程，即把与人民币相关的制度在我国的法定效力跨越国界地推广到其他国家或地区，获得他国的认可并使人民币具备交换媒介、价值尺度和价值储藏等职能。因此，在实现人民币区域化的过程中，首先必须对我国与人民币相关的制度进行完整且详尽的梳理，并站在 SDR 框架下人民币区域化的全局高度，分析、完善制度的不足之处，以实现我国与人民币相关制度的优化，从而使人民币获得他国政府的信赖与支持，为人民币区域化的前行保驾护航。

一　人民币可兑换的法律制度

我国外汇体制改革的终极目标就是实现人民币的完全可自由兑换，既包括经常项目下的可自由兑换，也包括资本项目下的可自由兑换。我国于 1996 年就实现了国际收支经常项目下的可自由兑换。"十二五"规划明确把实现资本项目可自由兑换提上了国家议程。对于资本项目下的可自由兑换，我国仍处于摸索与探寻阶段。中国（上海）自由贸易试验区率先开启了资本项目自由兑换的试验改革，虽在推行过程中遇到了种种难题，但是上海自贸区先试先行的实践为我国实现资本项目自由兑换积累了宝贵的经验财富。随着人民币加入 SDR 货币篮子，我国实现资本项目下的可自由兑换是国际货币实践和时代的要求，我国必将加快速度推进资本项目的自由兑换，以早日实现人民币区域化的目标。

（一）经常项目下的可兑换

改革开放以来，中国着力建设高度对外开放的社会主义市场经济体制。经过各方努力，我国虽未于1994年如期完成经常项目下可自由兑换的计划，但依旧于1996年实现了经常项目的可自由兑换，表现为我国于1961年取消了对经常项目下外汇支付和转移的汇兑限制。《国际货币基金协定》第三十条D款对"经常性往来支付"做出了明确的界定：①所有有关对外贸易、其他经常性业务（包括劳务在内）以及正常短期银行信贷业务的支付；②贷款利息及其他投资净收入的支付；③数额不大的偿还贷款本金或摊提直接投资折旧的支付；④数额不大的赡家汇款。站在新的历史起点上，我们有必要对"人民币经常项目可自由兑换"的决策进行新的回顾和梳理，深入探讨其在新的国际生态环境下的可维持性。①

1. 人民币实现经常项目自由兑换的原因

人民币实现经常项目下的可自由兑换是改革开放的选择，是市场经济的选择，更是中国融入全球化的必然选择。其历史原因多种多样，但可被归结为以下两大方面。

第一，市场经济体制变革的需要。首先，市场经济体制要求以人民币的可自由兑换实现资金的市场配置。随着市场经济对计划经济的全面替代，1979~1996年，我国的市场化指数已经达到"准市场经济"的标准，因此市场调节机制必须在市场经济运行过程中起到举足轻重的作用。市场经济的一个本质要求便是实现市场价格机制，即通过市场竞争形成均衡的价格体系来实现资源的有效配置。货币是经济活动的起点、连接点和终点，倘若以外汇管制的行政手

---

① 曾文革、陈璐：《逐步实现人民币自由兑换的法律思考》，《云南大学学报》（法学版）2008年第1期。

段来配置本币和外币，则不能发挥人民币与外币的汇率在资源配置中的作用。因此，实现人民币经常项目的自由兑换便应时而生。其次，国家经济体制要求以经常项目下人民币的可自由兑换实现外贸的长期增长。改革开放决定了我国经济对外开放程度不断提高的必然趋势，1978~1995年，我国进出口总额相当于GDP的比重从9.89%上升到19%。货币是商品价值的直观体现和商品的交换媒介，因此随着我国对外经济贸易的发展，人民币的使用数量和使用频率都会大幅增加，这必然要求人民币与外币可相互兑付。倘若不实行经常项目下的可自由兑换，则必须要用美元和日元等进行结算，那么我国的企业和外汇储备可能会因为这些汇率的变动而遭受损失。

第二，应对国际压力的需要。这些国际压力首先来自IMF。IMF的基本目标就是建立一个可自由兑付的国际支付体系。所谓"《国际货币基金协定》第八条款义务"便是指要求成员国实现本国货币的可自由兑付，但是在实践中这一义务的履行情况不尽如人意。1945~1992年，平均每年只有1.5个国家表示接受"《国际货币基金协定》第八条款义务"，并且1954~1960年没有一个国家成为该第八条款成员国。为解决这种窘境，IMF自1993年开始采取督促成员国接受第八条款义务的战略举措，特别是对于那些已经取消了外汇管制的国家。我国在这样的背景下开始了人民币可兑换的改革进程。其次来自WTO。我国在20世纪90年代就已有加入WTO的规划，而WTO原则上要求成员遵循IMF关于货币自由兑换的规定。因此，我国迫于WTO的这种潜在压力，必须用人民币经常项目下的可自由兑换摆出态势，提高我国对外政策的透明度，以此恢复我国在WTO中应有的地位，促使我国早日融入世界经济的洪流。

2. 人民币实现经常项目自由兑换的历程

改革开放以前，我国实行的是高度集中的计划经济体制，对外汇收支实行严格管制，无人民币可自由兑换与否问题可言。对于人民币经常项目的可自由兑换要从 1979 年谈起，其发展阶段及不同阶段的主要外汇收支政策如下。①

（1）1979~1993 年：准备期

1979 年，我国实行改革开放政策，对外经贸往来不断加深，经济发展交由市场来调节，国内市场和涉外市场均呈现欣欣向荣的势态，并且在 1980 年，中国在 IMF 和 WB 中的地位先后得到恢复。这些都要求我国对外汇管制制度做出改革，逐步实现资金分配的市场化和人民币的可自由兑换。这一阶段的外汇体制大体表现在以下几方面：①在外汇资源分配上：计划分配和市场调节分配并存，但以前者为主；②在汇率标准上：官方汇率和市场调节汇率并存，呈前者向后者逐步过渡的趋势；③经常项目下的外汇收支基本实行计划和审批制度；④资本项目下的外汇收支严格实行计划和审批制度，严格限制资本输出；⑤境内统一使用人民币，严禁外币的流通。②

（2）1994~1996 年：有条件的可自由兑换阶段

1993 年 11 月 14 日，党的十四届三中全会通过了《中共中央关于建立社会主义市场经济体制若干问题的决定》，明确提出外汇体制改革的最终目标是实现人民币的完全可自由兑换。这是一个长远的、循序渐进的过程，有条件的可自由兑换阶段只是初级阶段，该阶段并未达成国家以及国际上预期的目标。中国人民银行公布的《中国人民银行关于进一步改革外汇管理体制的公告》，对实现经常项目下有条件的可兑换做出了安排，明确了应该发力和攻克的点。主要包括以下内容：①减少国家对外汇收支的干预，使其由市场进行调节和主导；②取消了外汇的留成、上缴和额度管理制度，实行

---

① 马成芳：《论人民币资本项目可兑换渐进性》，博士学位论文，吉林大学，2013。
② 金明：《人民币实现经常项目可兑换的历程及经验》，《南京金专学报》1997 年第 1 期。

企业向外汇指定银行的结售汇制度；③建立银行间的外汇交易市场，实行外汇公开市场操作；④探索实现汇率市场化，实行单一的浮动汇率制；⑤停止发行并限期收兑外汇券，严格禁止外汇在我国境内计价、流通和结算，维护人民币在货币流通领域的唯一合法地位；⑥加强出口收汇核销和建立进口付汇核销制度。

（3）1996年7月1日以来：完全可自由兑换阶段

从有条件的可自由兑换到完全可自由兑换，并不是一蹴而就、全面铺开的。我国于1996年3月1日在江苏省和上海、深圳、大连开展了外资企业结售汇试点，并于1996年7月1日将其在全国范围内全面推行。人民币经常项目下可自由兑换的篇章就此开启。其带来的效应是有目共睹的：我国经济保持长期的高速增长，对外贸易规模不断扩大，来华投资的外商人数也逐年增加；同时，我国外汇储备成倍增长，人民币汇率稳中有升。人民币经常项目下的可自由兑换为我国经济的发展和企业的生存创造了一个宽松、自由的环境，获得了国际社会的认可与赞许。

3. 人民币经常项目自由兑换的可维持性

无论是为了有利于推行国家的宏观战略和政策，还是为了实现经常项目下可自由兑换带来的积极效应，维持人民币经常项目下的可自由兑换都是很有必要的。当前，我国在世界经济格局中扮演着越来越重要的角色，成为世界经济格局中不可或缺的存在，而在我国引领和参与世界经济的过程中，人民币在计价、结算等方面发挥着重要作用。因此，在人民币加入SDR货币篮子的背景下，在推进21世纪海上丝绸之路建设的进程中必须坚持人民币经常项目下可自由兑换的立场和政策不动摇，以保持海上丝绸之路沿线国家与我国开展经贸活动的便利及其对我国货币政策的信赖。①

---

① 钟伟、魏伟、陈骁：《SDR助推人民币国际化进程》，《金融市场研究》2015年第12期。

（二）资本项目下的可兑换

实现资本项目的自由兑换是人民币区域化的必备要素。资本项目的可自由兑换是指一国取消对资本流出、流入的汇兑限制，即一国在国际性资本交易中，不对本国货币持有者兑换外国货币和资本项目下的外汇收支加以限制。对于资本项目下的可自由兑换，目前没有严格且公认的标准，IMF 没有明确给资本项目下的可自由兑换下定义。那么究竟到什么程度才能叫作"可自由兑换"呢？是达到可兑换的 100%，还是达到差不多水平（70%或者 80%）即可呢？基于很多国家的实践和做法，目前多数国家所宣称的"可自由兑换"仅是指一个较高的比例。目前，我国已经实现了部分的资本项目可兑换。在 IMF 划分的 3 大类 40 个资本交易子项目中，我国官方评估的结果是我国可兑换的资本项目已经达到 85%，有人因此认为我国离实现资本项目的可自由兑换近在咫尺。然而，我们不得不看到，虽然我国可兑换的资本项目所涵盖的种类很多，但是其中只有五六个交易项目实现了可自由兑换，其他项目均是不同程度的可兑换。可见，从当前的数据来分析，我国人民币资本项目可自由兑换的比例还不是很大，人民区域化进程中实现完全可自由兑换的可行性、战略步骤、政策安排等都需要我们进一步研究和探讨。

1. 人民币实现资本项目自由兑换的可行性

实现人民币资本项目下的可自由兑换是中国经济发展到一定程度的要求，是时代的趋势。因此，对于我国而言，面临的问题不是"要不要"实现，而是"怎么样"实现。从现有的国际经验来看，人民币实现资本项目下的可自由兑换已经具备以下 4 方面的条件。

（1）稳定的宏观经济环境

宏观经济的稳定包括经济形势稳定和经济政策稳定两大方面，可为资本项目的可自由兑换营造良好的环境，促使国内外树立对人民币完全可自由兑换的信心，增强我国在开放资本项目后抵御各种潜在风险的能力。在经济形势稳定方面，当前我国的经济持续高速增长，增长速度虽有所放缓，但依旧高于发达国家的平均水平；国内物价较为稳定，不会造成供给市场的失衡，从而也不会导致汇率的波动；财政状况良好，GDP增速与潜在增长率基本吻合，整体政府债务率也并不高①；经常账户收支稳定，2015年我国经常账户顺差20589亿元，表明我国经常项目运行较为稳定②。在经济政策稳定方面，当前我国不断推进经济体制改革，但并不会将整体经济政策大范围铺开，而是试点先行，对于其中可复制、可推广的经验进行升华，或制定新的宏观经济政策，或取消原有过时的经济政策。总而言之，我国经济政策在动态中保持稳定，特别是财政政策和货币政策。综上所述，我国宏观经济表现出较为稳定的态势，为人民币区域化的前行打下了坚实的基础。

（2）适当的汇率水平

汇率水平的高低直接决定了人民币在实现完全可自由兑换后能否保持汇率稳定。我国的汇率应当能客观、真实地反映外汇市场的供求状况，调节国际收支，保持我国国际收支的动态水平。近年来，我国整体的汇率水平呈现"动态稳定"状态，且我国采用的是相对稳定的单一汇率，这有利于避免歧视性、多重的汇率差别导致货币资金的扭曲配置和国际贸易关系的恶化。

（3）充足的国际储备

国际储备是各国为弥补国际收支赤字、保持汇率稳定、应付各种紧急需要而持有的国际社会普遍接受的资产的总称，包括黄金、外汇、普通和特别提款权等。2016年10月1日，人民币正式被纳入SDR货币篮子，这标志着中国在国际金融市场中日益凸显的重要性得到了国际认可，有助于进一步推动中国国内的金融改革以及

---

① 《2015财政赤字2万亿2016平衡收支恐更难》，搜狐网，http://business.sohu.com/20160201/n436487166.shtml，2016年4月6日访问。
② 《中国2015年经常账户顺差20589亿储备资产减少21537亿》，新浪网，http://finance.sina.com.cn/roll/2016-03-31/doc-ifxqxcnr5098212.shtml，2016年4月6日访问。

资本项目的开放进程，而中国的国际储备也势必会更加充足。

（4）高效的金融监管

随着我国参与经济全球化的程度不断加深，为维护宏观经济的整体稳定和健康发展，必须加大对金融机构的监管力度，特别是在我国实行金融自由化改革后。在实现资本项目的可自由兑换后，由于国外金融机构的大量进入，国内金融机构的经营风险会大大增加，从而会加大金融监管的范围和难度。我国的金融监管法律制度体系已较为完善，其中全国人大及其常务委员会制定的与金融监管有关的法律是基础，国务院制定的《中华人民共和国外汇管理条例》是具体的行为指导和规制依据，其他各类规章、司法解释是重要补充。目前的金融监管制度对人民币资本项目可自由兑换初期的监管是有利的。但是如果深究这些法律法规的具体内容，其中的一些措施显得过于苛刻，将影响资本项目可自由兑换的进程，因此需要不断地对其进行补充和修改，以进一步完善监管体系。

2. 人民币实现资本项目自由兑换的战略步骤

从我国目前的金融体系来看，实现人民币资本项目的自由兑换不可一蹴而就，应以放宽资本项目交易限制为长期目标，坚持循序渐进、稳步推进的战略方针。首先，应继续扩大直接投资的可自由兑换范围。不论是对于我国投资者还是对于外国投资者，扩大直接投资的可自由兑换范围都能激发其投资活力。未来的几年，我国经济仍将保持较高速地增长，随着"海上丝绸之路"战略的推行，投资机会将增多，市场也会更广阔，因此扩大直接投资的可自由兑换范围便利了投资者，增强了投资者对中国经济的信赖。其次，应稳步推进证券投资的可自由兑换[①]。我国实现证券投资可自由兑换的条件基本成熟，人民币汇率机制的不断完善，外汇储备的充足，宏观政策的稳定以及国内金融机构实力的不断加强，为证券投资可自

---

① 徐慧玲：《人民币自由兑换的必要性及条件分析》，《经济师》2005年第11期。

由兑换的实现奠定了基础。对于证券投资开放模式，国际上有三种主要模式：间接开放模式、有限制的直接开放模式、完全直接开放模式。结合我国国情和国际经验，应当选择有限制的直接开放模式。最后，适当放宽对外债和对外放款的限制。此举有利于摆脱国内金融市场不发达的制约，推动企业健康发展；有利于刺激民间投资，促使国际收支基本平衡；有利于企业融资渠道多元化，减少企业对银行的依赖；有利于控制金融风险。

3. 上海自贸区试行资本项目下可自由兑换的法律评析

《中国（上海）自由贸易试验区总体方案》将资本项目下的可自由兑换作为先试先行的金融改革重点，这表明我国对于资本项目的可自由兑换仍处于摸索阶段，上海作为排头兵，只有其先试先行的成果良好，其经验才能在我国得以全面推广。因此，应科学地实现上海自贸区资本项目的可自由兑换。

（1）资本项目的开放顺序

我国在逐步开放资本项目之前应当考虑其开放的顺序。韩国资本项目开放顺序安排错误的惨痛教训和法国成功的典范告诉我们人民币在区域化进程中结合我国市场的成熟度，科学地安排开放顺序至关重要。在借鉴了国际经验和结合了我国国情后，综合我国理论界和实践界的研究，我国在资本项目的开放过程中，应当遵循如下规律：资本流入项目先于资本流出项目开放、直接投资项目先于间接投资项目开放、长期资本交易项目先于短期资本交易项目开放、居民国外交易项目先于非居民国内交易项目开放。

（2）监管职责的分配

我国金融领域实行的是"分业经营、分业监管"的模式，有央行、银监会、证监会、保监会4个法定监管机构。但是，现阶段这四者之间的沟通不足、信息共享程度不够，对金融领域的混业经营也没有较好地协调监管，导致监管效率低，无法真正地起到保证金融安全、防范金融风险的作用。① 因此，在上海自贸区内，务必协调好央行与各金融机构的监管职责分配。首先，应当健全和完善金融监管法律法规，从根本上明确各监管机构的职责，避免互相推诿。其次，应加强各监管部门之间的沟通和合作，有效消除分业监管的冲突，提高监管效率。最后，近期混业经营层出不穷，成为一种新兴的金融现象，应当实行一个监管机构主负责的模式，否则容易导致推卸责任，甚至可能出现监管漏洞，以致引起更大的损失，其他监管机构则需给予必要的配合。

（3）资本项目可自由兑换的风险监测

我国的金融监管体系尚不完善，防范和化解风险的能力不够，上海自贸区资本项目的开放是我国的首次尝试，不确定性因素较多，资金流动的不确定性也随着增加。倘若不建立较为完善的金融监管系统，发生金融危机的可能性则会增加，而金融危机一旦发生必然会对我国经济产生巨大的冲击。要加强上海自贸区的金融监测能力，必须建立金融监测预警系统。它能及时发现金融市场中的风险，有利于金融机构、金融监管机构和政府及时发现问题并采取有效措施。国际上，WTO 的"金融部门评估计划"和美国的"CAMEL 评估体系"等都是高效、可信赖的预测方法，值得我国借鉴。上海在借鉴国际先进经验的基础上，应通过立法明确风险预警制度的法律地位，并使之与风险分析制度和风险通报制度相辅相成，共同保障我国的金融安全。

（4）财政、货币政策和外贸政策的调整

在上海自贸区实现人民币资本项目可自由兑换后，与资本密切相关的财政、货币政策和外贸政策也必须因势调整。一方面，要调整财政、货币政策。随着上海自贸区资本项目开放的推进，资本的大量流入将成为常态，而这可能会造成通货膨胀等负面效应。因此

---

① 吕江林、黄光：《"三位一体"监管视角下的我国商业银行监管绩效研究》，《当代财经》2014 年第 4 期。

我国应在全面开放资本项目之前做好准备，开发货币政策工具，以防止外资的流入对我国供求关系造成破坏。在我国，既要采取调整财政支出、发行国库券、收回或增加商业银行再贷款、再贴现率等直接调整手段，也要采取公开业务操作等间接调整手段，为实现人民币可自由兑换提供强大的政策保障。另一方面，要调整外贸政策。上海自贸区在开放资本项目后，人民币汇率不可能保持稳定，因此必须相应调整我国的汇率政策，实现汇率的弹性化。在外贸政策的调整过程中，首先要实现我国经济结构的优化和产业的升级，其次要合理协调自贸区和其他地区外贸政策的差异，最后要制定鼓励我国有竞争力的企业进行海外投资的政策，提高我国企业的国际经济参与度和竞争实力。

二 人民币计价结算的法律制度

计价结算货币的选择会直接或间接地影响一国的汇率变动、汇率制度以及货币国际化的水平。在人民币区域化的进程中，实现人民币计价结算的经常使用成为必要环节。现阶段，人民币在对外交往的计价结算中主要表现出以下特点：第一，以边境贸易为主，在部分邻近国家广泛流通；第二，其计价结算仍处于初级阶段，工具主要以现金和银行卡为主，贸易结算明显快于非贸易结算，回流和结算需求难以得到满足。[①] 在"21世纪海上丝绸之路"战略的推进过程中，我国既要实现自身对外贸易以人民币计价结算的常态化，也要使人民币成为沿线国家可信赖的贸易货币，努力实现他国间贸易以人民币计价结算的常态化。

2008年以前，我国企业长期习惯于以美元、欧元等作为国际贸易计价结算的工具，较少以人民币计价结算。但是近年来受国际金融危机和欧债危机的影响，美元、欧元等货币的汇率较为不稳定，

---

① 周先平、李标、冀志斌：《人民币计价结算背景下汇率制度选择研究——基于汇率变动时传递效应的视角》，《国际金融研究》2013年第3期。

波动较大，严重影响了我国对外贸易的发展。相反，在国际金融市场动荡不安时，人民币汇率却表现出了较为稳定的态势，因此境内外企业便倾向于用人民币进行计价结算，以防汇率变动带来的贸易损失。另外，随着我国经济全球化的程度加深，越来越多的企业走出国门，也有越来越多的外企进入我国，因此在签订国际贸易合同、开立商业发票、签发汇票等过程中对人民币的需求呈增长趋势。于是，2009年4月8日，上海、深圳、广州、珠海、东莞开始试点开展跨境人民币结算业务；同年7月1日，中国人民银行、商务部、财政部、国家税务总局、海关总署以及银监会六部委联合颁布了《跨境贸易人民币结算试点管理办法》，5天后这5个城市内的中国银行、交通银行开始开展跨境人民币结算业务。2010年6月22日，《中国人民银行　财政部　商务部　海关总署　国家税务总局　银监会　关于扩大跨境贸易人民币结算试点有关问题的通知》颁布实施，全国内的试点范围由原来的5个城市扩展到20个省份。

（一）中国-东盟实行跨境人民币结算的现状分析

东盟国家是21世纪海上丝绸之路的主要沿线国家，且迄今为止，我国与东盟国家之间已建立了较好地战略合作关系。特别是随着APEC、亚投行等对话模式的不断推进与深化，我国与东盟国家间的边境贸易、基础设施合作等将步上新台阶。在加入SDR货币篮子后，人民币在国际上的地位进一步提升。因此，在"海上丝绸之路"战略推进的过程中，人民币作为结算工具的使用率将大大增加。所以，我们有必要先对中国-东盟实行人民币结算的现状和难处进行回顾与分析，以其经验来推动人民币在海上丝绸之路沿线国家作为结算工具的常态化。

1. 中国和越南边境贸易中人民币计价结算的现状

随着国际影响力的提升，人民币作为计价结算工具的使用率越来越高，大改美元一家独大的历史。云南方面，在中越边境贸易中，自2005年以来，云南省边境贸易出口中95%以上的结算货币是人民币。2010年1月~9月，云南省红河州的跨境贸易人民币结算量为5.38亿元，其中中越之间的人民币结算量就达5.17亿元。广西方面，2011年1~10月，崇左市对越南的外贸进出口总额达到38.4277亿美元，同比增长57.3%，而全市边境贸易则同比增长86.56%，这表明中国和越南之间的外贸依赖度极高，双方在开展边境贸易时用人民币结算有很大的空间。由以上数据可以看出，人民币已经成为中越边境贸易中的主要结算工具。虽然中国与越南之间有较好的合作基础，但是中越之间也面临着进一步深化合作的瓶颈，主要原因是双方各自国内配套政策不完善和货币合作机制存在缺陷等。[1] 它们主体表现为：①越南外汇管制政策对跨境贸易企业以人民币形式存在的外汇资产管制过多，并且越南政府对允许使用人民币的区域做了特殊的划分和规定，仅限于特设的口岸经济区和与我国接壤的边境地区；②在双方的合作中，两国货币均参与了银行双边本币结算，表明人民币并没有真正地充当结算工具，同时，人民币对越南盾的汇率实际上由"地摊银行"操控，双方缺乏专门的清算渠道。

2. 中国和缅甸、老挝边境贸易中人民币计价结算的现状

边境贸易的发展与繁荣是实现人民币计价结算常态化的重要推力。缅甸、老挝与我国的边境贸易主要集中于云南省。2004年，我国开始实行出口退免税优惠政策，此后云南省的跨境贸易人民币结算量逐年增加。2010年上半年，云南省边境贸易中人民币结算量的占比达到97%。我国边境贸易中人民币结算的高份额使得在缅甸和老挝等地区使用人民币进行计价结算已经是常态。

3. 中国和新加坡、马来西亚、泰国双边贸易中人民币计价结算的现状

"新马泰"未与我国直接接壤，因此它们与我国之间的贸易量

---

[1] 王琼、张悠：《跨境贸易人民币结算影响因素的经验分析——基于国际计价结算货币选择的视角》，《财经问题研究》2013年第7期。

不及上述3个国家，在这些国家，旅游业发展是推动人民币流通和结算的主要契机。特别是近些年泰国旅游在我国的迅速升温，因此在此以泰国为主要范例来看这些国家的人民币结算状况。在中国与东盟国家的货币互换协议中，中泰之间的总金额为20亿美元货币互换协议是首例。之后我国继续加大与东盟国家的货币合作，与新加坡、马来西亚、泰国等六国签署了总额高达635亿美元的货币互换协议。现阶段，我国与东盟国家之间签署的货币互换协议总额已经突破5000亿美元。但是，在我国与泰国北部地区的一般贸易中，使用人民币计价结算的频率不是很高，主要表现为在人民币结算核销的特殊政策实行后，由于银行结算渠道以及一般贸易的人民币退税等政策都还不甚完善，人民币的一般贸易结算量出现明显萎缩，当地对人民币结算的认可度反而降低。

（二）人民币计价结算的制度困境

虽然人民币计价结算已在全国铺开，但是就全国范围来看，在现有制度框架下，人民币作为计价结算工具的使用率并不高，且大部分企业甚至未形成相应的意识。因此，在推进人民币区域化的进程中，首先应当审视我国现有的制度弊端以及国内企业的整体心态，从问题入手，以期达到完善制度的目的。

1. 企业意识较低

虽然使用人民币作为计价结算的工具会产生诸多益处，但是相当一部分企业没有使用人民币计价结算的意识，这成为在对外贸易中推进人民币计价结算工作开展的一个障碍，也是人民币区域化的一个亟待解决的问题。具体而言，该障碍主要分为三种：一是部分企业完全没有使用人民币计价结算的意识；二是部分企业虽有该意识，但是企业的实力不足；三是部分企业有意识、有实力，但是外部条件不支持。对于以上3种现实难题，急需找到其突破口，以使更多的企业愿意参与到推进人民币计价结算的工作中来。造成该意识薄弱的一个重要原因便是，我国企业在对外贸易中的议价能力较低，处于被动状态，无法掌握谈判主动权以实现人民币的计价结算。在我国，一般只有那些具有较强国际竞争力的高新技术产品和大宗机电产品生产企业，才具有较强的议价能力和人民币计价结算的需求，其他企业较多的是被动地接受国外交易方的安排。

2. 政策限制较多

首先，出口退税没有对人民币结算和外汇结算实行统一待遇。出口退税是企业极其关注的一项政策，直接影响了中小企业继续经营的收益来源。但是在出口退税的政策安排上存在不公平的因素，因为出口退税的优惠只有在以美元作为计价结算的货币时企业才有资格享有，而在以人民币作为计价结算货币时企业却不能享有这种红利，这种不公平打击了企业以人民币计价结算的积极性。[①] 其次，人民币未实现完全可自由兑换，对境外的企业和个人持有人民币和人民币回流产生了一定不良影响，具体表现为：①境外商业银行无法大规模经营人民币业务，人民币无法成为国际支付结算工具；②人民币未实现资本项目对非居民开放，外方持有的人民币资产无法实现保值和增值。再次，跨境金融合作机制不完善。近年来，随着我国对外合作的不断增多，金融合作的情况越显良好，特别是在"海上丝绸之路"战略的推行中，金融合作成为必须且不可避免的课题。但是长期以来的与周边国家长效合作和交流机制的缺失，导致金融合作的整体情况还不甚乐观，我国获取的信息较多地来源于边贸企业和个人。最后，人民币境外流通监管不够到位。主要是因为人民币监管机制的不成熟和不完善，各银行间没有采取一致的行动。我国应与海上丝绸之路沿线国家的金融监管部门开展长期合作，并使该合作制度化。

3. 金融服务水平不高

一方面，我国缺乏统一高效的跨境人民币清算系统。美元能成

---

① 李建国：《人民币国际化制约因素及推进措施》，博士毕业论文，东北师范大学，2014。

为国际上使用量最为庞大的结算货币正是因为美国拥有便捷、高效的清算体系。倘若我国能建立起高效的人民币清算系统，那么它将大大降低人民币计价结算的交易成本，特别是当清算系统达到一定规模时，人民币区域化的难度自然而然地会降低，其进程也会加快。目前的边境贸易清算模式是在双方各自国家的银行之间建立一一对应的代理账户关系，这种模式存在着耗时长、效率低的弊端，无法解决贸易双方所关注的头寸平补问题，因此便存在着利用非正规金融方式实现该目的的投机行为。另一方面，我国国际收支信息统计不够准确。主要存在着业务人员对跨境收付管理系统还不能熟练使用以及国际收支统计数据不全面两大难题。国际收支统计信息不够准确不仅增加了对对外贸易中人民币计价结算进行监管的难度，而且阻碍了对外贸易中人民币计价结算工作的开展。

（三）人民币计价结算制度的完善

1. 转变跨境企业的思维方式及发展方式

跨境进出口企业是人民币计价结算的最主要参与者，对我国实现高度人民币计价结算，推动人民币区域化的进程起到了至关重要的作用。首先，务必改变跨境企业使用美元进行计价结算的惯性思维，加强对企业中这方面人员的培训，强化其在对外谈判中以人民币作为计价结算工具的观念。其次，要转变境内进出口企业的发展模式，增强我国跨国企业的议价能力，使其在对外贸易中占据主动权，这样才能使我国外贸企业拥有更多的话语权和选择权，从根本上解决企业使用人民币进行计价结算意识不足的问题。只有思维方式转变和发展方法转变双管齐下，才能真正实现使用人民币计价结算给企业带来的好处，真正推动人民币的区域化进程。

2. 完善跨境贸易人民币清算机制

优先实现周边国家的人民币清算仍是我国人民币区域化的不二之选，加强我国商业银行与周边国家银行在互开本币账户方面的合作，为实现双边结算提供基础安排。对于清算机制的建构，应当紧紧依据市场原则，通过我国商业银行代理实施境外银行的结算业务，以充分发挥我国商业银行的作用，实现跨境清算。同时，境外银行人民币的清算可通过我国央行在境外的代理行完成。[1] 我国应当进一步对外开展金融合作和业务延伸，争取在他国开办我国商业银行的分支机构，提供专属的清算服务。通过开展跨境人民币支付清算服务，使境外企业和个人可以利用转账支付替代现钞支付，为边境地区对外经贸交往中的人民币计价结算提供高效的清算平台。

3. 加强与沿线国家政府层面的沟通与协作

首先，在立法层面上，应当适当调整相应法律法规，鼓励使用人民币进行计价结算。如国务院应当取消边境贸易出口退税方面在使用人民币计价结算时的不公平待遇，各部门应当简政放权，在现有政策的基础上，给予使用人民币计价的边境贸易一定的简化手续和优惠措施。其次，在地缘优势上，应当充分利用边境省份的地理优势，将人民币计价结算的适用范围不断扩大，使之逐步覆盖边境省份全域的一般贸易、服务贸易以及对外直接投资，并对税务、海关、金融等方面的政策做出调整，使使用人民币进行计价结算的贸易和投资拥有与使用美元、欧元等外币进行计价结算的贸易和投资具有一致的地位。最后，应当积极突破阻碍跨境贸易人民币计价结算的障碍[2]，其中最为关键的便是实现资本项目下的可自由兑换。实现资本项目下的可自由兑换是一个久治长效的过程，需要金融、贸易、税务、海关等多方面国家法律法规以及政策的配合。在当前人民币迫切要实现计价结算功能的情况下，可采用一定的替代措施，如加大双边货币互换和双边支付清算合作。同时，我国应当积极与他国政府进行沟通与合作，增加我国商业银行在对方国家境内

---

[1] 黄燕君、包佳杰：《国际贸易结算货币理论及其对我国的启示》，《国际商务（对外经济贸易大学学报）》2007 年第 6 期。

[2] 鄢莉莉、宋芳秀：《跨境贸易人民币结算、经济政策有效性与福利分析》，《经济科学》2013 年第 5 期。

的分支机构，这样可以为双方国家的企业和个人提供更加便捷的计价结算服务，提高其使用人民币计价结算的积极性。

4. 提高商业银行的人民币结算服务水平

我国跨境贸易的繁荣和人民币计价结算业务的发展，要求商业银行必须顺应时代的潮流，紧抓机遇、精心部署，完善和补充银行内部运营机制，积极开展金融创新活动，研发新产品，以提供一系列与人民币计价结算有关的金融服务。经过几年的摸索与创新，我国商业银行在开展跨境贸易计价结算业务方面已经取得一定的成果，其中的一大表现便是跨境贸易人民币计价结算的有效用户数量显著增加，客户基础明显牢固。值得一提的是中国农业银行和华夏银行开展的跨境贸易计价结算服务业务的成果。①中国农业银行推出"跨境通"服务品牌，其中包括较为完善的结算体系、贸易融通体系和境内外联动体系，年业务量均为上千亿美元，且呈逐年递增的态势。②华夏银行的"跨境本息保""票证通"等产品亦是跨境贸易计价结算中颇受欢迎的产品。其中，"跨境本息保"集远期结售汇、跨境人民币开证、境外贴现三种功能于一体；"票证通"实质上是一种信用证，以国内信用证或者银行承兑汇票为质押基础，在对外贸易融资担保方面发挥着重要作用。

毋庸置疑，一方面，商业银行提供的人民币计价结算服务可以大大降低企业的经营成本，减少汇率风险对它的冲击，便捷企业支付的程序，提高企业结算的效率，给企业的对外贸易带来了诸多便捷，而这些也可反作用于我国商业银行跨境贸易人民币计价结算业务的发展。另一方面。我们也应当看到随着对外贸易规模和方式的不断扩大和增加，境内外企业对此类产品的需求越发强烈，但是市场上现有的产品种类仍不够齐全，远远不能满足境内外企业的需求。因此，要求商业银行不断深入摸底市场需求，及时研发和推出相应产品，以带动跨境贸易人民币计价结算事业的发展。

现阶段，人民币已经加入 SDR 货币篮子，人民币的国际化程度进一步提高，我国不能仅将目光限定于实现我国企业对外贸易使用人民币结算的常态化，而应该进一步推进人民币成为海上丝绸之路沿线国家的"贸易货币"，即在海上丝绸之路沿线地区的非中方两个或者多个企业间的贸易中实现人民币作为交易媒介，使人民币发挥类似于美元、欧元等货币现有的"贸易货币"功能。因此，我国仍应该在人民币计价结算相关制度上进行探索与改革，优化现有制度，增补制度空白，使实现海上丝绸之路沿线国家间人民币计价结算的进程进一步加快。

三　外汇储备管理的法律制度

外汇储备是国际储备的重要组成部分。外汇储备是一国货币当局持有的，可用于弥补国际收支逆差、稳定本国汇率、缓冲外部冲击及维持市场信心的一切被普遍接受的可自由兑换的外汇资产。[1] 主要包括现金、国外银行存款、外国有价证券等，也可以是股权或者其他形式的外汇资产。外汇的作用主要表现在以下四个方面：作为支付工具，履行国际支付，弥补国际收支逆差；作为干预工具，支持本国汇率，提高本币地位；作为缓冲工具，缓冲外部冲击，增强一国稳定市场的信心；作为主要国际清偿力，维护本国信誉。[2] 20世纪90年代，金融全球化和自由化的浪潮席卷开来，全球资本管制放宽，国家间的资本流动频繁，由此带来汇率、利率波动和外汇储备收益不定的风险。要想维护我国的金融稳定，促进国家财产保值、增值，针对外汇储备的风险管控尤为重要。

（一）我国外汇储备的现状及其管理模式

1. 我国外汇储备的现状

由表3-6可知，我国外汇储备规模的变化大致可以分为四个

---

[1] 喻海燕：《中国外汇储备有效管理研究》，中国金融出版社，2010，第9页。
[2] 林华昌：《中国外汇管理法律制度变迁——人民币走向自由兑换进程中的法律调整》，博士学位论文，华东政法大学，2008。

阶段：第一阶段是 1979~1989 年，外汇储备极端短缺；第二阶段是 1990~1993 年，外汇储备初具规模；第三阶段是 1994~2000 年，外汇储备快速稳步增加；第四阶段是 2001 年至今，外汇储备总量已突破三万亿美元大关，稳居世界第一。

表 3-6　1979~2015 年我国外汇储备规模

单位：亿美元

年份	金额	年份	金额	年份	金额
1979	8.40	1992	194.43	2005	8188.72
1980	-12.96	1993	211.99	2006	10663.44
1981	27.08	1994	516.20	2007	15282.49
1982	69.86	1995	735.97	2008	19460.30
1983	89.01	1996	1050.29	2009	23991.52
1984	82.20	1997	1398.90	2010	28473.38
1985	26.44	1998	1449.59	2011	31811.48
1986	20.72	1999	1546.75	2012	33115.89
1987	29.23	2000	1655.74	2013	38213.15
1988	33.72	2001	2121.65	2014	38430.18
1989	55.50	2002	2864.07	2015	33303.62
1990	110.93	2003	4032.51		
1991	217.12	2004	6099.32		

资料来源：国家外汇管理局网站。

由表 3-6 可见，我国自 1994 年外汇体制改革以来，外汇规模大量增加。1996 年首次突破 1000 亿美元。此后，在 2000~2014 年保持了稳步且快速的上升态势。2006 年 2 月，我国的外汇储备超过美国，跃居世界第一。从 2011 年开始，我国外汇储备便始终保持在三万亿美元以上。但是，这两年我国经济形势较为严峻，经济增速放缓，步入新常态。从表 3-6 可以看出，从 2014 年到 2015 年，我国的外汇储备规模缩小得十分明显。事实上，我国外汇储备的总量从 2014

年 6 月开始便一直呈现减少的趋势。在"海上丝绸之路"战略推进的过程中,诸多经济学者指出我国必须守住"三万亿大关"。

2. 我国外汇储备的管理模式

目前,我国外汇储备管理的主要法律依据是《中华人民共和国中国人民银行法》和《中华人民共和国外汇管理条例》。在管理机构上,根据《中华人民共和国中国人民银行法》第四条第 7 款和《中华人民共和国外汇管理条例》第二条的规定可知,我国的外汇储备管理机构是中国人民银行和国家外汇管理局,而具体管理机构则是国家外汇管理局下设的储备管理司,它对外以"中央外汇业务中心"的名义对我国巨额的外汇储备资产进行管理和经营。① 2000 年至今,我国外汇储备的规模快速膨胀,美元等外汇的持有量居世界第一,因此我国应当注意由此带来的持有成本增加和国内流动性过剩等问题。我国于 2007 年 9 月成立了中国投资公司,该公司主要从事外汇储备资产的投资,将一些外汇储备投资于外汇国的商业项目上,由此我国开启了对外汇储备有限管理的阶段。因此,事实上,除了储备管理司外,中国投资公司也成为外汇管理的机构。

我国外汇储备管理模式主要有两种:一是币种管理,现阶段我国的外汇储备结构单一,美元比重高达 60%;二是投资管理,现阶段我国的外汇储备多被投资于美国的国债、政府机构债券、住房抵押贷款担保证券和高投资级别的公司债券,但是事实上这些投资并不经济,其收益远远落后于市场上的其他金融投资项目。总体而言,我国目前的外汇管制较为严格,投资限制也较多。

(二) 我国外汇储备管理模式存在的问题

1. 外汇储备源单一,货币政策实施难

时下,我国的汇率机制呆板、僵化,此种症结的产生在于我国

---

① 吴念鲁、杨海平:《关于中国外汇储备管理主导权的探讨》,《国际金融研究》2015 年第 4 期。

外汇储备的形成机理特性,即央行干预的主导性。我国实行的浮动汇率制,究其形成机理,在以经常项目自由兑换为基石的同时深受二重影响:一重为强制结售汇制,另一重为央行制定的比例管理率制。进而,其市场便是银行间外汇周转余额抛补市场。换言之,强制结售汇制造成外汇资产汇集于指定银行的必然趋势,但这也只能说是常态。受国际收支顺差、逆差影响,当外汇供求发生变化时,外汇银行会以一定比例的准线转卖或补足外汇储备。例如,外汇的供大于求预示着人民币的升值趋势,但由于我国汇率制度的过度僵化、弹性缺失,出于维持汇率稳定的考量,央行被迫投入大量的基础货币购买外汇。对维持汇率稳定的目的实现与否不予置评,央行的此种僵化式干预却导致外汇储备规模的冗增,进而导致央行货币政策实施的难度系数激增,阻力大,引起货币政策的破产。

2. 资产组合单一、不恰当

目前,以货币的安全性、流动性和营利性为标准,我国在选择外汇储备货币种类方面主要选择美元、日元、欧元、英镑等币种。从国际清算银行的报告中可以得知,美元资产占据了我国外汇储备的大量份额。同时,除了中国,世界上其他储备大国的外汇储备也大部分由美元构成,其比例高达70%以上。因此,所谓的资产组合实际上是指美元资产的组合。

综合考虑货币的安全性、流动性和营利性等特点,中国的外汇储备大都被投资于债券,如美国的国债、政府机构债、高信用级别的公司债和担保债券等。相关数据显示,中国在对美国的投资中,股权比重仅为5.2%,债券比重为94.8%。相比中国,新加坡、加拿大等更愿意投资美国的股权,因为股权投资虽然风险比较大,但收益更好。然而,中国明显采取了比较保守的做法,主要投资安全性较高的美国债券,且将其财政部国债及政府机构债作为长期债券的品种进行投资。相关数据显示,在我国对美国的投资中,美国国债及政府机构债的比重分别为61.7%和37.1%,而企业债的比重仅为1.2%。虽然，美国财政部国债的安全性比政府机构债券和企业债券都高，但收益低得多。随着外汇储备的不断增长，我国不应一味追求流动性和安全性，而应当考虑如何提高投资的收益率。也就是说，中国应试着将一部分外汇储备投资于高风险但能带来高收益的投资项目，如加大对股权及企业债券的投资。①

3. 管理体系不科学

我国外汇储备的管理目前只由中国人民银行负责，且中国人民银行具有独立决策权，而其具体实施机构是国家外汇管理局下的储备管理司。但是，我国外汇储备数量较大且为全民资产，其使用必须符合国家发展战略目标，符合全民利益，倘若只从中国人民银行平衡其资产负债的情况考虑，管理的结果往往不利于实现国家战略目标，只会损民耗财。由国家外汇管理局中的一个机构对外汇储备进行单一管理，会造成权力过于集中，缺乏相应的监督、约束机制，由此在外汇储备的投资、使用、管理过程中便会出现权力使用与权力约束不对等的情况。其他值得注意的有三点：一是我国的外汇储备管理尚处于未公开、不透明阶段，且公众对外汇储备管理监督的实践欠缺；二是在立法层面，未有专门的法律对外汇储备管理进行具体指导和约束；三是外汇储备管理相关的各个决策机构之间沟通不够，这不利于实现外汇储备的多层级管理和可持续管理。

4. 投资收益率偏低

相比于发达国家，我国对外资本账户现阶段的开放程度明显偏低。更有甚者，在对外资本账户管制方面，我国也管得多、管得严，国家主要通过行政手段在这方面进行"施压"，设置各个行政程序以加大国内外资本互动难度。反观在资本管制上与我国采取相反态度的其他国家，它们主要采取否定式立法，明文规定不允许做的事项，其他未在法律中被规定的事项则是被允许实施的，即法未

---

① 易纲：《外汇管理方式的历史性转变》，《中国金融》2014年第19期。

禁止即许可。我国在该领域采取肯定式立法，法未允许即禁止。实践当中的事项纷繁复杂，法律不可能——覆盖，因而两个相反的立法态度在规制范围上拉开了相当大的差距。虽然近年来根据国际交易的需要，我国已在多个资本账户的交易项目中慢慢放松行政力量的规制，但并未在实质上放松对资本的管制，尤其是对短期资本的流入和证券类的资本交易。国家为了保护国内资本的市场竞争力不受外国资本的肆意摧残，严格把控外国资本的进入门槛，将国内各类经济主体的外债规模牢牢限制在标准水平内，全方位、多角度监测外债风险，审慎开放资本市场。短期资本的流动对我国长久发展所起的效果并不明显，但对国内资本的伤害不小，因此此类资本是国家主要限制对象，其进入基本上都需要相关部门的审批方可，并在其主体资质上的限制很多。我国不仅对国内外公私经济主体间的资本往来加以严格限制，而且对国内普通公民兑换外汇的行为进行了法律制约。因而，分析我国现阶段各类经济主体对外金融资产分布的总体结构，其显著特点便是投资集中、资本聚集度高。多年的投资经验表明，外汇储备具有较高流动性和可控性的优点，适应我国经济主体高流量的资金周转需求，符合目前我国经济高速发展的要求。因此，外汇储备成为国内资本家的青睐之选，甚至在某种程度上，我国的对外投资收益几乎可以等同于国内的外汇储备资产在域外市场的投资收益。然而，资金周转迅速的优点虽满足了国内经济主体的生活生产需求，但其缺点也是不容忽视的，即外汇储备的资产收益率并非稳定不变，而是依据市场环境的变化时刻变动着，总体收益率还是略低的。

（三）我国外汇储备管理的立法完善

1. 制定专门的外汇储备管理法律法规

综观国外比较成熟的外汇储备管理模式，它们大多遵循如下规律：首先由该国立法机构制定外汇储备管理基本法；然后根据国情出台与之相配套的具体行政法规和规章制度，从而实现基本法和具体法的双管齐下。我国现阶段仍未有关于外汇储备管理的专门立法，因此应当尽快将外汇储备管理法和外汇储备投资公司法的制定排上日程。一方面，现行的外汇管理法律法规的法律位阶太低，多为中国人民银行和国家外汇管理局制定的部门规章，以及政府为适应社会经济形势的变化而制定的政策，这些规章和政策大多时效短，且没有统筹，既会导致各部门出台的政策各自为政，也会导致现行法规规章施行的杂乱。因此，制定"外汇管理法"刻不容缓，且应对现有的外汇管理法律法规以及政策进行梳理和整合，及时出台专门的法律，对其调整范围、基本原则、管理主体、行为规范、风险防范等做出明文规定。另一方面，通过制定"外汇储备投资公司法"进一步明确和规范我国外汇储备投资公司的运作。我国将来可能会建立或者委托另外一家或几家专业性的投资管理机构对我国的外汇储备进行经营管理。外汇储备投资公司是一种特殊的公司形式，其特殊性使它的众多行为游离在《中华人民共和国公司法》之外，因此，应当制定一部"外汇储备投资公司法"来对其行为进行规范。

2. 建立外汇储备监管制度

目前，我国的外汇储备管理尚缺乏有效的监管，一个典型表现便是作为国企，中国投资公司欠缺本应齐全和完备的决策程序、投资组合、信息披露制度、风险防范制度等，没有具体的法律法规作为指引，甚至连具体的制度保障都欠缺。中国投资公司是多家国有银行和多家大型金融机构的控股股东，此时如何有效监督其内幕交易行为、使其顺从中国人民银行的监管等都成为亟待解决的问题。因此，我国有必要制定一套监督外汇储备管理实施的法律框架，以期能够确定储备管理机构的权力和责任，从而保证储备管理机构责任和功能的协调。

具体而言，就是实行储备管理机构内外部监管相结合的制度。在内部监管方面，建立一个独立有效的内部审计部门，以确保储备管理活动与内部控制和报告系统的正常运作，并规范工作人员的操作行为，制定指导利益冲突解决的原则和关于其个人事务管理的法规。在外部监管方面，对储备管理机构行为的权责监督部门加以明确规定。在管理机构违反法定职责和从事超越权限的行为时，由职权部门对其进行责罚。

四 人民币汇率制度

汇率是指两个国家不同货币之间的比价或者交换比率，即将一个国家或者地区的货币折算成另一个国家或者地区的货币的比率、比价或价格。从法学的角度看，汇率安排是一国货币主权，即汇率主权的体现。汇率主权是指国家独立自主地确定和调整本国货币与他国货币比价或者兑换比率的主权行为。每个主权国家都有自己的货币主权，因此每个国家都有权确定本国货币与他国货币的比价，货币主权同其他主权一样，任何其他国家和组织都不得插手干涉。我国政府把人民币汇率问题作为我国货币主权的重要元素。但是，自2001年加入WTO以来，中国的经济蓬勃发展，经常在国际收支中保持着"双顺差"的优势地位，由此引起了诸多争议，以美国为首的西方国家更是对人民币汇率问题做出了无端的指责，认为人民币对外汇率过低，并不断通过政治、经贸、舆论手段向我国施压。美国国会甚至以提起人民币汇率法案的方式，指责我国汇率存在着严重的人为操控，与实际汇率水平之间存在着严重的偏差，其实质构成了违法的出口补贴与倾销，违背了IMF和WTO的相关规则。①

事实上，我国的汇率改革正朝着市场化的方向进行。2005年，我国开始了人民币汇率改革，人民币汇率便保持了持续上升的态势，虽然在2014年出现了两周的大幅度跌落，但是仅仅一个月后我国人民币汇率又成功地涨回来了。新一届政府的工作报告提出，

---

① 罗成、车维汉：《人民币汇率变动与中美关系的演变——基于财富权力转化机制的实证分析》，《国际金融研究》2014年第5期。

人民币汇率要保持在合理且稳定的水平，可以扩大其双向浮动空间，以实现资本项目下的人民币可自由兑换。

（一）人民币汇率制度的演变

自新中国成立以来，我国经济体制完成了从计划经济体制到市场经济体制的转变，且在当代社会背景下，由市场主导经济发展与转型越发重要。外汇体制经历了"计划管理模式—计划和市场相结合的管理模式—以市场供求为主的管理模式"的转型，其核心变化是政府的力量正逐步退出该领域，它逐步被交由市场来主导。不同的经济体制决定了与之匹配的汇率制度会有所不同，新中国成立以来，我国汇率体制共经历了四次大型变革。现行的汇率制度是在2005年确定的，在汇率体制改革的背景下，我国汇率制度将更加市场化、弹性化、成熟化。

1. 官方定价的固定汇率制度阶段

众所周知，在新中国成立后、改革开放前，我国一直实行计划经济体制。因此，此阶段我国的汇率是完全由官方决定的，以官方通知或者内部文件的方式形成了政府定价的固定汇率制。但是纵使如此，该时期的汇率还是存在着阶段性的差异：1949～1953年，由于我国还处于物质生活品谋求阶段，因此该阶段的汇率主要根据国内外物价水平确定；1953～1973年，我国开始了逐步的对外交流，官方汇率主要根据英镑确定，并且保持着高度的稳定；1973～1978年，人民币开始发挥计价结算的功能，此时的官方汇率由一篮子货币决定，而汇率水平稳居世界中上水平。虽说此阶段人民币汇率较多地受制于官方，但是在短期内取得了较大的进步，且在国际上获得了相当的影响力。

2. 双重汇率制度阶段

双重汇率是指非贸易汇率和内部贸易结算汇率，双重汇率制度目前已经不再存在，它之所以会在特定的历史时期出现，且发挥作用，完全是由当时我国特殊的历史背景所决定的，它只是一个过渡性产物。这种特殊的历史背景便是：在官方，人民币汇率被过分地高估，而在实际上它却远远低于当时的出口商品换汇成本。双重汇率制度阶段起于 1981 年，在官方汇率的基础上，开展对外贸易所得外汇将交由国家根据当时的出口换汇成本结算。内部贸易结算汇率制度一直使用至 1985 年，1985 年后便实行名义上的单一汇率制度。之所以称之为名义上的单一汇率制度是因为 1985 年后其实出现了外汇调剂市场汇率，该汇率制度产生的原因是国内物价大幅上涨和人民币汇率不断下跌之间的矛盾，于是在市场需求下，调剂外汇的交易量逐渐上升，价格也水涨船高，从而形成了外汇调剂市场汇率。因此，1985 年后事实上还是两种汇率制度并存。

3. 单一的、有管理的浮动汇率制度

外汇调剂市场汇率制度一直实行到 1994 年才被中国人民银行取消，此后我国开始实行单一的、有管理的浮动汇率制度。该种汇率制度下汇率水平主要由银行自身的结售和银行间的外汇市场所决定，但是银行自身的结售具有一定的强制性以及银行间的外汇市场具有一定的封闭性，导致的结果仍是汇率水平较多地由国家意志决定，市场的供求关系在其中体现得较少。[1] 在这一汇率制度的实行时期形成了较为完备的人民币法律制度框架，包括《中华人民共和国外汇管理条例》等，特别是国家针对外汇管理体制的具体内容以及结汇、售汇及付汇等出台了一系列有效的公告、通知、规定，并针对实践过程中出现的问题出台了具体的实施建议。

4. 一篮子、有管理的浮动汇率制度

2005 年的人民币汇率改革正式结束了人民币汇率单一盯住美元的历史。我国开始更多地考虑市场供求和市场规律人民币汇率的影响，参考一篮子货币，实行有管理的浮动汇率制。同时随着时间的推移和新的经济环境的出现，汇率形成机制不断得到完善。2005 年

---

[1] 王倩：《东亚经济体汇率的锚货币及汇率制度弹性检验——基于新外部货币模型的实证分析》，《国际金融研究》2011 年第 11 期。

以来的几次重大的人民币汇率形成机制改革的具体措施总结如下（见表3-7）。

表3-7 2005年以来重大人民币汇率形成机制改革的具体措施

文件名称	具体措施
《中国人民银行关于完善人民币汇率形成机制改革的公告》（中国人民银行公告〔2005〕第16号）	自2005年7月21日，实行以市场供求为基础、参考一篮子货币、有管理的浮动汇率制；不再单一盯住美元，人民币汇率形成机制更具弹性
《中国人民银行关于银行间外汇市场交易汇价和外汇指定银行挂牌汇价管理有关事项的通知》（银发〔2005〕第183号）	美元对人民币交易价的浮动范围为中国人民银行公布的对美元交易中间价上下0.3个百分点，非美元货币的则为1个百分点
《中国人民银行关于加快发展外汇市场有关问题的通知》（银发〔2005〕第202号）	扩大即期外汇市场交易主体范围；增加外汇市场询价交易方式；开办银行间远期外汇交易业务
《中国人民银行关于进一步改善银行间外汇市场交易汇价和外汇指定银行挂牌汇价管理的通知》（银发〔2005〕第250号）	取消非美元货币对人民币现汇和现钞挂牌买卖价差幅度的限制
《国家外汇管理局关于印发〈银行间外汇市场做市商指引（暂行）〉的通知》（汇发〔2005〕第86号）《国家外汇管理局关于在银行间外汇市场推出即期询价交易有关问题的通知》（汇发〔2005〕第87号）《中国人民银行关于进一步完善银行间即期外汇市场的公告》（中国人民银行公告〔2006〕第1号）号	引入询价交易方式，同时保留撮合方式；引入做市商制度
《中国人民银行关于在银行间外汇市场开办人民币外汇货币掉期业务有关问题的通知》（银发〔2007〕第287号）	银行间外汇市场开办人民币兑美元、欧元、日元、港币五个货币的货币掉期交易，为企业和居民提供更全面灵活的汇率、利率风险工具

续表

文件名称	具体措施
《中国人民银行关于扩大银行间即期外汇市场人民币兑美元交易价浮动幅度的公告》（中国人民银行公告〔2007〕第9号）	银行间即期外汇市场人民币兑美元交易价浮动幅度由3‰扩大到5‰；取消经常项目外汇账户的限额管理制度
《国家外汇管理局关于印发〈货币经纪公司外汇经纪业务管理暂行办法〉的通知》（汇发〔2008〕第55号）	引入货币经纪公司开展外汇经纪业务
《中国人民银行决定于4月16日起将外汇市场人民币兑美元汇率浮动幅度由5‰扩大至1%的公告》（中国人民银行公告〔2012〕第4号）	自2012年4月16日起，银行间即期外汇市场人民币兑美元交易价浮动幅度由5‰扩大至1%；外汇指定银行为客户提供的当日美元最高现汇卖出价与最低现汇买入价之差不得超过当日汇率中间价的幅度由1%扩大至2%。
《中国人民银行关于决定扩大外汇市场人民币兑美元汇率浮动幅度的公告》（中国人民银行公告〔2014〕第5号）	自2014年3月17日起，银行间即期外汇市场人民币兑美元交易价浮动幅度由1%扩大至2%；外汇指定银行为客户提供的当日美元最高现汇卖出价与最低现汇买入价之差不得超过当日汇率中间价的幅度由2%扩大至3%。

资料来源：国家外汇管理局网站、中国人民银行网站。

（二）人民币汇率制度的现状

1. 人民币汇率形成机制

目前，人民币汇率的形成机制主要是基于中国人民银行、国家外汇管理局等的一系列公告、通知、规定、配套改革措施，以及国务院颁行的《中华人民共和国外汇管理条例》等行政法规而形成并确立的。

《中华人民共和国外汇管理条例》第二十八条规定：经营结汇、售汇业务的金融机构和符合国务院外汇管理部门规定条件的其他机构，可以按照国务院外汇管理部门的规定在银行间外汇市场进行外汇交易。在现实具体操作中，央行会在每个工作日股市闭市之后公布银行间外汇市场各货币对人民币汇率的收盘价，并将其作为下一个工作日其他货币对人民币交易的中间价格。当前，银行间即期外汇市场中美元价格的浮动幅度需在±2%之内，而其他外汇货币也要在管理机构规定的价格变动幅度内浮动。而有权经营结售汇业务的银行和金融机构就是根据中国人民银行所公布的汇率价格，以及参考跳动的幅度范围从而调整对客户的挂牌汇价，最终确定对客户的外汇买卖价格的。这就是我国现有的汇率形成机制。在现有的机制体系下，市场机制扮演着很重要的角色，市场供求关系在汇率形成中起基础性作用。在市场机制中，政府的管控少了，市场的作用则会得到进一步的体现。① 现阶段我国市场影响汇率主要体现在以下两个方面。首先，强制结汇制度退出了历史舞台。根据国家外汇管理局颁布的《国家外汇管理局关于调整经常项目外汇管理政策的通知》以及《国家外汇管理局关于境内机构自行保留经常项目外汇收入的通知》等文件的相关规定，境内机构可根据经营需要自行保留其经常项目外汇收入。其次，自从加入 WTO 以及 IMF，我国基本实现了人民币经常项目的可自由兑换，取消所有经常项目对外支付和转移的限制，同时放松了对境内外资本流入流出的管制，也取消了多项资本项目下的行政许可。这些行政举措主要是为了履行我国加入这些组织所需履行的义务。这也从法律上体现了市场关系对我国汇率制度的影响。

2. 人民币汇率定价机制

人民币汇率的定价机制是盯住一篮子货币的，现阶段人民币自身已加入 SDR 货币篮子，而这会引起我国汇率定价方式的变化。显而易见的是，我国的汇率水平不会再随着美元波动而波动，会更多地受到其他国际货币的影响，以及受到市场供求关系的影响；而

---

① 孙立行：《基于人民币国际化视角的人民币汇率形成机制改革问题研究》，《世界经济研究》2010 年第 12 期。

人民币加入 SDR 货币篮子也会使我国的汇率变得更加稳定。虽然还不能得知 SDR 货币篮子中的其他货币对我国汇率水平的影响，但是从我国央行行长在媒体的采访中可知，我国所谓的一篮子货币不仅包括美元、日元、欧元等国际货币，而且包括印度、巴西等一些新兴国家的货币，这种安排对于强化人民币汇率定价机制是相当有利的，形成了稳定的、多边的汇率定价机制。[①] 对于我国外汇管理机构而言，盯住一篮子货币的汇率定价机制，使得其在决定汇率定价时具有更多的灵活性，不再受美元的单一影响，可以根据我国现时的经济情况、金融市场成熟度、外汇市场的供求关系等来灵活地调整人民币汇率。

[①] 王哲：《人民币汇率定价机制改革对货币政策自主性的影响研究》，硕士学位论文，外交学院，2016。

第四章

海上丝绸之路的困局：SDR 框架下人民币区域化的法律障碍

第一节　人民币区域化的制度风险
第二节　人民币区域化法律规范的制度缺失
第三节　人民币区域化法律规范的效力冲突

人民币区域化的发展与实现可以给中国和世界带来巨大的收益，这不仅体现在获得铸币税这样的直接收入上，而且体现在降低外汇储备持有的成本、促进中国对外贸易以及金融业的发展、提升中国的国际地位、增强中国在世界各国中的影响力等诸多方面。同时，人民币区域化的实现还可以稳定区域乃至世界的金融市场，多极化世界经济发展格局，减少发展中国家对发达国家货币的依赖，平衡不同国家间的经济发展水平。人民币区域化的发展及实现需要具备诸多条件。强大而且稳定的经济基础以及完备并具有可操作性的法律制度是其中必不可少的两个决定性的因素。随着改革开放的不断深入，我国的经济实力大幅度地增长，根据我国的 GDP 数据可知[1]，我国的经济在持续稳定地增长。经济的发展、巨大的市场规模以及人民币自身的条件都已满足人民币区域化的要求。目前，人民币区域化的发展迫切需求的是法律制度的完善。法律制度贯穿于人民币区域化发展的各个阶段，既是人民币区域化起步的必备条件，也是人民币区域化发展中与实现后的制度保障，人民币区域化正快速地发展，然而，它在法律制度方面还存在诸多的缺陷，法律发展的滞后将严重阻碍人民币区域化的发展。法律体系的建立与完备，是人民币区域化道路上必须解决的一大难题。

---

[1] 根据东方财富网的数据可得，我国 GDP 自 2012 年以来持续增长且其增长率趋于稳定。2012 年 4 个季度的 GDP 分别同比增长 8.00%、7.70%、7.60%、7.70%；2013 年 4 个季度的 GDP 分别同比增长 7.80%、7.60%、7.70%、7.70%；2014 年 4 个季度的 GDP 分别同比增长 7.30%、7.30%、7.30%、7.30%；2015 年 4 个季度的 GDP 分别同比增长 7.00%、7.00%、6.93%、6.90%；2016 年第一季度的 GDP 同比增长 6.70%。参见《经济数据一览：中国国内生产总值（GDP）》，东方财富网，http://data.eastmoney.com/cjsj/gdp.html，2016 年 5 月 23 日访问。

第一节　人民币区域化的制度风险

一　境外投资制度风险概述

近年来，中国对外投资的规模越来越大。根据联合国贸易和发展会议《2015世界投资报告》的数据计算，2014年中国对外直接投资流量、存在分别占全球对外直接投资总流量、存量的9.1%和3.4%，分别在世界上排名第3位和第8位。[1]虽然中国对外直接投资的规模日益增大，但是其总体的效益并不理想。中国企业在境外的项目频频被叫停、搁浅，企业面临海外政府"变卦"等制度风险，不仅投资得不到回报，投入的资金也全部"打水漂"，而且有时还会面临巨额的赔款。

2015年1月27日，希腊政府中负责航运的副部长宣布中止向中方出售港口股权的进程，希腊政府将重新审核同中远集团的交易，至此，比雷埃夫斯港私有化计划被迫停止。前一天，即2015年1月26日，中墨合资的"坎昆龙城"项目被墨西哥政府叫停。同年1月30日，墨西哥政府又宣布搁置墨西哥城至克雷塔罗的高铁项目。在此之前的招标过程中，中国铁建就已经遭受墨西哥政府的频频"变脸"：中标三天后被取消中标结果，重新招标中标之后，

---

[1] 《2015世界投资报告》所统计的数据显示，2014年全球对外直接投资流量为1.35万亿美元，年末存量为25.87万亿美元。

中标文件迟迟不能发布。2015年9月28日,秘鲁邦巴斯特大铜矿发生抗议活动,抗议者与当地的警察发生了严重的冲突。抗议者提出以下要求：五矿资源公司(MMG)必须修改原有的环保计划,修改原有的矿石物流方式,将管道运输的计划更改为使用火车或者货车经由内陆运输,他们还要求MMG招聘更多的当地员工。涉事一方的MMG是隶属于中国五矿集团的资源公司,在2014年4月牵头并购了瑞士最大的能源公司嘉能可旗下的邦巴斯铜矿。这次的抗议活动是中国资源类企业在秘鲁遭遇困局的最新案例。同样的案例还有很多。2014年3月,中国铝业控制的位于秘鲁中部的世界级特大型铜矿特罗莫克铜矿的开发项目被叫停,秘鲁官方声称中国公司在施工生产中破坏了当地环境。然而在2010年12月20日,秘鲁的《经营报》上有报道称,秘鲁能矿部上周批准通过了中铝在秘鲁虎宁地区的特罗莫克铜矿项目的环境影响评估报告。而且中铝集团在项目开始施工之前已经花费巨资对附近的村庄进行了搬迁,并且为当地居民建造了一个全新的城市。还有紫金矿业在秘鲁的里奥布兰科铜矿项目也多次因为冲突而被迫停产。更早以前的首钢集团在秘鲁的Hierro铁矿在工人的罢工中停产、停运。除了秘鲁的诸多事件之外,中国在斯里兰卡首都科伦坡最大的基础设施建设项目科伦坡港,在斯里兰卡现任总理维克拉马辛哈当选之后被迫停工,中国的损失高达数亿元人民币。

中国企业的对外直接投资项目遭受被迫停工、罚款等后果使得其损失惨重。例如,2015年1月26日,墨西哥联邦环境保护署以触犯环保法规及长期欠缴罚款为由,下令中墨合资的"坎昆龙城"项目立即全面停工。按照联邦环境保护署的说法,该项目方尚未缴付的罚款约为2200万比索。中铝集团在开始特罗莫克铜矿项目之前花费巨额资金为附近村庄建设了新城,并向每户村民补偿2000美元,但最终项目还是因为居民索取天价补偿款而不得不中止。而对于该项目而言,项目期间资金的搁置,以及人力、物力、财力的投入都是一笔不小的损失。

二 境外投资制度风险的种类

人民币区域化战略的推进，是与中国企业境外投资规模的不断扩大紧密相连的。然而，我国企业在境外投资过程中却不可避免地要面临东道国政治环境发生变化、东道国政局不稳定、东道国政策法规发生变化等带来的制度风险。而这些制度风险通常包括以下几类。

一是国有化风险。它指的是东道国改变政策将投资企业的资产收归国有致使投资企业遭受经济损失的风险，而国有化是东道国以极端的方式将外资强行划为本国资本的一种手段。根据《国际金融报》2016年3月24日的报道，津巴布韦本土化部长朱奥（Patrick Zhuwao）宣布所有外资企业必须在4月1日前将至少51%的股份转给津巴布韦当地公民，若不遵守，政府将直接吊销其营业执照。这种风险直接决定着投资企业在境外的资金流向，也直接影响一国全球经济战略的部署。

二是战争内乱风险。它指的是一国的政局动荡，战争与内乱不断发生，影响外来投资企业的正常经营，使其产品流通不畅甚至无法正常营业，最终导致企业破产倒闭等，从而给外来投资者造成巨大的经济损失。在中国铁建正在大规模建设其承揽的利比亚沿海铁路项目和南北铁路项目时，利比亚战争爆发，战争的发生致使工程的全部人员撤离，大型设备被抢，由此工程陷入瘫痪无法继续，此次事件给中国铁建造成巨大的损失。除此之外，利比亚战争还造成我国在利比亚承包的其他项目的损失。除了国家战争之外，外来投资企业与本地员工之间的矛盾冲突所引发的罢工、游行示威等事件也同样会影响企业的经营，致使经济损失的产生甚至是人员的伤亡。

三是汇兑风险。它指的是东道国由于发生了国际收支困难或是东道国政府以其他理由为借口，实行严格的外汇管制，禁止或限制外国投资企业将本金、利润或者其他合法的收入转移到东道国以外的国家。① 2002 年，阿根廷因资本大量外流，国内外汇储备额不断减少，而废除了一直以来实施的《自由兑换法案》并颁布实施了《国家危机与汇兑制度改革法案》。② 对于海外投资者来说，这直接引发了汇兑风险。汇兑限制使企业无法按照自己的意愿和安排自由兑换和转移自己所有的资金，从而影响海外投资者的资金流向和经营策略。

四是政府违约风险。它指的是东道国政府不履行或者不完全履行其与外来投资者所签订的投资合约，由此给外来投资者造成的损失或者由此产生损失的可能性。2007 年，中国与哥斯达黎加正式建立外交关系，建交时中国承诺协助哥斯达黎加政府更新扩建 Moin 陈旧的炼油厂，哥斯达黎加政府承诺与中国的中油国际合作。然而此次的炼油厂更新计划在 2016 年 5 月被哥斯达黎加政府单方面宣布终止。在此次事件中，哥方政府单方面毁约致使中国遭受很大的损失，也损害了两国之间的友谊。除此之外，近年来中国的海外投资者频繁遭受海外政府的违约行为。例如，2014 年墨西哥政府取消中资企业中标的高铁项目；2015 年斯里兰卡政府叫停中资企业投资的港口城项目；2015 年希腊叫停中资企业参与的港口私有化项目；等等。政府违约直接影响海外项目的存活，不仅会造成经济的损失，而且往往还会影响投资国和东道国之间的交往。另外，在政府违约后，投资方寻求法律救济的途径也并不畅通，会花费更多的人力和物力。

三 境外投资制度风险产生的原因及对策

虽然邦巴斯铜矿等项目在 2016 年继续投产，但是当地政府的

---

① 赵金蕾：《浅析海外投资的政治风险》，《楚天法治》2015 年第 9 期。
② 〔日〕镰田信男：《阿根廷金融危机发生的体制上原因》，汪慕恒译，《经济资料译丛》2003 年第 1 期。

多次"毁约"行为给中国造成巨大的损失,这给中国政府及企业以警醒,为什么中国的对外直接投资项目中亏损的比率那么高?我们在对外直接投资中应该要注意防范哪些风险?

首先是政治、地缘风险。2016年1月发布的《2016年全球风险报告》显示,地缘政治风险已经在全球风险调查中成为最为突出的问题之一。我国商务部国际贸易经济合作研究院院长、中国与全球化智库高级研究员霍建国在"'一带一路'投资潜在风险及应对措施"的演讲中提到,地缘政治矛盾日益复杂,大国间激烈的竞争已经成为我国"一带一路"发展道路上最突出的矛盾之一。在中国对外投资中比较突出的政治、地缘风险主要体现为:政府信誉不佳、频繁毁约,新旧政府更替带来的政策变化以及新政府对旧政府所签合约的否认,地缘冲突引起的财政政策、商品价格、市场等的变化,大国之间的竞争以及对我国的排挤等,另外还有诸如恐怖主义、新经济组织在境外"水土不服"、当地工作人员罢工游行等。

其次是法律方面的风险,这主要体现在两个方面。一方面是我国国内对外投资法律体系的不完备。我国现行的对外投资法律规范只有相关部门出台的一些部门规章,还没有一部规章上升到法律层面。我国现行的专门规范境外投资的法律体系包括商务部颁布的《境外投资管理办法》《关于境外投资开办企业核准事项的规定》等,国家外汇管理局颁布的《境外投资外汇管理办法》《国家外汇管理局境外投资外汇管理办法实施细则》《国家外汇管理局关于开展境内个人直接投资境外证券市场试点的批复》等,国家发改委颁布的《境外投资项目核准和备案管理办法》,国资委颁布的《中央企业境外投资监督管理暂行办法》等。在这些现有的法律规范中,部分是在很多年前颁布的,它们没有与时俱进。另外,现有的法律规范仅对一般的核准、备案进行规定,对税收征收、市场准入、企业义务、责任承担等内容都没有做具体细致的规定,这使得我国的对外投资秩序混乱,境外投资企业在权益受损时得不到具体的保障。另一方面是我国境外投资企业对国际规则以及投资流向国国内的法律不熟悉。我国国内法律与国际法律、国外法律规定之间的差异也是使企业承担较高制度风险的重要原因。

最后,还有一些其他方面的原因也会导致中国境外投资风险较高,如对境外的经营环境没有做充分的考察,企业缺乏风险意识以及风险防范措施,企业自身没有履行投资目的地国家的相关企业社会责任,无法合理有效的利用当地的人才资源,等等。

第二节　人民币区域化法律规范的制度缺失

一　跨境贸易人民币结算中的法律问题

所谓的跨境贸易人民币结算是指在跨境贸易中，贸易双方自愿地以人民币为计价货币进行结算。跨境贸易人民币结算从宏观上可以促进中国和国际上其他国家的贸易资金往来，促进中国金融业的发展与开放，促进中国经济更快更好地融入世界经济。微观上，它有利于进一步完善人民币汇率形成机制，以及建立和发展国际金融中心。

2009年4月8日，国务院常务会议正式决定在上海、广州、深圳、珠海、东莞等城市开展跨境贸易人民币结算试点。2010年6月，国务院发布通知，将跨境人民币结算试点地区扩展至包括北京在内的20个省份。2010年底，我国全面取消跨境人民币结算试点制度，正式确定跨境贸易人民币结算地区，其范围也扩大至全国，并将跨境贸易人民币结算的境外地域范围扩展到境外的所有国家或地区。随着一系列相关政策的紧密出台，中国跨境贸易人民币结算已经初具成效。根据《2010年国际金融市场报告》中的数据可知，仅在2010年，银行累计办理的跨境贸易结算业务的所涉金额就超过了5000亿元人民币，大约是同期对外贸易总额的2%，比2009年增长了48倍。[①] 2014年以来我国跨境贸易人民币结算量的增速放

---

① 马蓉、王文帅：《跨境贸易人民币结算两周年》，《金融世界》2011年第8期。

缓，但仍然在对外贸易总额中占有重要的地位，而且跨境人民币结算涉及的国家也越来越多，范围也越来越广。

跨境贸易人民币结算业务的不断扩大，所涉及的国家不断增多，都需要有完备的法律制度做保障。然而，我国在这方面的立法还存在诸多的漏洞以及空白。

（一）立法的法律位阶较低，内容较为零散没有系统性

跨境贸易人民币结算的相关法律文件大致包括：2009年，中国人民银行等六部委联合颁布的《跨境贸易人民币结算试点管理办法》、中国人民银行发布的《跨境贸易人民币结算试点管理办法实施细则》、国家外汇管理局发布的《国家外汇管理局综合司关于跨境贸易人民币结算中国际收支统计申报有关事宜的通知》、国家税务总局发布的《关于跨境贸易人民币结算出口货物退（免）税有关事项的通知》以及海关总署发布的《海关总署监管司关于跨境贸易人民币结算试点有关问题的通知》；2010年，中国人民银行发布的《人民币跨境收付信息管理系统管理暂行办法》和《关于境外人民币清算行等第三类机构运用人民币投资银行间债券市场试点有关事宜的通知》，以及中国人民银行等六部委联合发布的《关于扩大跨境贸易人民币结算试点有关问题的通知》；2011年，中国人民银行等六部委联合发布的《关于扩大跨境贸易人民币结算地区的通知》、中国人民银行颁布的《境外直接投资人民币结算试点管理办法》和《外商直接投资人民币结算业务管理办法》；等等。

由此可以看出，我国针对跨境贸易人民币结算的法律规范多为行政部门以"通知""办法"的形式发布的规范性文件，其法律位阶比较低而且不具有稳定性。一方面，这会导致法律适用的不确定，在发生纠纷时，引用法律解决纠纷、救济权利的难度比较大，规范性文件也会因此无法起到其应然的作用。由于这些规范性文件过于零散，且是多部门各自发布的，缺乏有效的联通，使得跨境贸易人民币结算的法律环境缺乏稳定性和整体性，这会直接降低企业

在跨境贸易中以人民币结算的安全感，增加企业的法律成本，进而降低其利用人民币结算的意愿与对人民币的接受程度。另一方面，法律环境的不确定性也会直接增加司法的难度，增加司法成本。

（二）相关规范较原则化，可操作性不强

目前已颁行的跨境贸易人民币结算法律规范规定多为原则性的，虽然具有较强的灵活性，但在实践操作中较为模糊，不够明确、具体。以《跨境贸易人民币结算试点管理办法》为例，其第二条[①]在实践中便存在类似问题。首先，该条所规定的"国家指定的"和"有条件的"是"或"的关系，还是"且"的关系，条文中未做具体明确。其次，所谓的"有条件的"所指的具体条件有哪些并没有明确，对于企业来说这不具有可操作性。最后，未对国家如何支持商业银行进行具体化，国家只是允许部分企业在自愿的基础上以人民币进行跨境贸易结算，没有体现国家的鼓励与激励政策。

另外，《跨境贸易人民币结算试点管理办法》第四条规定："试点地区的省级人民政府负责协调当地有关部门推荐跨境贸易人民币结算的试点企业，由中国人民银行会同财政部、商务部、海关总署、税务总局、银监会等有关部门进行审核，最终确定试点企业名单。在推荐试点企业时，要核实试点企业及其法定代表人的真实身份，确保试点企业登记注册实名制，并遵守跨境贸易人民币结算的各项规定。试点企业违反国家有关规定的，依法处罚，取消其试点资格。"该条规定确定了4项内容：①政府的协调义务；②试点企业的审核与确定权归属；③相关推荐部门的职责；④试点企业的违规处罚。这一条笔者认为同样存在诸多漏洞和较为原则化的地方。首先，只规定了省级政府负责协调相关部门做好试点企业的推

[①] 《跨境贸易人民币结算试点管理办法》第二条规定："国家允许指定的、有条件的企业在自愿的基础上以人民币进行跨境贸易的结算，支持商业银行为企业提供跨境贸易人民币结算服务。"

荐工作，并未明确省级政府消极怠工不去协调该怎么处理，或者是它运用行政权力去干预推荐工作又该如何处理。其次，这一条规定对推荐的试点企业的审核工作由中国人民银行和财政部、商务部、海关总署、国家税务总局、银监会等部门联合完成，但是关于最终决定权由谁行使，它规定的并不明确，是由中国人民银行最终决定还是由它和其他部门联合决定，这一点不甚明确。另外，对决定的方式如何、相关的信息如何公开、如何确保被推荐企业的知情权这些问题都没有规定。再次，在规定相关推荐部门的责任时，没有明确相关政府是否也是责任主体。另外，该条只规定了相关部门的责任，没有规定失责后果承担的内容。最后，试点企业违规的处罚没有明确的法律依据以及处罚的具体措施也未得以明确，而且，在这一条中还存在一点歧义，那就是处罚与取消试点资格是何种关系，是指这里的处罚即是取消试点资格，还是除了取消试点资格之外还有其他的处罚方式？在人民币区域化的推进过程中，通过法律法规对重要内容予以明确规定，将更加有利于相关责任主体积极履行职责，也更加有利于有关中外企业在跨境结算业务中的自主选择。

（三）具体法律制度供给的不足

1. 新型结算系统规则的不足

随着跨境贸易以及跨境投资业务的开展，人民币跨境支付结算的需求不断增加，从而市场对金融基础设施的要求也越来越高。根据《跨境贸易人民币结算试点管理办法实施细则》第十七条的规定，境内代理银行在代理境外参加银行与境内结算银行办理人民币跨境资金结算业务时，应通过中国人民银行的大额支付系统办理。[①] 然而，中国人民银行的大额支付系统在运行规则上并不适用于跨境人民币结算业务，这主要体现在国内的支付系统在运行时间上与国

[①] 《跨境贸易人民币结算试点管理办法实施细则》第十七条规定："境内代理银行在代理境外参加银行与境内结算银行办理人民币跨境资金结算业务时，应通过中国人民银行的大额支付系统办理，并随附相应的跨境信息。"

际无法接轨，单一的全额实时结算手续繁杂且成本高，从而不适用于小额结算。同时，分散的账户结构加大了风险防范的难度。

为了满足人民币区域化与国际化的发展需求，我国近年来在跨境支付结算系统上做出了不少努力并取得了不小的成果。在借鉴国际经验的基础上，中国人民银行于2012年开始推动建设人民币跨境支付系统（CIPS），以进一步提升人民币清算、结算的效率，便利人民币在全球范围的使用，确保人民币支付业务的安全、高效。2015年10月8号，由中国人民银行组织建设的人民币跨境支付系统（CIPS）一期在上海上线运行，该支付系统为境内外金融机构人民币跨境和离岸业务提供资金清算、结算服务，自此，中国在金融基础设施建设上迈出了一大步。为了保证CIPS的稳定高效运行，中国人民银行发布了《人民币跨境支付系统业务暂行规则》（以下简称《暂行规则》），明确了参与者的准入条件、账户的管理要求和业务要求等。

虽然CIPS一期的成功运行对于跨境人民币支付系统而言具有重大的进步意义，但是它仍有缺陷。首先，《暂行规则》第五条规定，CIPS仍然按照北京时间运行，以中华人民共和国的法定工作日为系统工作日，年终结算日是中华人民共和国每年最后一个法定工作日，因此其运行时间还是无法满足跨境人民币结算业务的需求。其次，CIPS一期采用的仍然是全额实时结算的方式，并未打破传统的结算方式。再次，《暂行规则》仅规定了结算业务处理的一般问题，但是对业务的具体操作流程未予以明确，相关制度的缺失会导致参与者在业务操作过程中做出许多不合规的行为。复次，《暂行规则》中缺少对境内外个人项目下的结算业务的相关规定。最后，该支付系统缺少保险机制，《暂行规则》仅仅规定了参与者的部分责任，并没有明确其违规后的责任承担以及处罚方式等，缺少保障机制和风险防范机制。2016年1月24日，上海市市长杨雄在上海市第十四届人民代表大会第四次会议上提出，2016年上海将通过支持人民币跨境支付系统二期建设，推动保险交易所开业运营等一系列举措，由此我们可以期待CIPS二期的上线运行，有待其打破传统的结算方式与运行机制，提高跨境人民币结算的效率与安全性。

2. 缺乏统一的具有针对性的监管机制

自2009年我国开始跨境贸易人民币结算试点工作以来，跨境贸易人民币结算境内地域范围已经扩展至全国。最新的政策也表明，中国境内所有具有进出口经营资格的企业均可以开展出口货物人民币结算业务。在跨境人民币结算业务上，我国一直追求高效便利的发展路径，但在监管制度的建设上尚存有一些不足，因此在实践中出现了一些漏洞。2016年4月20号，国家税务总局举行新闻通报会，通报了5起骗取出口退税的案件，分别为"海浪2号"特大虚开骗税案、"海浪3号"特大虚开骗税案、深圳"10·15"专案、厦门"8.12"出口骗税案和重庆"6·06"专案。在这些案件中，违法犯罪者均采用伪报出口、虚开发票、贩卖假发票、伪造单证等手段来骗取出口退税。

根据《跨境贸易人民币结算试点管理办法》以及相关法律政策的规定，使用人民币结算的跨境贸易享有退税、免税政策，开展人民币结算业务的企业可以申请退（免）税。而且，为了鼓励企业在跨境贸易中以人民币结算，对其退（免）税申报的政策要求不同于对以外币结算的企业的相关政策的要求，这主要表现为该企业的收支在跨境贸易人民币结算后不会被纳入外汇核销管理的范围，在办理报关和出口货物退（免）税时也不需要提供外汇核销单。[①] 而且，《国家税务总局关于跨境贸易人民币结算出口货物退（免）税有关事项的通知》进一步规定试点地区税务机关在受理跨境贸易人民币结算方式的出口货物退（免）税后，不再审核出口收汇核销单及进行相关信息的对比，出口退（免）税审核系统中产生的有关出

---

① 凌慧：《浅析跨境贸易人民币结算对外贸企业的影响》，《现代商业》2011年第3期。

口收汇核销单疑点可以人工挑过。根据《跨境贸易人民币结算试点管理办法》第二十三条的规定，只要向相关部门提交相应材料和做好备案手续，试点企业就可以将出口人民币收入存放在境外。以上这些政策及规定都给企业骗取出口退（免）税留有空隙。

3. 缺乏系统有效的纠纷解决机制

伴随着跨境贸易额的增加、跨境投资规模不断扩大以及跨境贸易和投资涉及的主体、地域的范围越来越广，在交易中不同利益主体间的利益冲突等难免会造成各式各样的纠纷，这些纠纷具有复杂多样性、新颖性、专业性等特点。纠纷的解决是一个消除矛盾、平衡利益冲突的过程，跨境结算中的各种矛盾如果得不到有效处理，不仅会使得各交易主体的利益得不到保障，非法行为得不到有效的制止、规制与惩罚，而且会扰乱正常的跨境贸易秩序，造成诸多不稳定的因素，降低国际社会对人民币结算安全的信赖，从而阻碍人民币国际化的进程。因此，为适应发展要求，我国迫切需要制定跨境人民币结算的相关纠纷解决机制，出台相应的法律法规。

货币跨境结算纠纷所涉及的主体复杂多样，包括货币发行国及其相关部门，如中央银行、立法部门等，国际组织，以及所有持有该货币的国家、法人机构组织、非法人组织团体甚至是自然人。不同主体之间的利益冲突不同，纠纷的类型也就各不相同，从而需要不同的规则来解决。《中华人民共和国中国人民银行法》第二十七条的规定给中国人民银行协调解决银行业金融机构之间的清算纠纷提供了法律依据。[①] 然而，该条款也仅仅是针对清算纠纷的解决措施，对于清算纠纷之外的纠纷解决办法并没有给出明确的规定。另外，该条款只是为银行业金融机构间的纠纷解决提供了法律基础，而对其他法律主体之间发生的清算纠纷该如何处理并未涉及，如中

---

① 《中国人民银行法》第二十七条规定："中国人民银行应当组织或者协助组织银行业金融机构相互之间的清算系统，协调银行业金融机构相互之间的清算事项，提供清算服务。具体办法由中国人民银行制定。"

国人民银行与以人民币结算的消费者之间的纠纷解决。而《中华人民共和国消费者权益保护法》保护的法益主体仅仅是为生活消费需要购买、使用商品或者接受服务的消费者的合法权益，将大部分的接受支付服务的主体的权益保护排除在外。①

因此，我国有必要制定相应的法律法规来保障跨境人民币结算过程中发生的各类纠纷，切实保护消费者以及其他相关主体的合法权益，有效规制银行与其他各部门的行为，完善纠纷解决机制，拓宽纠纷所涉当事人解决纠纷的途径。

二 人民币跨境流通中的法律问题

人民币跨境流通是人民币区域化的基础，对我国具有诸多的现实意义与战略意义。人民币跨境流通不仅能够促进我国对外贸易的发展，增加我国的铸币税收益，而且从长远的发展战略来看，可以加强我国与周边国家或地区的经贸、金融合作，有助于构建以人民币为主导货币之一的东亚经济圈，促进人民币实现区域化乃至国际化。② 由于人民币的币值比较稳定，且其越来越频繁地参加国际经济活动，规模越来越大，再加上我国经济实力不断增强，所以人民币跨境流通的发展越来越迅速，这表明人民币在国际上的认可度在不断增强。

人民币跨境流通包括流入与流出两种，具有多种方式：①我国与其他国家在贸易往来中以人民币支付结算；②境内外政府及企业用人民币进行投资；③银行间跨境调运人民币及银行汇兑人民币；④境内外居民用人民币进行跨境消费；⑤其他。多样的流通方式给人民币跨境流通的运行及管理带来了诸多的挑战，制度的缺失与缺陷是我国人民币跨境流通发展道路上亟待解决的难题。

---

① 舒雄：《人民币跨境结算支付系统制度安排的缺陷及其完善》，《新会计》2011年第6期。

② 张远军：《中俄间人民币跨境流通的理论与实证研究》，《金融研究》2011年第6期。

（一）缺乏对非正规渠道的人民币跨境流通的监管

目前，人民币跨境流通的非正规渠道主要有"地摊银行"汇兑与地下钱庄汇兑以及现金结算，而相应的监管问题则集中体现在以下两个方面。

1. "地摊银行"汇兑与地下钱庄汇兑导致的人民币流出

"地摊银行"是一种活跃在中缅、中越边境地区的由货币兑换的经营者自发形成的松散组织，主要经营货币兑换，同时具有借贷融资的功能。由于其业务办理手续简便、迅速，对于经营者来说利用"地摊银行"转账的方式进行贸易结算更加方便快捷而且具有较高的隐秘性，可以避免诸多的麻烦和风险，因此经营者愿意利用"地摊银行"开展业务。根据《中华人民共和国银行业监督管理法》的相关规定，"地摊银行"属于"非法从事银行业金融机构的业务活动的"，银监会负有对其监督管理的职责。[①] 同时根据《中华人民共和国人民银行法》以及其他法律法规的规定，中国人民银行、国家外汇管理局以及各地方政府的金融办均有对"地摊银行"进行监督管理的职责。但是，正是多种监管主体的存在，以及监管责任的划分不明确，缺乏监管协调机制，直接导致对"地摊银行"监管不到位，甚至存在监管真空、无人监管的情况。

监管不到位以及规范化制度的缺失直接增加了"地摊银行"相关的风险因素发生作用的概率。首先，"地摊银行"的经营者身份多重，不易区分其国籍，对其监管难度较大。另外，其业务开展具有极强的隐秘性，当我国境内居民与其发生纠纷时，国内监管机构

---

① 《中华人民共和国银行业监督管理法》第十九条规定："未经国务院银行业监督管理机构批准，任何单位或者个人不得设立银行业金融机构或者从事银行业金融机构的业务活动。"其第四十四条规定："擅自设立银行业金融机构或者非法从事银行业金融机构的业务活动的，由国务院银行业监督管理机构予以取缔；构成犯罪的，依法追究刑事责任；尚不构成犯罪的，由国务院银行业监督管理机构没收违法所得，违法所得五十万元以上的，并处违法所得一倍以上五倍以下罚款；没有违法所得或者违法所得不足五十万元的，处五十万元以上二百万元以下罚款。"

难以深入调查取证，立案、案情认定以及案件的审理都非常困难，这增加了司法的难度与司法成本，最终极易导致境内居民的利益得不到有效的保护。其次，巨额人民币现金通过"地摊银行"流通，使大量的现金游离于银行系统之外。一方面，这极易造成人民币的破损，降低实施洗钱、贩卖毒品、赌博、走私等违法犯罪活动的难度，增加犯罪率与司法执法难度，破坏境内外社会秩序。另一方面，"地摊银行"的隐秘性给中央银行的监管增加了难度，信息采集工作也很难做到全面准确，地下运作的资金难以被准确计算并且其流向无法被掌控，对银行体系的稳定产生了不利的影响。

地下钱庄是一种非法从事外汇买卖、跨国（境）资金转移或资金存储和借贷等金融业务的特殊金融组织，其隐秘性比"地摊银行"更强，管理难度更大。相比于"地摊银行"，地下钱庄具有更大的社会危害，如果不对它进行有效的管制，它将是我国金融市场的巨大隐患，会造成我国金融秩序的混乱，极大地阻碍人民币区域化的发展。

2. 跨境贸易现金结算导致的人民币流出

在我国边境贸易中，存在着许多以现金结算的支付方式。之所以如此，有以下原因。首先，买方担心卖方银行的信誉不佳，存在转账风险；其次，在"地摊银行"进行货币兑换所支出的成本太高；最后，现金结算方便快捷。在边境贸易中利用现金结算存在巨大的隐患。一方面，买卖双方携带大量的现金不仅不方便而且对其自身的人身安全非常不利。另一方面，边境贸易现金结算并不通过银行系统，也没有任何的登记记录，无法将这部分的资金纳入外汇监管体系中。同时，实物流动由海关统计，由此这将导致我国国际收支统计误差，影响国家宏观调控经济手段发挥应有的作用。

（二）人民币对外投资存在诸多限制

2011年1月起，境内机构可以使用人民币进行对外直接投资，这无疑增加了人民币"走出去"的通道。根据商务部网站的相关信息，2016年1~5月，我国境内投资者共对全球151个国家或地区的4136家境外企业进行了非金融类直接投资，累计实现投资4792.6亿元人民币（折合735.2亿美元），同比增长61.9%。从对外直接投资的国别地区分布来看，2016年1~5月，我国对美洲、大洋洲、亚洲和拉丁美洲的投资同比分别增长208%、72.4%、62.8%和50.5%；对非洲的投资实现5%的小幅增长；对欧洲的投资则下降了14.7%。同期，对"一带一路"相关的49个国家进行的非金融类直接投资达56.3亿美元，同比增长15.8%，占总额的7.7%。但是中国金融类企业"走出去"的步伐相对缓慢，其中部分原因便是我国对资本流动的管制。

根据《人民币国际化报告（2015年）》中关于中国资本管制现状的介绍可知，中国对居民的境外金融投资还是有较多管制的，居民在境外购买股票或有参股性质的其他证券、债券与其他债务性证券以及衍生工具与其他工具都受到较多的限制。保险公司虽然可以从事境外投资活动，但是金额不能超过其前一季度末总资产的15%。这一比率针对所有类型的对外投资，如股票、债券、基金等。公司对国外和国内股票及股票型基金的综合投资不得超过其前一季度末总资产的30%。对于债券和其他债务性证券来说，只有合格的境内机构投资者才可以在其外汇额度和监管限制内进行购买。自2014年2月19日起，固定收益类资产或股权类资产的单一投资的账面价值，不得超过保险公司前一季度末总资产的5%。对于衍生工具和其他工具，金融机构必须在银监会的严格监管之下并严格遵守银监会批准的用途才可以购买。央企开展离岸衍生品业务必须获得国有资产监督委员会的许可。

（三）人民币回流渠道的限制

截至2015年4月末，非居民（境外机构和个人）持有的境内人民币金融资产达44065亿元。其中，境外机构持有的股票市值和债券托管余额分别为6444亿元和7352亿元；境外机构对境内机构的贷款余额为8739亿元；非居民在境内银行的人民币存款余额为

21530亿元,包括境外参加银行的同业往来账户存款、境外机构存款和境外个人存款。① 对于境外大量的人民币,需要有效的回流机制来促进其有序流动。

  人民币回流在大致方向上分为经常项目回流与资本项目回流。经常项目人民币回流是指通过跨境贸易,包括实物贸易与服务贸易,境外企业以人民币结算,人民币回流至境内。2012年,我国基本取消了对经常项目下人民币兑换的管制,此后经常项目下的人民币可自由流通。但是,跨境贸易中的金钱来往必须经过银行,会被纳入银行的监管范围内,同时银行还负责审查贸易单证,贸易双方要充分证明其具有真实的贸易往来。资本项目下的人民币回流可以表现为三种方式:境内直接投资、发放债券以及境外贷款。2011年,境外人民币开始可以直接投资于国内企业,但是受到严格的限制,发展至今,这方面虽然已经在逐步开放,但是仍然存在一定的限制,如商务部的批准制度、跨境监测等。我国对非居民在境内购买股票或者是有参股性的其他证券设有较多的限制,合格境外投资者(QFII)投资境内A股必须符合一定的条件:①QFII拥有的上市公司的股份不得超过该公司总股份的10%,所有外国投资者持有的一个上市公司的股份不能超过该公司总股份的30%;②QFII的总投资限额为1500亿美元;③通过QFII推出的养老基金、保险基金、共同基金等的锁定期限是3个月。非居民境内购买衍生工具或者其他工具,如果是为了保值,可以投资于国内的股指期货,但是会受到种类和规模的限制。非居民在境内购买债券和其他债务性证券也存在较多的限制:仅可以投资指定种类的以人民币计价的金融工具,如证券投资基金、银行间债券市场交易的固定收益类产品、股指期货等。另外,银行间债券市场仅对境外央行、港澳清算银行和境外参加银行三类机构开放。在跨境人民币贷款方面,至今仍然

---

① 中国人民银行:《人民币国际化报告(2015年)》,《金融时报》2015年6月12日,第5版。

存在着放款主体单一、贷款用途限制过严以及业务流程环节繁杂等不足之处。

人民币跨境流通包括三个方面的内容：人民币流出、人民币在离岸市场的充分运用以及人民币回流，这三者是相辅相成的。因此，我们在推进人民币国际化发展时，不仅仅要注重人民币在国际上的使用，更要注重人民币回流机制的建立，以促进人民币良性循环流通。

三 人民币汇率制度中的法律问题

（一）我国现行汇率制度

根据《中国人民银行关于完善人民币汇率形成机制改革的公告》，自2005年7月21日起，我国开始实行以市场供求为基础的、参考一篮子货币进行调节、有管理的浮动汇率制度。人民币汇率不再盯住单一美元，形成更富有弹性的人民币汇率机制。这是人民币汇率改革迈出的历史性一步。其中，"以市场供求为基础"指的是汇率形成机制是由市场机制决定的，汇率水平的高低是以市场供求关系为基础的。"参考一篮子货币"是指我国根据贸易与投资的密切程度，选择数种主要货币，对不同货币设定不同权重后将其组成一篮子货币，允许人民币汇率根据这一篮子货币的价格在指定范围内浮动。"有管理"主要体现为在银行间外汇市场上，中央银行设有独立的操作室，当市场汇率波动幅度过大时，中央银行要通过"吞吐"外汇来干预市场，保持汇率稳定；在零售市场上，中央银行规定了银行与客户外汇的买卖差价幅度。而其"浮动"则一是表现为中央银行每日公布的人民币市场汇价是浮动的；二是表现为各外汇指定银行制定的挂牌汇价在央行规定的幅度内可自由浮动。[1]

---

[1] 徐澜波：《我国宏观调控权配置论辨正——兼论宏观调控手段体系的规范化》，《法学》2014年第5期。

（二）现行汇率制度的不足

1. 汇率形成机制的扭曲

银行结售汇制和全国统一的银行间外汇市场构成了现行人民币汇率形成机制的基础。理论上来说，我国实行的是以市场供求为基础的、参考一篮子货币进行调节、有管理的浮动汇率制度，人民币汇率反映的应是市场供求关系。然而，银行结汇仍然存在过多的管制，以及外汇市场的不完全开放，导致人民币汇率形成机制的扭曲，该机制中仍然过多地掺杂有政府的意志。

①银行结售汇的限制。《中华人民共和国外汇管理条例》第十三条规定，经常项目的外汇收入，可以按照国家有关规定保留或者卖给经营结汇、售汇业务的金融机构。虽然企业和个人可以保留和出售自己的外汇，但还是必须按照国家的相关规定进行，国家对此还是保留了一定的管制。资本项目下的外汇收入结售汇具有更强的限制，《中华人民共和国外汇管理条例》第二十一条规定，资本项目的外汇收入保留或卖给经营结汇、售汇业务的金融机构，必须经过外汇管理机关的批准，国家规定不需要批准的除外。这表明资本项目的外汇收入必须严格地按照外汇管理机关的审批制度才能确定是否保留或者出售。根据法律的相关规定，持有外汇的企业或者个人没有办法按照自身的经营情况以及对未来外汇市场的供需预期来决定自己在什么时候出售外汇以及出售多少数量的外汇。对于外汇的支出，根据《中华人民共和国外汇管理条例》的规定，经常项目下的贸易用汇企业可以以自有外汇支付或者通过购买金融机构的外汇来支付。然而，经常项目下的非贸易用汇以及资本项目用汇则会受到非常严格的外汇审批控制。《中华人民共和国外汇管理条例》第十七条规定，境内机构、个人向境外直接投资或者从事境外有价证券、衍生产品发行、交易，应当按照国务院外汇管理部门的规定办理登记。国家规定需要事先经有关主管部门批准或者备案的，应当在外汇登记前办理批准或者备案手续。在这样具有较强管制性的

结售汇制度下，企业和个人无法完全按照自己的意愿来处理外汇，在这样的制度下形成的汇率并不是真正意义上的市场汇率。

②外汇市场具有一定的封闭性且受到较多的管制。根据中国人民银行颁发的《银行间外汇市场管理暂行规定》，经营外汇业务的境内金融机构之间必须通过中国外汇交易中心进行人民币与外币之间的交易，任何金融机构不得在交易中心之外进行人民币与外币的交易。另外，交易中心实行的是会员制，只有加入交易中心并成为会员的金融机构才能参与外汇市场的交易。而获得会员资格又必须经过严格的审批程序以及必须符合严格的市场准入规则，这就导致我国的外汇交易市场具有封闭性特征，失去了开放性。

③外汇市场受到严格地管控。首先，根据《外汇指定银行办理结汇、售汇业务管理暂行办法》第二章关于结汇、售汇业务市场准入和退出的内容可以知道，银行进入结售汇业务市场须遵循严格的审批程序。[①] 这就在很大程度上降低了外汇市场的开放度。其次，外汇指定银行所持有的结售汇头寸有数额的限定。根据《外汇指定银行办理结汇、售汇业务管理暂行办法》第三章的相关规定可以知道，外汇指定银行在取得经营结售汇业务的资格之后需要在规定的时间内向国家外汇管理局申请核定结售汇周转头寸的限额，且国家外汇管理局会每日对这个限额进行考核。[②] 这表明开展外汇业务的银行在经营额度上受到严格地限制。最后，根据《银行间外汇市场管理暂行规定》的相关规定，在外汇市场交易中，银行之间的交易方式、交易时间、交易的币种及品种以及清算的方式等都需要经过国家外汇管理局的批准。这种严格的审批制度一定程度上限制了交易主体之间的自由交易，也是外汇市场处于严格管控之下的具体体

---

① 参见《外汇指定银行办理结汇、售汇业务管理暂行办法》第十二条、第十四条。
② 《外汇指定银行办理结汇、售汇业务管理暂行办法》第十八条规定："外汇指定银行应当自取得结汇、售汇业务经营资格之日起30个工作日内向外汇局申请核定结售汇周转头寸限额。"第十九条规定："外汇局对外汇指定银行结售汇周转头寸实行限额管理，按日进行考核。"

现。实际上，央行可以控制外汇指定银行的外汇持有额度，且其本身具有充足的外汇储备与货币供给，这就使得央行在外汇市场上具有绝对的垄断地位。央行具有很大的行政职能，这就难以避免政府的意志在汇率上的渗透，使得汇率的形成难以完全由外汇市场来决定。同时，央行对外汇市场的干预也具有一定的被动性，在外汇指定银行之间的交易无法做到完全的匹配时，央行就要想办法弥补外汇指定银行不足的头寸，这就会影响央行根据汇率的变动来采取灵活的干预措施，进而导致其对汇率管制过多但缺乏弹性。

2. 汇率制度与货币政策冲突

根据国家外汇管理局公布的数据可以知道，中国近年来贸易顺差不断，单是2016年第一季度经常项目的顺差就达2569亿元。我国现行的汇率制度是有管理的浮动汇率制，"有管理"就体现在央行对外汇市场的干预上。持续的贸易顺差再加上西方国家的强压导致人民币升值的压力越来越大。为了减轻人民币升值的压力，央行就不得不买入大量的外汇。然而，我国央行缺乏相应的对冲工具，对资本项目仍然实行较为严格的管控，2016年第一季度的资本和金融账户逆差达11亿元。一方面，央行买入的大量外汇多转化为外汇储备，外汇占比增加。另一方面，央行在买入外汇的同时会吐出大量的人民币。这两方面均会导致国内通货膨胀，物价上涨。由此中国央行一直以来实行的紧缩货币政策就会在稳定汇率的措施中失去效力。如果央行将重点放在紧缩货币政策上，那么国内市场的利率就会提高，这就拉大了人民币与其他外币的利差，从而会增强我国人民币升值的压力。

3. 汇率制度与货币政策的独立性

根据美国经济学家保罗·克鲁格曼的"三元悖论"原理，一国货币政策的独立性、汇率的稳定性与资本的完全流动不能够同时实现，最多只能实现其中的两项。随着中国对外经济合作的开展，经常项目自由兑换，资本项目在逐步地放开，虽然中国在资本项目上的还设有较多的管控，但随着人民币国际化的进程不断推进，资本的跨境流动程度依然在不断提高。中国现在正在推行人民币区域化、国际化的政策，资本流动是必然的，若想要保持汇率的稳定性，那么央行势必要放弃一定的货币政策独立性。在实践中，中国大量的贸易顺差使得央行被迫购买大量的外汇，这就是在资本自由流动的过程中，为了维持汇率稳定，央行丢失货币政策独立性的具体体现。

第三节　人民币区域化法律规范的效力冲突

一　国际法间的法律效力冲突

（一）IMF 与 WTO 在汇率问题上的管辖权

根据《国际货币基金协定》的有关规定可以知道，IMF 的设立宗旨就是消除各国的外汇管制，维持国际外汇市场的稳定，促进各成员国之间的协作，调整各成员国国际收支的不平衡，以促进各成员国的经济发展以及国际经济秩序的稳定。[①] 而 WTO 的基本职责是促进双边、多边协议的执行、管理与运作，为各成员提供谈判场所并促进谈判结果的执行，解决国际贸易争端等。[②] IMF 和 WTO 是当今世界上的两大经济组织，对世界经济的发展和世界经济秩序的建立与完善起着非常重要的作用。在经济全球化不断深入发展的今天，两大组织之间的交流与合作是必不可少的。因两者在设立宗旨与职能范围上的不同与重合，其与世界经济发展相适应的法律规则存在某些方面的冲突。

1. IMF 当然拥有对汇率问题的管辖权

根据《国际货币基金协定》对 IMF 设立宗旨的描述，我们可以知道，IMF 的设立主要是为了在国际上设立一个稳定的货币制度

[①] 参见《国际货币基金协定》第一条。
[②] 参见《WTO 协定》第三条。

并通过对成员国设定义务规范等措施来维持这一国际货币制度，以及解决国际货币汇率问题。因此，IMF对汇率问题具有当然的管辖权。同时，《国际货币基金协定》第四条第一节关于成员国的一般义务中的第三项也规定了：成员国应该避免操纵汇率或国际货币制度来妨碍国际收支有效的调整或取得对其他成员国不公平的竞争优势。该条还对成员国规定了其他的一般性义务，但从措辞上看，第三项的实体性义务更具有强制性以及明显的成员国不可避免性。该条规定了违反IMF义务需满足两个要件：一是行为要件，即具有操纵汇率的行为；二是目的要件，也可以说是主观要件，从条文的措辞"或"来看，这里有两个目的要件：①为了妨碍国际收支的有效调整；②为了取得对其他成员国不公平的竞争优势。这些要件都存在难以界定的困难，对于"操纵汇率"行为的界定，在最初时，IMF将其定义为"在外汇市场上长期的、大规模的、单一方向的干预"。2007年，IMF在《2007年双边监督决定》中规定了7个认定"货币操纵"的指标，然而对"操纵汇率"行为的界定还是过于原则化，缺乏可操作性。[①] 另外，对目的要件的认定也很难。每个国家自身的发展条件与层次都不相同，其货币政策的制定与运行也受到多样因素的影响，尽管很容易判断一国的货币政策是否妨碍了国际收支平衡的调整，以及该国是否因为该货币政策取得了对其他成员国的不公平的竞争优势，但是很难判定该国制定的货币政策的主观目的性，当然，"公平"本身就是一个很难界定范围的词语。

某些国家会寻求通过WTO来解决汇率争端问题的部分原因是IMF对成员国汇率问题的管辖是一种软性的约束，它没有强制执行力。《国际货币基金协定》确定了由IMF监督成员国是否遵守协定第四条，IMF应监督国际货币制度，以保证其有效实行。IMF应对各成员国的汇率政策行使严密的监督，并制定具体的原则来指导成

[①] 张会玉、王森亮：《浅析WTO与IMF对于汇率问题的管辖权界限：以GATT第15条分析为例》，《山西经济管理干部学院学报》2013年第2期。

员国制定汇率政策。同时，成员国具有向 IMF 提供必要材料的义务，在 IMF 提出要求时，成员国应当就本国汇率政策问题与 IMF 进行磋商。由此可以看出，IMF 对成员国汇率制度的监督并不具有强制性，《国际货币基金协定》仅仅规定了成员国在必要的时候提供资料的义务，IMF 本身并没有一个专门的争端解决机制，对成员国的监督也只是通过成员国之间的"双边监督"和与成员国进行磋商来实现，即任意成员国对其他成员国不符合 IMF 规定的行为都可以向 IMF 进行报告，然后 IMF 会通过"会话和劝说"的方式与相关当事国就其货币汇率问题进行磋商。也正是这种磋商的机制表现出 IMF 对成员国的汇率问题有着比较软性的约束。从实际的情况来看，IMF 先后发起了四五万次的磋商，但结果都没有认定成员国未履行《国际货币基金协定》第四条的义务。

2. 对 WTO 是否拥有汇率问题的管辖权的分析

首先，在 IMF 对汇率问题具有当然的管辖权的同时，相关国际法律并没有将汇率问题排除在 WTO 的管辖范围之外。《关于争端解决规则与程序的谅解》（以下简称"DSU"）第一条第一款规定："本谅解的规则和程序应适用于按照本谅解附录 1[①] 所列各项协定（引者注：谅解中称"适用协定"）的磋商和争端解决规定所提出

---

① DSU 附录 1 本谅解的适用协定
    （A）《建立世界贸易组织协定》
    （B）多边贸易协定附件
    1A：多边货物贸易协定附件
    1B：《服务贸易总协定》附件
    1C：《与贸易有关的知识产权协定》
    附件 2：《关于争端解决规则与程序的谅解》
    （C）诸边贸易协定：
    附件中《民用航空器贸易协定》
    《政府采购协定》
    《国际奶制品协定》
    《国际牛肉协定》
    本谅解对诸边贸易协定的适用应由每一协定的参加方通过列出本谅解对各协定适用条件的决定，包括已通知 DSB 的、包括在附录 2 中的任何特殊或附加规则或程序。

的争端。本谅解的规则和程序还应适用于各成员间有关它们在《建立世界贸易组织协定》（引者注：谅解中称"《WTO协定》"）规定和本谅解规定下的权利和义务的磋商和争端解决，此类磋商和争端解决可单独进行，也可与任何其他适用协定结合进行。"从该规定可以看出，WTO并没有将汇率问题排除在其管辖范围之外，以DSV附录1所列举的所有协定为依据的诉讼均可由WTO管辖。

其次，DSU第三条第一款规定："各成员确认遵守迄今为止根据GATT1947第二十二条和第二十三条实施的管理争端的原则，及在此进一步详述和修改的规则和程序。"该条规定可以被理解为只要符合GATT1947第二十二条和第二十三条的相关实质条件[①]，争端就可以在进行磋商之后仍不能被解决之时诉至WTO，WTO也就相应地拥有管辖该争端的权利。根据GATT1947第二十三条的规定，成员只要证明其受到了直接或者间接的利益丧失或减损，或者是达成协定目标受到阻碍，而且这种利益丧失或减损以及目标受阻是因为其他缔约方未履行相应义务或者未采取必要措施所引起的，那么该成员就可以将案件提交给WTO来管辖。因此，从WTO管理争端的原则来看，WTO并没有将汇率问题排除在其管辖范围之外。

最后，GATT 1947第十五条第4款规定："缔约各国不得以外汇方面的行动，来妨碍本协定各项规定的意图的实现，也不得以贸易方面的行动，妨碍《国际货币基金协定》各项规定的意图的实现。"一般来说，IMF主要涉及外汇方面的问题，而WTO主要涉及

---

① 参见GATT1947第23条　利益的丧失或减损
　　1. 如一缔约方认为，由于下列原因，它在本协定项下直接或间接获得的利益正在丧失或减损，或本协定任何目标的实现正在受到阻碍，
　　（a）另一缔约方未能履行其在本协定项下的义务，或
　　（b）另一缔约方实施任何措施，无论该措施是否与本协定的规定产生抵触，或
　　（c）存在任何其他情况，
　　则该缔约方为使该事项得到满意的调整，可向其认为有关的另一缔约方提出书面交涉或建议。任何被接洽的缔约方应积极考虑对其提出的交涉或建议。

贸易方面的问题，两大国际经济组织有其各自的职责分工，但是实际上，贸易问题与各国的汇率问题并不是完全分离而没有交集的。在绝大多数的情况下，两者是交织在一起的，两者之间具有错综复杂的关系。① 很多国家的贸易政策是通过汇率手段来实现的，贸易情况和流向会对货币汇率政策的制定和调整产生重大的影响。在GATT 1947 第十五条第 4 款的规定中，"外汇方面的行动""贸易方面的行动"均是外延很广的词语，在广义上理解，汇率制度与汇率政策是内含于其中的。《维也纳条约法公约》规定："条约应依其用语按上下文并参照条约的目的以及宗旨所具有的通常的含义，善意的解释。"所以，广义上来理解，汇率制度与汇率政策完全可以被涵盖于"外汇方面的行动"一词中。所以，虽然 WTO 并没有在《WTO 协定》中明确规定其具有对汇率制度与汇率政策的管辖权，但是在其某一成员的汇率制度与汇率政策造成影响贸易、妨碍《WTO 协定》意图的实现的效果的时候，WTO 就可以基于 GATT 1947 第十五条第 4 款的规定获得对汇率问题的管辖权。综上所述，WTO 同样拥有对汇率问题的管辖权，成员完全可以将汇率冲突交由 WTO 来处理。

（二）IMF 与 WTO 对外汇措施的相关规定

随着世界各国经济金融的联通，每个国家采取的经济措施都有可能影响其他国家的经济运行甚至是影响全球的经济秩序。为了维护全球经济秩序的稳定，IMF 和 WTO 两大国际经济组织各自扮演着不同的角色，一般来说，与国际货币相关的问题由 IMF 来决定，如外汇管制；而与国际贸易相关的问题则由 WTO 来管辖，如贸易壁垒的设置与消除。然而，现如今 IMF 与 WTO 的管辖权出现了一定程度上的重合，这有以下两个方面的原因。

---

① 张会玉、王淼亮：《浅析 WTO 与 IMF 对于汇率问题的管辖权界限：以 GATT 第 15 条分析为例》，《山西经济管理干部学院学报》2013 第 2 期。

首先是《WTO协定》的范围在不断地扩大。WTO最初是以《关税与贸易总协定》，即GATT的形式存在的，其设立之初是想要通过削减关税和其他贸易壁垒来促进国际贸易的自由化，关注的主要问题在货物贸易领域，讨论的焦点是如何削减关税。后来，在东京回合的谈判过程中，GATT的范围扩大到了非关税壁垒领域，如反倾销协议、资本货物出口等。后来的乌拉圭回合谈判更使得《WTO协定》的范围超出货物贸易领域，扩展到服务贸易问题、投资问题、知识产权问题等新的领域。其次就是在国际贸易中，货物和服务的跨国转移经常伴随着资金的跨境流动，因此，一个国家为了维持本国的国际收支平衡以及保护国内的产业发展，既可以采取贸易措施来减少贸易逆差，也可以采取外汇措施来给外国产品进入本国设置障碍。① 因此，外汇措施可能会影响国际贸易，同样的，贸易措施也可能会影响国际外汇市场的秩序。

在外汇措施方面，WTO和IMF都做了相应的规定；而在管辖权方面，IMF采取技术性的标准，使得其管辖范围局限在有限的范围内。《国际货币基金协定》第八条第2节（a）对成员国的外汇管制做了义务性规定，即没有IMF的批准，各成员国不得对国际经常项目往来的付款和资金转移施加限制。该条的规定仅适用于不同国家居民之间的交易以及进口贸易的支付，且本条所说的"付款"仅仅是针对国际经常项目往来的，即不用做资本转移目的的支付。《国际货币基金协定》对经常项目往来支付的范围也做了列举式界定。② IMF关于外汇限制的定义是为了从根本上将外汇措施和贸易限制相区分，前面已经提到，IMF定义外汇限制的目的是为了从技

---

① 韩龙：《论IMF与WTO在国际收支平衡问题上的分工合作关系》，《江苏行政学院学报》2006年第2期。
② 《IMF协定》第三十条第22款规定："经常性往来支付包括但不限于：（ⅰ）所有有关对外贸易，其他经常性业务（包括劳务在内），以及正常短期银行信贷业务的支持；（ⅱ）贷款利息及其他投资净收入的支付；（ⅲ）数额不大的偿还贷款本金或摊提直接投资折旧的支付；（ⅳ）数额不大的商家汇款。"

术上确定它的管辖权，即考察该措施是否涉及政府对外汇取得和使用的直接限制，而不管该措施的经济影响或者根本目的。IMF判定一个国家的外汇措施是否具有限制性有一个根本性的原则：该国政府有没有采取该项措施对外汇的获取和使用进行直接的限制。这一原则里面包含两个关键性的要素：一是政府行为，即该项措施必须是政府的行为，若仅仅是市场自发形成的，那当然就不构成外汇限制；二是限制结果，即若该项措施对外汇的取得和使用没有产生直接限制的结果，那也不构成外汇的限制。而《WTO协定》判定外汇措施是否具有限制性的标准是该种外汇措施是否造成居民与非居民之间的歧视或者是否给予不同成员不一样的待遇，即成员的外汇措施是否违反了国民待遇原则与最惠国待遇原则等。若某一成员的外汇措施违反了《WTO协定》中的国民待遇原则或者最惠国待遇原则或者其他非歧视性原则，则该项外汇措施就会被认定为一种外汇限制。

在多种货币措施方面，《国际货币基金协定》第八条第3节规定："除本协定规定或基金准许者外，无论是在第四条或附录C规定的幅度之内或之外，任何成员国或第五条第一节所述之财政机关不得施行歧视性货币措施或多种货币汇率制。"这里所说的多种货币汇率制也叫作复汇率，是指在一个国家针对不同的国际经济贸易活动对同一种货币采取不同汇率的制度。复汇率具有限制进口、扩大出口的作用，一国采取复汇率的目的就是鼓励本国产品的出口、限制某些商品的进口。复汇率制度体现的是一个国家的外汇管制，在IMF框架下是被禁止的。根据《国际货币基金协定》第八条第3款的规定，如果政府有关行动导致现汇市场的汇率偏离该国其他现汇交易市场汇率2%以上，即构成多种货币措施，该款不仅适用于对外的支付和转移，而且适用于出口货物的入账。在WTO框架下也有对多种货币措施的规制，它们在GATT和GATS中体现为对一国"补贴"行为的限制。GATT1999第十六条从一般补贴和对出口补贴的附加规定两个方面对成员的补贴行为进行规制。根据该条文的表述可知，任何成员在做出任何形式的补贴行为都需要将其必要性通知给其他成员，如果该项补贴措施将影响《WTO协定》目的的实现以及对其他成员的利益造成严重的威胁和损害，那么该成员必须将该措施提请各国进行讨论以决定是否有采用的必要性。同时，GATT在对成员补贴行为进行规制的同时，也反对使用货币兑换税费作为实施多种货币措施的手段，并规定成员对进出口征收的任何性质的费用或者税收都不得构成对本国产品的间接保护以及不能带有财政目的。①

二　国际法与国内法间的法律效力冲突

（一）汇率主权的边界

汇率主权既有绝对性也有相对性。绝对性是指一个国家可自主选择汇率制度，确定和调整本国货币兑换他国货币的价格，决定并改变本国货币的价值，以及在制定本国货币政策时不受他国的干涉。相对性是指各国在制定汇率政策以及做出其他汇率安排时，除了要考虑本国金融的稳定以及经济的健康发展之外，还要考虑本国应当尽到的国际义务，进而将二者平衡在一个适当的位置，而这关乎汇率主权的边界问题。近年来，随着经济不断发展，国际贸易收支持续顺差，中国汇率受到国际上其他国家越来越多的关注，而美国从未停止对中国的指控，指责中国一直在压低人民币汇率，违背了《国际货币基金协定》中的相关国际义务。美国的这种行为实际上是在美元的霸权主义下推行单边主义汇率政策的体现。我国要做的就是全面理解国际条约，厘清相关概念的界限，与IMF充分合作

---

① GATT1999第八条第1款（a）规定："各缔约方对进出口或有关进出口征收的任何性质的所有规费和费用（进出口关税和属第三条范围的国内税除外），应限制在等于提供服务所需的近似成本以内，且不得成为对本国产品的一种间接保护或为财政目的而对进出口产品征收的一种税。"

以积极抗辩美国的指控，这其中最重要的一点就是对国际法框架下汇率主权的边界的理解。

国际上对国家汇率主权的限制主要经历了4个阶段。最初在金本位制下，西方主要国家的货币与黄金之间有固定比值，其他国家货币与西方主要国家货币保持固定的汇率。然而该制度并不是国际协定的结果，而是国家主权行使的结果，因此很快被布雷顿森林体系取代，该体系以国际法规则的形式给成员国加上了一定的国家汇率义务，这是成员国汇率主权让渡的体现。1971年，美元与黄金"脱钩"，布雷顿森林体系解体。随着1978年新修订的《国际货币基金协定》的出台，一种新的国际货币制度——牙买加体系确立了。在牙买加体系下，成员国可以自主选择汇率制度，不再强制实行单一的固定汇率制度，这实质上是国家汇率主权的一种回归。2007年，在美国的强力推行之下，IMF出台了新的《对成员国政策双边监督决定》，其中新增加了一些关于对成员国汇率制度的选择以及汇率政策制定等的监督原则和监督指标的条款，这体现了IMF对各成员国汇率主权行使监督权的范围的扩大，国家汇率主权又再一次受到了更加强化的限制。

现在，IMF成员国国家汇率主权的行使仍然受到牙买加体系的限制。牙买加体系对各成员国汇率制度的规制主要体现在《国际货币基金协定》中对成员国外汇安排所确定的义务上。为了维持有秩序的外汇安排并促成一个稳定的汇率制度，《国际货币基金协定》第四条第1款规定成员国必须和IMF以及其他成员国合作，并规定了成员国的4个一般义务：①在保证合理的物价稳定并考虑本国实际情况的前提下制定经济政策和金融政策，以促进本国经济有序发展；②为促进经济的稳定发展，创造基本有秩序的经济条件和金融条件，并且努力使本国制定的货币制度不会造成反常态的混乱；③避免操纵汇率或国际货币制度来妨碍国际收支有效的调整或取得对其他成员国不公平的竞争优势；④制定的外汇政策保证不与本节规定的义务相矛盾。在不违反上述规定的一般义务的前提下，成员国可以自由地安排本国的外汇，并且《国际货币基金协定》第四条第2款明确规定了外汇安排所包含的内容。而其第三款规定了 IMF 对成员国汇率政策的监督职责。在充分考虑各成员国的情况、尊重其国内社会及政治政策的前提下，IMF 可制定具体的原则来指导成员国制定汇率政策。同时成员国有向 IMF 提供必要资料并在 IMF 要求时与其磋商的义务。

根据《国际货币基金协定》的规定可以得知，汇率主权的边界即是各成员国可以自由安排汇率，但是不得"操纵汇率"。美国自20世纪90年代开始以贸易失衡为由指控中国操纵汇率，以此展开与中国至今未消的汇率争端战。那么，对于"操纵汇率"一词的具体界定又是什么样的呢？《1977年汇率政策监督决定》将"汇率操纵"界定为：为达到某一特定的汇率目标而在外汇市场上朝单一方向的持续、强有力的干预。此定义中"持续""强有力"等模糊性的词语决定了该定义的不可操作性。1978年第二次修订的《国际货币基金协定》的第四条第1款规定：IMF 各成员国不得以操纵汇率来干预有效的国际收支调节机制或者作为其取得竞争优势的策略。该规定给汇率操纵行为的界定加入了操纵目的性要素，即干预有效的国际收支调节机制和取得在国际上的竞争优势。2007年出台的《对成员国汇率政策的监督决定》（以下简称《新决定》）的附录部分更加明确地规定了"操纵汇率"的认定标准：操纵汇率是指实施旨在影响汇率水平的政策并且实际上已经影响了汇率水平，这种影响包含造成汇率的变动和阻止汇率变动两个方面。[①]《新决定》并没有删除关于目的性要素的规定，规定"操纵汇率"必须具有主观目的性，即为阻止有效的国际收支调整或取得对其他成员国不公平的竞争优势。同时，它新加了关于"取得不公平竞争优势"的认

[①] 廖凡：《国际货币体制的困境与出路》，《法学研究》2010第4期。

定办法，即通过IMF认定被指控操纵汇率的成员国是为了造成汇率低估而实施这些政策的，并且造成这种汇率低估的目的在于扩大净出口。

综上所述，汇率主权的边界就是不可操纵汇率，而对于"操纵汇率"的认定，必须同时满足主客观要件：客观上造成影响汇率水平的结果，主观上为了获取相对于其他成员国来说的不公平的竞争优势，只有在主客观要件相一致的情况下才能够认定某一成员国是在操纵汇率。由此看来，美国对中国操纵汇率的指控在IMF框架下是站不住脚的。在中国现行的汇率制度下，国家必定会干预汇率市场以确保汇率市场的稳定，退一步来说，即便中国实行了具有操纵汇率的嫌疑的行为，但是从中国自2006年以来采取的"压顺差、调投资、促消费""保增长、调结构"等一系列的宏观调控措施来看，中国并不具备认定操纵汇率行为所必要的主观要件，因为中国的汇率政策措施不构成IMF框架下的操纵汇率的行为。

（二）我国应履行的WTO规定的义务

1. 禁止补贴义务

根据《补贴与反补贴措施协议》（以下简称"《SCM协议》"）第二部分第三条的规定："除在农产品协议中已有规定的以外，下述的属于第一条规定范围内的补贴应予禁止：一是在法律或事实上，作为唯一或多种条件之一，以出口实绩作为条件而提供的补贴；二是将进口替代作为唯一或多种条件之一而提供的补贴，包括附件1所列举的补贴；三是成员既不应授权、也不应维持第三条第1款中所指的补贴。"由此可以看出，被禁止的补贴可以被总结为两类：出口补贴与进口替代性补贴。禁止补贴义务是包括中国在内的所有WTO成员必须遵守的义务。

此项义务的遵守中最重要的一点就是关于补贴的具体含义与禁止性补贴的范围。只有在弄清这两点之后，才能得出遵守这项义务的具体思路和方法措施。①对于补贴的含义，在《SCM协议》第一条中有明确的规定，即由一国政府或任何公共机构提供的使接受者得到利益的财政资助。由此，构成补贴必须具备两个要素：政府财政资助和接受者获得利益。这两者是判定补贴行为的必不可少的要素。另外所有的禁止性补贴均属于专向性的补贴行为，那么何为"专向性"也是必须要厘清的概念。《SCM协议》第二条对"专向性"的认定原则做了规定，从具有专向性的补贴行为和不具有专向性的补贴行为两方面加以说明，并且在原则性基础之上进一步说明了表现为非专向性但实际上又具有专向性嫌疑的补贴行为的认定办法。②禁止性补贴的认定。根据《SCM协定》第三条的规定，构成禁止性补贴的必要要件就是在法律或者事实上以出口实绩或者进口替代为条件提供补贴的行为。关于这一必要要件是唯一认定禁止性补贴的要件还是只是其中之一，在实践中由专家组和上诉机构结合具体的案例来解释。③禁止性补贴的范围。《SCM协议》的"附录一 出口补贴例示清单"具体规定了数种禁止性补贴行为，但是禁止性补贴行为包括但不限于清单里面列举的行为。

2. 最惠国待遇义务

最惠国待遇是指给惠国给予受惠国或者与该国有确定关系的人或物的优惠，不低于该给惠国给予第三国或者与该第三国有同样关系的人或物的待遇。[①] GATT1994第一条规定了成员的一般最惠国义务："在对输出或输入、有关输出或输入及输出入货物的国际支付转账所征收的关税和费用方面，在征收上述关税和费用的方法方面，在输出和输入的规章手续方面，以及在本协定第三条第2款及第4款所述事项方面，一缔约国对来自或运往其他国家的产品所给予的利益、优待、特权或豁免，应当立即无条件地给予来自或运往所有其他缔约国的相同产品。"[②]

根据条文的内容来看，一般最惠国待遇的适用范围大致包括

[①] 赵维田：《最惠国与多边贸易体制》，中国社会科学出版社，1996，第31页。
[②] 参见GATT1994第一条第1款。

以下几个方面：一是在进出口缔约国相似产品时所征收的关税或其他费用方面；二是对进出口货物的国际支付转账征收的关税或其他费用方面；三是征收关税时的方法方面；四是进出口手续以及相关的规章制度方面；五是对进口产品征收的国内税（包括直接征收和间接征收）或其他费用方面；六是进口产品在境内流通的各个环节所适用的法律法规以及政策方面。对上述所有方面的优惠是一般的最惠国待遇，具有无条件性、普遍适用性的特点，各成员均须履行这一义务。但是，最惠国待遇的适用也有一些例外。首先是一些区域经济的安排，如允许欧盟等经济组织内拥有比最惠国待遇更多的优惠。其次是为了促进发展中国家的经济发展，可以允许发展中国家通过"特别授权条款"拥有更多的优惠。再次是为了发展边境贸易，毗邻国可以适当地给予更多的优惠。最后就是在知识产权方面，允许成员有所保留。另外，规定于多边或双边条约中的最惠国待遇在适用上也存在一定的限制。在双多边条约中，最惠国待遇义务是一种条约义务，内容可以由双多边国家约定，受到条约本身的限制，如契约双方或多方在条约中具体规定最惠国待遇的适用范围以及不适用的具体领域，还有就是规定整个条约的适用例外。

2011年5月24日，在"伊佳兰案"中，中国政府首次成为国际投资争端解决中心的被告。不管这个案件的最终处理结果如何，它都给中国一个启示，那就是好好设计双多边条约，在不违反最惠国待遇原则的基础上利用这一原则来发展我国的对外经济，并做好被诉风险的防范工作。

3. 国民待遇义务

国民待遇原则是最惠国待遇原则的重要补充。关于国民待遇的基本内涵，王铁崖教授在其主编的《中华法学大辞典》中从国际法的角度将其定义为：国家在一定范围内给予在其领土内的外国人以本国公民所享受的同等待遇。[①] WTO 国民待遇原则分别在 GATT1994、《服务贸易总协定》（GATS）、《与贸易有关的知识产权协议》（TRIPS）和《与贸易有关的投资措施协议》（TRIMs）中得以体现，涵盖了货物贸易、服务贸易、知识产权以及投资领域，成为一国经济发展的重要影响因素。

国民待遇在适用上有一定的有限性，各国会通过法律规范或者政策手段等方法对其适用加以限制，而发展中国家对它所设置的限制更多。国民待遇原则在不同的国际法则中有其特定的适用范围。首先是 GATT1994 中的国民待遇原则。GATT1994 第三条规定了在国内税收和国内规章方面的国民待遇，其适用范围包括 3 个方面。①在国内税收与其他国内费用方面，一缔约国领土的产品在输入另一缔约国领土时，不应对它直接或间接征收高于对相同的国内产品所直接或间接征收的国内税或其他国内费用。②在规章制度方面，一缔约国领土的产品在输入另一缔约国领土时，在关于产品的国内销售、兜售、购买、运输、分配或使用的全部法令、条例和规定方面，它所享受的待遇应不低于相同的国内产品所享受的待遇。③在数量限制方面，缔约国不得建立或维持某种对产品的混合、加工或使用须符合特定数量或比例的国内数量限制条例，直接或间接要求某一特定数量或比例的条例对象产品必须由国内来源供应。

其次是 GATS 中的国民待遇原则。GATS 中关于国民待遇原则的规定主要集中在第十六条和第十七条。由于服务业的特殊性，对服务贸易很难征收关税，服务业的许多部门又关系国家的主权与安全。因此，在服务贸易中实行国民待遇无疑是一种很冒险的举动，这对于服务业不发达的国家来说更是如此。所以，GATS 中的国民待遇义务并不是一种普遍性的义务，而是在成员的承诺范围内适用的义务。根据 GATS 第十六条的规定，承诺开放的服务部门必须撤

[①] 王铁崖主编《中华法学大辞典》（国际法学卷），中国检察出版社，1996，第 248 页。

销6个方面的准入限制，以此来打通市场准入渠道，将外资引入承诺成员所承诺的服务领域。在成员承诺的部门内，其给予任何其他成员的服务和服务提供者的待遇必须不低于给予本国服务及服务者的待遇。

再次是TRIPS中的国民待遇原则。根据TRIPS第三条的规定，每一成员向其他成员的居民就知识产权保护提供的待遇不得低于其给予本方居民的待遇。这一规定将国民待遇的适用范围扩大到了知识产权领域，加强了知识产权在全世界各个国家中获得的保护。

最后是TRIMs中的国民待遇原则。TRIMs将国际投资和国际贸易连接在一起，规定成员的投资措施不能违反GATT中的国民待遇原则。一方面，TRIMs从总体要求上规定成员在投资领域的国民待遇义务；另一方面，其附件1①以列举清单的方式规定了哪些具体的投资措施是违反国民待遇义务的，该清单包含了当地成分要求、贸易平衡要求、东道国产品指令、外汇管制、本地销售要求等方面的内容，这就使得TRIMs更加实体化，也更加易于被具体地实施。

目前，我国在上海、广东、福建、天津自由贸易园区制定和试点了国民待遇的"负面清单"，但是它们存在诸如项目冗长、透明

---

① TRIMs附件1　解释性清单
　　1. 与1994关贸总协定第三条第4款规定的国际待遇义务不相符的投资措施包括那些在国内法或行政命令下强制或可强制执行的措施，或为取得优势地位而必须服从的措施，以及有下列要求的措施：（1）企业购买或使用国内原产品或来源于国内任何渠道的产品，无论对特定产品、产品的数量或价值，或其数量或价值在当地生产中所占的比重是否有具体说明；或（2）将企业购买或使用进口产品限制在与该企业出口当地产品的数量或与价值相关的数量上。
　　2. 与1994关贸总协定第十一条第1款规定的普遍取消数量限制义务不符的投资措施包括那些在国内法或行政命令下强制或可强制执行的措施或为取得优势地位所必需的措施，以及对以下进行限制的措施：（1）一般地限制企业用于当地生产或与当地生产相关的产品的进口，或将其限制在企业出口在当地生产中所占数量和价值的数量上；（2）通过将该企业的外汇使用权限制在与其创汇额相关联的数量上，限制企业用于当地生产或与当地生产相关的产品的进口；（3）限制企业产品的出口或出口销售，不论这种限制对特定产品、产品数量或价值或其数量或价值在当地生产中所占比重是否有具体说明。

度不够以及效力不清楚等问题。因此，如何完善国民待遇"负面清单"，使之在保护我国国家利益的同时更加符合区域经济发展的高要求，从而促进海上丝绸之路沿线国家间的区际经济合作、贸易自由化，是我国现在亟须解决的难题。

三 国内立法间的法律效力冲突

（一）国内主要金融法中关于人民币区域化的规定

自国家开始实施人民币区域化战略以来，国内现行的几部金融立法在人民币区域化过程中所产生的各项问题的解决方面存在一定的不一致。现主要分析《中华人民共和国中国人民银行法》（以下简称"《中国人民银行法》"）、《中华人民共和国商业银行法》（以下简称"《商业银行法》"）、《中华人民共和国银行业监督管理法》（以下简称"《银行业监督管理法》"）和《中华人民共和国证券法》（以下简称"《证券法》"）等四部相关立法，通过剖析其各自的立法规定，总结人民币区域化国内立法间的法律效力冲突问题。

1. 《中国人民银行法》对人民币区域化的规定

（1）《中国人民银行法》的立法目的及法律效力概述

在阐述《中国人民银行法》关于人民币区域化的法律规制前，应首先厘清该部门法的立法目的及其法律效力，如此才能更深入地体会到该法对人民币区域化过程中所存在的问题的调整力及影响力。

该法的第一条便明确表明了立法机关的立法意图及其赋予该法律的法定职能，同时指出该法律所应发挥的作用和最起码应达到的规制效果，即以中国人民银行为主体，围绕该主体在生产经营中展开的各项活动而具体制定法律条文对其进行约束。详言之，《中国人民银行法》的立法目的主要涉及五个方面。第一，以法律形式确立中国人民银行在国内金融体系及银行体系内的核心地位，为中国人民银行在经济领域行走披上一件法律外衣，为中国人民银行正名，使其以适格的法律主体地位存在于金融业中。第二，列明中国人民银行的各项工作职责，为其各项经济行为量身定制法律规章，使其工作的开展有法可依，使其可以以法律为准则履行法定职责。第三，中国人民银行须时时刻刻密切关注国家出台的货币政策，因为中国人民银行是货币政策的最直接调控对象，也是货币政策执行的出发点，因此，关于货币政策的制定必须有中国人民银行的强力跟进以及它必须配合货币政策制定机关的工作，并向其提供最新货币动态，帮助相关制定机关正确敲定最终货币政策。进一步而言，合理完善的货币政策制定、出台后，中国人民银行还要配合执行，将政策落实到位，避免让良善的政策沦为一纸空文。第四，中国人民银行作为银行体系内的核心银行，必须居于统筹领导的地位。因此，该机构还必须依据法律规定的权力和程序建立身为中央银行而对由国内各个不同种类银行组成的银行体系进行宏观调控的整个体系并根据时代发展变化和需求不断完善它。第五，中国人民银行在法律上被授予中央银行的关键身份，作为金融界的核心力量，它在维护金融稳定方面的工作也被法律纳入其职责调控范围之内。

此外通过分析《中国人民银行法》法律效力的高低可间接得知该部门法对人民币区域化问题的调整权力及影响力的大小。该法第二条指出，中国人民银行须服从国务院的工作安排和领导，制定适应中国金融环境和经济发展需求的货币政策，并确保政策的有效实施。由此可知，在货币政策的制定方面，中国人民银行拥有核心的领导地位。根据该法的制定意图可知，由中国人民银行主导制定、出台的货币政策在国内金融及外汇市场上所拥有的法律效力很强。

（2）《中国人民银行法》对人民币区域化的具体规定

《中国人民银行法》第四条逐一罗列出了中国人民银行的13款法定职责，其中数款职责涉及人民币区域化的规定。其一，人民币区域化即人民币在发行过程中不断向外流通，而不再仅仅局限于国内的货币市场。人民币区域化以人民币的发行为起始点，并以流通为关键环节。决定人民币区域化的两大关键要素被该法第四条第三款所涵括，表明了中国人民银行在人民币区域化过程中的极高分量。① 其二，我国是在保证人民币占有一定国内货币市场份额的基础上，使之向外同其他主权货币进行竞争以抢占境外货币市场的，因而人民币区域化的工作重心是在与其他货币相互竞争的外汇市场上。人民币的流通主要依托银行，尤其是大宗买卖更是只能通过银行在私人或公有经济主体间进行资金往来。对于人民币在外汇市场上的动态，在《中国人民银行法》中有明文规定对其进行约束。② 其三，人民币本身作为货币，其存在及在经济贸易中的各项运作均受国家货币政策的调控。人民币的供应量决定着人民币区域化的广度和深度，人民币的利率和汇率水平的高低决定着境外其他经济主体持有、使用人民币的意愿的高低。而这些货币政策的核心点也被纳入《中国人民银行法》的调控范围之内，该法的第五条对此有所涉及。③

由该法的规定事项可以知悉中国人民银行在人民币区域化过程中掌控着几大关键要素，决定着人民币区域化的方向以及人民币区域化计划的进展。中国人民银行在货币政策的制定和执行上拥有核心领导地位，在整个金融体系内的话语权大，而人民币的货币属性导致其命运又与国家货币政策息息相关。综上所述，《中国人民银行法》在人民币区域化计划的执行中拥有较高的法律约束力，人民币区域化的各项活动受到该法的调整。

---

① 《中华人民共和国中国人民银行法》第四条第3款为："发行人民币，管理人民币流通。"
② 《中华人民共和国中国人民银行法》第四条第5款为："实施外汇管理，监督管理银行间外汇市场。"
③ 《中华人民共和国中国人民银行法》第五条规定："中国人民银行就年度货币供应量、利率、汇率和国务院规定的其他重要事项作出的决定，报国务院批准后执行。中国人民银行就前款规定以外的其他有关货币政策事项作出决定后，即予执行，并报国务院备案。"

2.《商业银行法》对人民币区域化的规定

（1）《商业银行法》的立法目的及法律效力概述

与《中国人民银行法》不同的是，《商业银行法》是专门规制除中国人民银行以外的其他银行的部门法。中国经济在近年来呈现爆发式猛增长趋势，除了中国人民银行在宏观上调控整体经济发展方向和规制金融市场环境外，其他商业银行更是在资金流通中发挥了巨大作用。商业银行更多的是从事微观经济活动，人民币在流通过程中遇到的实际问题一般由商业银行解决。

《商业银行法》的制定主体亦是在该法第一条便开门见山地向外界传达了其设立该法的目的及其在立法时所主要保护的几大法益。该法主要围绕商业银行展开法律规制，约束各大商业银行在日常金融等经济往来中的各项活动。商业银行作为控制国家经济的重要工具，把控着经济发展命脉的关键渠道，出于对国家经济的重视，有必要将商业银行作为专门制约主体为其量身打造一部专门法，以对其展开法律监管。细细推敲，《商业银行法》的立法目的主要有四，分析如下。[①]

第一，率先表明该法最主要保护的几大法益。除商业银行的合法权益之外，和商业银行的存在密不可分的存款人和其他客户的合法权益也受到该法保护，若是它们的合法权益未受到强有力的立法保护，那么商业银行的权益将处于岌岌可危的状态，最终可能导致商业银行的合法权益随之受到伤害。第二，商业银行的日常经营活动数量繁多，条条都牵扯着国家的经济动态。该法作为针对商业银行的专门法有必要对其日常经营行为进行规范制约。此外，商业银行的一大核心业务便是信贷，信贷资产的质量直接与商业银行信誉相挂钩，法律在这一块上加强监督管理也是应当的，故而该法也将

---

① 《中华人民共和国商业银行法》第一条规定："为了保护商业银行、存款人和其他客户的合法权益，规范商业银行的行为，提高信贷资产质量，加强监督管理，保障商业银行的稳健运行，维护金融秩序，促进社会主义市场经济的发展，制定本法。"

提高信贷资产质量、在法律上加强监督管理作为其立法目的之一。第三，商业银行自身的发展，一方面是决定国家经济发展的大方向的因素之一，另一方面又紧紧控制着公民经济活动进行的节奏。对于商业银行而言，除了各项业务的进行须受制于法律的约束外，其本身整体的系统运作也是法律的约束对象之一。唯有将商业银行置于一个稳健运行的优越体系之中，方能保证我国金融秩序在法律上受到保护。第四，商业银行的日常工作均是与货币息息相关的业务，银行业是与国家经济发展最密切联系的一个行业。因此，设立商业银行专门法也是出于促进社会主义市场经济这一核心目的的考量，为我国经济发展赋予了一道立法屏障。

此外，由于《商业银行法》是由全国人大常务委员会制定的法律，其在约束商业银行的日常工作上具备极高的法律效力，对商业银行的设立、运作、解散等各方面的规定，均在该法中有所体现。除了其他基本法中的零散的针对商业银行的法律规制外，大多数对银行日常运作的专业性规定集中于《商业银行法》之中，因此商业银行要牢牢遵循该法的各项规定。

（2）《商业银行法》对人民币区域化的具体规定

《商业银行法》并未对人民币区域化这一问题做出法律上的正面规定，而是通过规定银行的经营业务达到间接对人民币区域化进程进行管控的目的。

国家推行人民币区域化政策的主要渠道是商业银行，即凭借商业银行的日常金融业务顺势将人民币不断推广开来。因此，在规制商业银行的专门法中也可寻得关于人民币区域化的相关规定。

其一，人民币区域化计划的执行一般会通过国内外经济主体的各项贸易往来。国内外公共、私人等经济主体的人民币结算在《商业银行法》当中被明文提及，并在法律上被赋予效力。[①] 其二，政

---

① 参见《中华人民共和国商业银行法》第三条中"第三项 办理国内外结算"。

府间买卖、交换外汇储备也是人民币走向国际货币市场的重要途径之一。一个国家掌握的外汇数量越多,该国防范金融风险的能力也就越大。在当今变幻多端的金融环境之下,每个国家都希冀通过掌握更加稳定、更加能为本国带来经济效益的外汇储备来增强自身的经济实力。人民币在最近几次金融危机当中的不凡表现已经向世界证明了人民币的稳定和较大影响力,由此人民币也渐渐成为外国主权政府在选择外汇储备时的青睐对象。外汇买卖已然成为人民币在区域化计划执行当中的一个必不可少的手段,而在《商业银行法》中可寻得对人民币的买卖这一经济活动进行规定的法律条文。① 其三,境内所有企事业单位(除法律另有规定的外)等主体依据法律明文规定,在经济往来当中取得外汇后务必在规定时间内将其调回境内,并且依照调回时的银行挂牌汇率,一律将其售给法律指定的银行,该种经济行为在学理上被称为结售汇。基于结售汇制度,经济主体取得外汇也是一种将人民币推向境外以使之实现区域化的方式,而结售汇制度可保证经济主体在取得外汇时能够换取相应人民币用于资金周转,以便其将来的经济活动不受影响。因此,结售汇制度在本质上是利用各个经济主体在对外经济交往中取得外汇并将其在银行体系内兑换后获得相应的人民币来加大人民币的流动速率,实现人民币区域化的。②

通过《商业银行法》对商业银行的各项日常业务的法律规定可知,在人民币区域化所依赖的几个重要途径上均可发现该法对其进行制约的痕迹。而人民币区域化的主战场是境外的货币市场,因此《商业银行法》对人民币区域化的实际调控是通过外汇兑换等银行业务间接进行的。毕竟《商业银行法》是在人民币区域化战略制定之前出台的,作为该法制定主体的全国人大常务委员会不能也不可

---

① 参见《中华人民共和国商业银行法》第三条中"第九项 买卖、代理买卖外汇"。
② 《中华人民共和国商业银行法》第三条规定:"商业银行经中国人民银行批准,可以经营结汇、售汇业务。"

能提前预知到人民币区域化需要《商业银行法》进行制约的相关事项。《商业银行法》对人民币区域化的调控终究是间接的并且不能够完全"对症下药"。

3.《银行业监督管理法》对人民币区域化的规定

（1）《银行业监督管理法》的立法目的及法律效力概述

由前文分析可知，无论是中国人民银行还是商业银行，在人民币区域化过程中都或多或少起着不同分量的作用。银行在日常经营当中的一举一动都会直接或间接地影响人民币区域化的进展，而《银行业监督管理法》这一法律是由全国人大常务委员会专门制定用于监管各类银行在经营方面所进行的各项业务活动。各个银行在人民币区域化过程中所进行的业务活动如若触犯法律规定必将受到《银行业监督管理法》的调整，而该法律调整又会反作用于人民币区域化工作的推行。因而，在研究人民币区域化这一问题的国内法规制时，不可忽略《银行业监督管理法》的立法讨论。

结合《银行业监督管理法》的实际情况可知，它大致可有三个不同方向的立法目的。首先，由该法的名称可明确知悉，其题眼便是"监督管理"，因此该法最为本真的立法目的便是通过立法加强对各个银行日常金融活动的法律监督管理，以法律形式将历来的监督管理行为规范化、专业化。众所周知，银行业关系国计民生，唯有加强对其的立法监督，才能更好地将银行业的金融活动置于法律监督之下，防止其肆意无节制地运作，避免各类银行业风险的爆发。甚至，银行业风险若是不可预料地发生了，也能使用法律武器加以解决，不至于到时候像无头苍蝇般手足无措地错过最佳化解风险的时机。其次，前文在分析《商业银行法》时便有提及银行活动牵涉存款人和其他客户的经济利益。存款人是国家最重要的组成要素之一，国家应着重保护其合法权益不受侵害，以保证政治根基稳定。基于此，国家要站在存款人和其他客户的立场，使用国家强制力牢牢束缚住银行业的行为，保护存款人和其他客户的各项合法经济权益；同时也将银行业的不稳定因素扼杀在摇篮内，时刻敦促银行业积极健康地发展。① 最后，中国的商业银行除五大行外，还有其他不同规模的商业银行、城市信用合作社等具备吸收公众存款等银行固有属性的金融机构，以及其他政策性银行等，其数量之大、种类之多、扎根中国金融行业之深，已足够引起政府部门对银行业生存状况的重视。因此，《银行业监督管理法》将立法重心放置于维护各个银行之间的公平竞争上，力求使它们在竞争中谋求进步，逐步提高银行的竞争能力，实现银行业整体实力提升的立法目的。②

《银行业监督管理法》是由全国人大常务委员会制定出台的，其法律效力主要是同《中国人民银行法》一起按照各自的法定权力范畴监督各类银行的经营活动，各个银行的日常经营活动必须在法律事先约定的框架之内，一旦超出框架活动，触碰法律底线将受到《银行业监督管理法》的制裁；超出该法的制裁限度的，将受到更加严厉的法律制裁。

（2）《银行业监督管理法》对人民币区域化的具体规定

《银行业监督管理法》并未直接对人民币区域化做出规定，而是通过对各类银行的业务监管达到间接对人民币区域化进行影响的效果。无论是中国人民银行还是商业银行等各个金融机构，都是人民币向外发展、实现区域化的重要渠道。而中国人民银行和商业银行在日常经营方面除了要受到《中国人民银行法》和《商业银行法》的管制外，还要接受《银行业监督管理法》的严密监督，因此它们的各项业务也要在该法的监管之下进行，须符合该法的要求。因此，该法在一定程度上也间接影响着人民币区域化的进度与

---

① 《中华人民共和国银行业监督管理法》第一条规定："为了加强对银行业的监督管理，规范监督管理行为，防范和化解银行业风险，保护存款人和其他客户的合法权益，促进银行业健康发展，制定本法。"

② 《中华人民共和国银行业监督管理法》第三条规定："银行业监督管理的目标是促进银行业的合法、稳健运行，维护公众对银行业的信心。银行业监督管理应当保护银行业公平竞争，提高银行业竞争能力。"

深度。

第一，人民币在国内流通时，大多数经由各大类银行实现网络互传，从而能够在我国这一庞大的经济市场上快速便捷的流动，因而也必然要接受《银行业监督管理法》的法律监管。当人民币开始走出国门，依托国际经济主体间的经济往来实现在国际货币市场自由流通时，其域外流通活动并不能够像脱缰的野马般不受控制，而是依然需要在《银行业监督管理法》的紧密监督之下进行，若是违反法律规定，也必将受到法律惩罚。[1] 第二，随着人民币区域化的不断推进，人民币流向境外的数量也与日俱增，特别是近些年来，中国经济的爆发式增长带来的是人民币在境外的需求量大幅度增加。境外人民币需求的增加意味着市场对境外银行分支机构的需求也相应增加。因此，境内已合法设立的各大金融机构为了适应不断增加的市场需求，若是想在境外设立分支机构或者是对已在境外设立的分支机构做出工作调整，抑或是与市场实际发展情况相配合做出业务改善，以便更好地管理境外人民币的流通等程序，那么它们必须按照《银行业监督管理法》的法定程序提出申请，如此才能获得适格的境外分支机构法定主体地位。[2] 第三，人民币的区域化意味着人民币市场分成国内、外两大块，银行在人民币的业务管理上显得任务更加的繁重。尤其是，国内经济可在国家政策的调控下有序发展，银行在人民币管理上有章可循，可以随着政策的推行及时做出工作调整；境外市场风云际会、变化多端，银行在不定因素众多的境外货币市场上的应变能力不能停留在口头之上，应拿出书面

---

[1] 《中华人民共和国银行业监督管理法》第七条规定："国务院银行业监督管理机构可以和其他国家或者地区的银行业监督管理机构建立监督管理合作机制，实施跨境监督管理。"

[2] 《中华人民共和国银行业监督管理法》第二十二条规定："国务院银行业监督管理机构应当在规定的期限，对下列申请事项作出批准或者不批准的书面决定；决定不批准的，应当说明理由：（一）银行业金融机构的设立，自收到申请文件之日起六个月内；（二）银行业金融机构的变更、终止，以及业务范围和增加业务范围内的业务品种，自收到申请文件之日起三个月内。"

报告向公众做交代，以表明其工作成效以及在人民币区域化进程中对境外人民币的调控手段和结果。因此，关于银行的境外人民币业务汇报，《银行业监督管理法》也做出了法律规定，以法律的严肃性要求银行必须向公众公开其国内外各项工作成效，给国家及社会各界做出成果展示。[①]

综观上述列举的法条可知，《银行业监督管理法》不仅针对人民币的境内流通，而且在人民币的域外流通管理方面具有法律效力。虽然该法是在2004年制定和出台的，但是其指定是富有前瞻性，并未将视角局限于国境内。人民币区域化不单单是国家经济发展的突破口，更是我国向世界传达国家形象的切入点，因此更要时时规制着人民币区域化发展不偏离正常发展轨道，对银行业在人民币流通工作中的行为准则提出更高的要求。而在规制银行业业务发展方面，《银行业监督管理法》发挥着极大的法律约束效力，在法律层面把控着银行业的业务行为。

4. 《证券法》对人民币区域化的规定

（1）《证券法》的立法目的及法律效力概述

国家运用金融手段筹集和分配资金的重要渠道除了银行业之外，还有证券业。证券行业在当今金融市场中呈现勃勃生机。目前的经济活动日益活跃，国内经济交流频繁，国内外的交易往来更是不甘示弱，交易金额和数量相互配合着大幅度上升。旧时的一手交现钱、一手交现货的买卖方式已不适应新形式的市场交易需求，很快在历史洪流中被摒弃。随着旧时的交易方式退出历史舞台，新兴的交易方式很快在经济主体间的——传播下崭露头角，在要求各异、条件严苛的国内外交易当中大展拳脚。其中，证券无疑是新兴交易方式的杰出代表。所谓证券，便是在各类规模不一的经济往来

---

① 《中华人民共和国银行业监督管理法》第三十六条规定："银行业监督管理机构应当责令银行业金融机构按照规定，如实向社会公众披露财务会计报告、风险管理状况、董事和高级管理人员变更以及其他重大事项等信息。"

当中存在的一种特定凭证，其创立的目的是根据其不同性质用于证明不同特定经济权利。证券可以为急需资金支持的企业融资，让市场来进行资源的合理配置，为有空闲资金的民众提供投资途径，因此广受经济主体的青睐。证券在实际使用当中被赋予的权力逐渐变大，对私人主体乃至国家整体经济的影响也越来越大，因此国家相关立法机关基于各界迫切的立法需求加大了针对证券的立法进度。而最直接促成《证券法》成形、颁布出台的原因便是1998年在亚洲金融界爆发的"金融危机"，此次危机事件让立法机关直观地感受到证券行业在日常运作当中日积月累的弊端一时间爆发所具有的摧毁性能量，大大增加了政府对证券行业的关心。

此外，立法机关还对《证券法》寄托了几大立法期盼，希冀通过立法加快对证券行业的监管。综观已出台的立法及近几年后续的修正案，出台《证券法》的背后有几大立法目的①。一方面，1998年亚洲金融风暴大肆席卷我国金融界，令我国经济大受打击，证券行业不规范运作的弊端已累积得多到足以引起立法部门的重视。对于证券的法律规制已不能再局限于《中华人民共和国公司法》的部分条文，对于专门设立《证券法》的呼声日益高涨。因此，为了保护投资者的合法权益，对证券行业做一个更加专业、更加规范的法律约束，由全国人大常务委员会着手进行《证券法》的编纂，以便证券行业将来能够有更强有力的法律武器进行行业规制。另一方面，在互联网高速发展、交通便利程度达到前所未有水平的现代社会，人们之间的经济往来不再是简单的集市化运作方式，取而代之的是城际、省际乃至国际化的交易互动，大宗产品更是成为交易当中的主力。随着经济的繁荣，证券抓住时代机遇大大发挥了其在结算方面的便捷、安全等优势，被经济主体广泛推崇。证券是国家经

---

① 《中华人民共和国证券法》第一条规定："为了规范证券发行和交易行为，保护投资者的合法权益，维护社会经济秩序和社会公共利益，促进社会主义市场经济的发展，制定本法。"

济命脉的重要组成成分，政府为了保持经济持续发展的势头，维护广大人民群众的经济利益和公共秩序，特推出《证券法》以促进国家的经济发展。

《证券法》这一专门法的出台在新中国成立以来的法制史当中富有里程碑的非凡意义，它是第一部在遵循国际惯例的基础上结合中国证券行业实际情况制定完成的法律，并且其立法模式不同于往常组织起草的立法模式，国家并未将立法任务交由政府某个部门，此次《证券法》的起草工作直接由全国人大常务委员会负责，这大大增强了《证券法》的法律效力。广义的证券在业界被普遍认为分为两大类：货币证券和资本证券，而狭义的证券仅指资本证券，然而在《证券法》中，立法机关将法律约束的证券种类进一步缩小[①]，以集中力量解决大问题，不至于使之陷入泛泛规定之中却不能有效制约治理对象的窘境。

（2）《证券法》对人民币区域化的具体规定

人民币区域化战略的实施是以在香港证券市场发行人民币债券为起点的，因此人民币区域化的计划执行过程少不了对证券的法律制约。《证券法》的规定主要集中于证券发行的各项相关流程及其条件，设置了保荐人制度等，为人民币更好地区域化做好了完善国内金融环境的基础工作。

第一，国家将针对证券行业的监督管理权集中至中央政府部门，并统一了监督管理标准。人民币的区域化不仅仅是将人民币简单地推向境外，更需要将境外的货币引入中国市场。外币流入中国货币市场后，人民币有更大的机会同外币展开正面竞争，并有可能将其融合成自身的附属货币。境内外的经济主体可在人民币同外币

---

① 《中华人民共和国证券法》第二条规定："在中华人民共和国境内，股票、公司债券和国务院依法认定的其他证券的发行和交易，适用本法；本法未规定的，适用《中华人民共和国公司法》和其他法律、行政法规的规定。政府债券、证券投资基金份额的上市交易，适用本法；其他法律、行政法规另有规定的，适用其规定。证券衍生品种发行、交易的管理办法，由国务院依照本法的原则规定。"

的竞争结果中择优选择人民币作为主流货币,这有利于人民币的推广。外币流入境内的一个重要途径便是境外经济主体投资我国证券行业,我国证券行业遍布各地,国家为更好地管理境内证券市场,特明文规定对证券市场进行监督管理的权力属于中央国务院部门。①

第二,外资流入国内市场的另一种方式是入股,在国际合作越来越频繁的时代背景下,中外合资等合作形式已不少见。我国在公司法上的制度设计日趋完善,国际经济合作的条件已然成熟,国内外经济主体在积极寻求股份式商业合作的同时也必须遵守法律的规定。《证券法》在股票的发行上设置了较为严格的程序,股票发行的申请条件、核准程序以及核准人员等均有详细的法律依据。《证券法》在股票的产生源头严格把关,做好防范工作,引入的外资只有是健康且具有一定发展前景的,才能在国内货币市场上与人民币进行良性竞争,也才能为人民币区域化奠定一个坚实的经济基础。②

证券是金钱扎堆的行业,有金钱的存在就少不了人民币的身影。人民币区域化战略的实施若想取得大胜利,除了有一个良好的国际金融市场外,还需有一个完善的国内法律体系做支撑,以其维持健康良好的国内经济市场,使人民币在境外抢占市场资源时能够无后顾之忧。《证券法》全文的法条多达 240 条,将证券行业的各个子项目规定得面面俱到,尽可能地做到了从源头抓起,减少经济危机因素的产生。

(二) 人民币区域化法律规范中的效力冲突

1. 现行法律体系的缺陷及协调不足之处

我国经济法数量较多,此处仅选取其中具有代表性的几部法律

---

① 《中华人民共和国证券法》第七条规定:"国务院证券监督管理机构依法对全国证券市场实行集中统一监督管理。国务院证券监督管理机构根据需要可以设立派出机构,按照授权履行监督管理职责。"

② 《中华人民共和国证券法》第二十三条规定:"国务院证券监督管理机构依照法定条件负责核准股票发行申请。核准程序应当公开,依法接受监督。参与审核和核准股票发行申请的人员,不得与发行申请人有利害关系,不得直接或者间接接受发行申请人的馈赠,不得持有所核准的发行申请的股票,不得私下与发行申请人进行接触。"

作为主要分析依据，尝试探讨其中与人民币区域化相关的法律规定，并搜寻出法律规定的缺陷以及其间存在的协调不足之处。对法律上的制度缺陷问题展开分析，可为人民币区域化的战略扫清国内制度障碍，助力人民币更好地在国际货币市场上成为主导货币，实现区域化乃至国际化。

  首先，作为核心法律的《中国人民银行法》并未完全起到联动其他法律的作用。由前文对几部法律的逐一分析可得，《中国人民银行法》是由全国人大组织起草的基本法律，而其他三部法律是由全国人大常务委员会组织起草的普通法律，因此《中国人民银行法》的制定较《商业银行法》等三部法律更为严格。照理，《中国人民银行法》作为基本法律，应担当起在银行法这一法律体系中的中心法律的责任，应该在法律规定上尽可能大范围地兼顾银行业的每个分支部门。然而，现行的《中国人民银行法》的核心内容并不尽如人意，它围绕中国人民银行的组成、运作、内容等各方面展开，在中国人民银行的大大小小规定上泼墨过多，自然便无法兼顾银行业其他方面的法律规定。进一步而言，《中国人民银行法》忽视了自身作为核心法律所应起到的带动其他普通法律的作用，该法偏重于强调中国人民银行的法律地位，并紧紧约束着中国人民银行的职务行为。核心法律的定位不完善导致无法联动其他相关立法，使得预期的法律网络无法被好好编织，从而不能形成一张强有力的前后互相配合的法网。

  其次，对商业银行的监督并不能充分协调好《中国人民银行法》与《银行业监督管理法》的法律约束范围。《中国人民银行法》的立法目的之一便是赋予中国人民银行以中央银行的地位，使其拥有统筹其他商业银行的法定权力，同时在《商业银行法》中也有关于中国人民银行对商业银行业务等方面进行监督的明文规定。但是，国家同样出台了《银行业监督管理法》，且在法律开篇便亮明了该法的立法目的，其中最为重要的就是针对各类规模的商业银行进行法律监督；并且，不只有该法列明了各项监督权限及范围等与监督管理相关联的法条，同样可在《商业银行法》中见到关于银行业监督管理机构的权力延伸规定。[①] 在《商业银行法》这一单行法当中，仅仅监督管理这一块就有中国人民银行以及国务院监督管理机构两个部门共同负责。虽然法律中针对不同的银行业务规定了不同的监管机构，但是商业银行在日常经营当中业务繁多，条文之外的经营项目不胜其数，因此未在法律中明文规定的业务由何机构监管成为法律空白，《中国人民银行法》与《银行业监督管理法》在商业银行业务监管上并未做到有效协调。

最后，对证券行业的法律监督仍不够充分。证券已在当今国内外金融市场中占据越来越大的份额，1998年的金融危机促使了我国《证券法》的出台。但是与商业银行恰恰相反的是，针对证券行业的监督管理似乎不受其他法律的青睐。我国现行法律体系中并没有针对证券行业监管的专门部门法，并且对于证券行业存在的违法乱纪现象，也只有《证券法》专辟了一章对其监督管理的相关事项做了规定。[②] 再者，《证券法》规定的证券监督管理机构的组织设立等的各项细节性规定并未在其他法律中有所体现，致使该机构的存在无法律依托。除了专门机构外，《证券法》还对证券业协会做了明文规定，在法律上给予其适格法律主体地位，并在第九章中授予了其监督权力。[③]《证券法》一方面给予证券业协会监管权限，另一方面又未对证券业协会做出强有力的监督制度设计，而是将对证券业协会的监督权限交给协会本身，希冀它们能够自律执业、依法办事，这种自律形式的制度设计虽然节省了监管成本，但是其效果

---

① 参见《中华人民共和国商业银行法》第七章。
② 参见《中华人民共和国证券法》第十章。
③ 《中华人民共和国证券法》第一百七十六条第7款为："监督、检查会员行为，对违反法律、行政法规或者协会章程的，按照规定给予纪律处分"。

有待商榷。①

2. 汇率政策与货币政策的冲突

人民币区域化计划的执行对国内的货币政策与汇率政策的动态变化具有极高的敏感性。而调整汇率政策与货币政策的权限主要由中国人民银行掌握，商业银行是各项具体汇率政策和货币政策在现实金融环境下得以执行的主力军，银行业监督管理机构是汇率政策和货币政策执行过程中的监管主体，主要职责是保证相关政策的有效合法实施，而证券行业是汇率政策和货币政策的最直接影响对象。这几块与人民币区域化同呼吸共命运，而汇率政策和货币政策又可能会对银行业和证券业相关法律的制定和实施产生直接影响，因此汇率政策和货币政策间的互相协调非常关键。反观我国现行的汇率政策和货币政策，它们之间存在一定的冲突，不能够互相有效协调。

由上文对《中国人民银行法》的分析可知，中国人民银行掌握着汇率政策和货币政策的制定权限。两个政策的制定主体集中于一个机构，该机构本应能够根据实际情况随时对它们做出相应调整，然而在现实当中，它们之间却依然存在着冲突，导致银行业和证券业出现了一系列不良反应。第一，人民币升值压力在近年的经济发展当中不断变大。改革开放之后，中国的经济呈现爆发式猛增长势头，对外经济往来次数更是改革开放之前的数倍之多。人民币伴随着对外经济的繁荣开始流向境外，也带来了我国多年来的经济贸易顺差，加上我国自20世纪90年代开始注重外汇储备量的增加，人民币升值压力加剧。② 与此同时，在对外贸易当中，贸易条件的改善也是我国政府在实践当中不断寻求促进经济质的发展的突破口。③

---

① 《中华人民共和国证券法》第八条规定："在国家对证券发行、交易活动实行集中统一监督管理的前提下，依法设立证券业协会，实行自律性管理。"
② 孟凡宇：《人民币汇率制度与货币政策探析》，《现代经济信息》2015年第1期。
③ 贸易条件：一国进出口的商品在国际市场上的相对价格。其被改善的途径有二：一是提高可贸易品部门的劳动生产率；二是提高出口部门的经济竞争力。

然而，贸易条件的改善若以提高劳动生产率为途径，会引发另外一场博弈，即要么降低产品成本和价格，要么在政策上使得实际汇率升值。无论哪一种方法都会使人民币升值压力剧增。第二，我国经济多年来连续增长使得国内的通货膨胀压力持续变大。过去多年来，央行为了拉动国内经济内需，在货币政策上始终秉持宽松原则。央行不加节制地向国内市场投放人民币显然已暴露出弊端。更有甚者，近年来基础设施等需投入大量资金的建设正如火如荼地展开，新一轮的经济大发展即将拉开序幕。火热的经济发展趋势也是加剧国内通货膨胀的重要因素。第三，中央银行夹在人民币升值压力与国内通货膨胀压力之间左右为难。一方面为缓解人民币升值的压力，中央银行需大量购入外汇，增加外汇储备以稳定人民币币值，使之保持相对稳定的状态。但是购入外汇又会使国内的货币增加，直接加剧国内已存在的较为严重的通货膨胀现象。另一方面，为缓解通货膨胀现象，中央银行需要采取紧缩性货币政策，控制市场上的货币总量，而遵循物以稀为贵的自然道理，减少货币数量，自然而然会使人民币币值上升，从而进一步加剧人民币的升值压力。

汇率政策和货币政策在我国当下的经济环境背景之下发展成为一对矛盾体，鱼与熊掌不可兼得，解决了一方面的问题，同时又加剧了另一方面的问题。但是，无论哪一方面问题的加剧都会使得我国经济遭受重创，无论哪一方面问题得不到解决，我国的经济发展都会遭遇瓶颈。《中国人民银行法》赋予中央银行制定这两大政策的权限，在法律上使得中央银行处于两难境地，使其不能有足够的精力解决两方面问题。其他法律也只是规定其他金融机场需遵从中央银行的政策规定，却未能规定它们应替中央银行分担部分工作，相关制度的协调性仍有待提高。

（三）解决上述法律效力冲突的必要性分析

1. 人民币区域化需要一个完善的法律体系作为制度支撑

我国是以以宪法为核心构筑而成的一整套法律体系为依据的法

治国家，法律在我国具有崇高的地位，是每个公民都应奉行的基本准则。制定得完善的法律能够有效治理国家，加速国家成长，促进我国经济更加繁荣昌盛；反之，制定得带有缺陷的法律，一旦颁布运行，本着法律的公信力，它们依然能够使公民普遍遵守它们，但是在天生存有缺陷的法律的治理下，国家会偏离正常的发展轨道，甚至可能会倒退发展。再者，某些法律自身的设定并无错误，但是在法律体系内与其他法律相互配合时会出现冲突，不能达到法律合作应有的效果，这样的法律也是不完善的。当制定得不完善而有缺陷的法律在实践当中发挥法律效力时，非常容易暴露出其不适应现实需要的本质。在法律暴露出其在调整社会关系的无力之际，国家的相关部门应积极寻求法律解决方案，尽可能减少因法律本身缺陷而带来的损失，绝对不可对它视而不见、置之不理。

  人民币区域化计划虽然是以境外活动为整个计划实施的主要部分，但是一个制订得足够细致的计划必须是在制度的引导和规范下完成的。尤其是，人民币区域化是面向境外市场的，通过人民币的不断流通可使更多的人认识中国、了解中国，此时人民币代表的是中国的整体形象，因此在此种意义上也就更需要用制度约束人民币区域化过程中的相关行为。但是通过前文针对几大相关法律的分析可知，鲜有针对人民币区域化问题直接进行法律规制的条文，甚至在相关的司法解释当中也无法捕捉其相关法律规范的身影。再者，除了各个法律本身存在的漏洞之外，不同部门立法之间的相互配合也显得有些许笨拙。要么针对同一个问题重复规定且各自规定之间存在矛盾，要么针对同一个问题均无相关规定而留有法律空白。一个完善的法律体系不仅仅要求单个部门法规定得面面俱到，切合实际生活生产的需要，更要求不同法律能够互相配合，各司其职，在相互交织当中构成一张紧密的法网，在依法治国的背景下不再单打独斗，而是以点滴力量汇聚成一股巨大能量，以在治国上发挥事半功倍的效果。人民币区域化关系我国在国际上的形象，还关系我国经济发展，如此重要的问题的解决亟待法律体系的进一步完善。

首先，法律本身表现出与人民币区域化问题无法适应的特点，已给人民币区域化计划的执行造成一定的阻碍。在人民币区域化过程中，如果法律依然不能够有效对其加以规范，甚至是其固有缺陷在规范着人民币区域化中的行为活动，那么人民币无疑会像无头苍蝇般在境外货币市场中乱闯一通，从而难免有可能会遭受挫折。因此，人民币区域化急需制定得完善的法律体系对其进行有效指导，为其在区域化过程中提供坚实的制度支撑。其次，制定得不完善的法律及其构成的法律体系在实际操作中的失常发挥会伤害国家的公信力，如果国家再不采取行动修复法律缺陷，只会继续使公众失望，这对于国家而言十分不利。综上所述，人民币区域化计划的执行需要国家法律制度为其保驾护航，如此才能保证该计划最终取得成功，现有法律体系存在的缺陷已不得不被提上修改议程。

2. 法律效力冲突的不可调和会影响人民币区域化的经济基础

人民币区域化的提出背景之一便是我国的经济实力不断增强，为人民币走向国际货币市场奠定了扎实的经济基础。其中法律对经济基础起着绝大部分的影响作用，但是通过对选取的几部法律的分析结果可知，当下法律在经济基础的维护上仍存有缺陷。简言之，其一，人民币区域化战略与银行业的发展水平息息相关，但是国内银行业法律体系稍显涣散，给人民币区域化造成了不小的制度阻力。其二，人民币区域化需要一个运作合法的国内金融体系作为发展基础，在金融业监管方面若是无法在法律上做到无漏洞，那么难免会有经济违法现象产生，而这势必会对人民币区域化的进行造成一定影响。法律间的不可调和影响了促使人民币走向国际化的经济基础，给人民币区域化计划的实施埋下了制度隐患。

我国相关法律在海上丝绸之路沿线地区人民币区域化计划提出之前就已颁布施行，虽然部分立法处于不断调整之中，但目前并未能在本质上做出较大完善。《中国人民银行法》等法律在人民币区域化问题的调整上已显示出先天性的不足，现行法律体系存在法律调整重复或者留有法律调整空白的缺陷以及几部法律之间的协调性不足等法律冲突。国内法的主要作用是对国内经济行为或活动进行调整，确保国内经济能够在发展当中保持稳定状态，使国家经济实力不断壮大。人民币只有在国内经济保持雄厚实力的基础下，方能够有余力以及依靠强大的国力为支撑进军国际货币市场，与其他币种进行竞争，争夺货币市场资源。但是，国内法在调整经济问题以及人民币区域化问题时的力不从心，影响了人民币区域化的进程。如果国内经济在法律的调控下发展无力，那么这会直接影响人民币在境外市场的发展进度。同时境外经济主体与我国展开合作的基本条件之一是我国经济发展前景良好，具备合作基础，我国的法律如果无法得到完善，经济发展会在缺陷法律的调控之下渐渐低迷，境外经济主体也会在双方的经济往来中丧失对人民币的使用信心，从而减损人民币在国际市场的影响力，最终使得人民币区域化陷入不良循环。

在我国依法治国的背景之下，有效运行的法律牵动着国家发展方向。《中国人民银行法》等法律在经济领域的调控所表现出的不适应，会慢慢影响国家的经济发展，使国家经济在实践当中渐渐出现不良反应。而国家的经济动态又紧紧联系着人民币区域化的发展广度和深度，经济的病态发展势必会对人民币区域化造成不良影响。众所周知，人民币区域化计划的成功实行能反作用于我国经济，大力推动国家经济发展。因此，人民币区域化对我国而言至关重要，需对影响其发展的问题追根溯源地加以解决。

第 五 章

海上丝绸之路的出路：SDR 框架下人民币区域化法律制度的探索

第一节　海上丝绸之路沿线地区人民币区域化的立法完善
第二节　海上丝绸之路沿线地区人民币区域化法律实施
　　　　机制的建构

第一节 海上丝绸之路沿线地区人民币区域化的立法完善

一 海上丝绸之路沿线地区人民币区域化的法律完善

在人民币区域化进程中，中国不断地在实践中总结经验，从"试点工作"开始一点点向"全面铺开"发展，通过许多政策法规来规范和推动人民币区域化的发展。[①] 然而，现在我国尚未建立健全的人民币区域化法律体系，现行人民币区域化法律体系存在缺乏具有针对性的法律规范及实施细则、现有法律规范位阶较低、基础法律无法适应经济新发展的需求、部门规章制度之间无法协调融通等问题。人民币区域化的发展急需一套完备、系统的法律体系予以保障，因此，中国必须在人民币区域化取得巨大成就的同时，加大对法律制度建设的投入，通过制定和完善国内立法，积极促进与国际上其他国家之间的联合立法，确保国际互联互通，兼顾各方利益需求，使人民币区域化能够沿着法制化的道路稳步前进。

海上丝绸之路沿线地区人民币区域化相关法律包含两个层面的含义。广义上而言，它泛指与货币金融制度相关的一系列规范性法律文件，如由全国人大及其常务委员会制定的法律（狭义法律）、国务院制定的行政法规、国家部委规章、地方权力机关制定的地方

---

① 向雅萍：《人民币国际化的法律路径探析》，《河北法学》2013年第5期。

性法规、地方政府规章等。而狭义层面的仅指享有立法权的立法机关，在我国即全国人大及其常务委员会，依照法定程序制定、修改并颁布，并由国家强制力保证实施的基本法律和普通法律。本书中通常在广义上使用"法律"一词，但本节第一部分的法律指狭义上的法律，主要包括《中国人民银行法》《商业银行法》《银行业监督管理法》《证券法》等。鉴于第四章主要在狭义的法律层面展开，并已对它们做了较为详细的介绍，这里不再重复。

二 海上丝绸之路沿线地区人民币区域化的行政立法完善

（一）海上丝绸之路沿线地区人民币区域化的行政立法评述

前文已经介绍了一些国务院制定的关于货币金融的行政立法，本部分将着重围绕其中较为重要的几部行政法规及部委规章展开。

为了能够更好地使资本项目流入流出均衡，我国于2008年8月修订了《中华人民共和国外汇管理条例》，以更好地适应当代中国的金融形势。修订后的《中华人民共和国外汇管理条例》更加重视外汇管理部门相关的督察义务及其真实性，更偏向于经常项目及资本项目监督的平衡性，明确提出擅自改变资本项目及结汇资金的使用方法及用途的将承担法律责任。换句话说，修订后的《中华人民共和国外汇管理条例》能更好地衔接起各个法条的逻辑，从而能使职能部门在履行其职责时更加高效、灵活。除此之外，该条例还更新了我国对汇率制度的表述，明确指出我国实行的是以市场供求为基础的、有管理的浮动汇率制度。

在中国与周边国家经贸合作不断密切、境外企业对人民币需求量不断上升的情况下，2009年7月，中国人民银行、财政部、商务部、海关总署、国家税务总局、银监会六个部门共同制定了《跨境贸易人民币结算试点管理办法》。该办法明确规定了商业银行拥有人民币跨境结算的权利，使得人民币的跨境流通逐步走入正轨。该办法还规定了相关企业一旦发现违法违规操作，应立刻将信息输入企业与海关、税务等共享的企业基本数据库中，同时还进一步明确了中国人民银行的监管任务。该规章有利于方便各部门的操作，推进了人民币跨境流通的进程，并对各个职能部门的权限范围进行了严格的划分，要求各部门之间做到协调一致，具有积极的影响。

与之配套，2009年7月，中国人民银行出台了《跨境贸易人民币结算试点管理办法细则》，明确规定了银行之间进行资金拆借的问题（第十二条）、人民币贷款问题（第十四条）、出口退税问题（第十七条）、外汇热销问题（第十八条）等内容。这一系列措施从侧面展现出人民币区域化进程正在步入法制化轨道，也体现出我国政府正在尽全力地为人民币跨境流通的正常进行提供法制保障。

2011年3月，财政部、国家税务总局联合颁布了《关于边境地区一般贸易和边境小额贸易出口货物以人民币结算准予退（免）税试点的通知》。该通知规定在内蒙古、辽宁、吉林、黑龙江、广西、新疆、西藏、云南等省份内登记注册的出口企业应通过银行用人民币进行结算，且其一般货物贸易或从陆地出口到邻国的小额贸易可以利用全额出口退税政策得到全额退税。但该通知与《跨境贸易人民币结算试点管理办法》中第六条的规定都提到如果该货物的结算方式是用人民币现金，那么该货物或交易则不能享受到全额出口退税政策。这两者都对人民币结算起到了积极的影响，不仅从根本上使人民币流通出境的方式变得更加正规，而且为我国在货币政策决定上、人民币跨境的规模设计上，以及对其监管的力度上出现的困难提供了解决办法。此外，当享受到全额退税政策的相关银行收到退税款项时，应及时提供其关于人民币转账结算的入账单，同时该企业也应及时提供账单到相关部门进行匹配核验，确保账单一致，如不一致，则相关部门不予其办理出口退税。换句话说，企业在享受出口退税优待的同时，也有要承担的义务，否则其享有优待的权利会被剥夺。

此外，中国人民银行于2003年4月出台了《人民币银行结算账户管理办法》，并于 2005 年 1 月发布了《人民币银行结算账户管理办法实施细则》。为了能使人民币贸易流通的作用充分体现出来，也为了与《跨境贸易人民币结算试点管理办法》的实施相协调，步调一致，中国人民银行于 2011 年 1 月发布了《境外直接投资人民币结算试点管理办法》。这些行政立法规定，均在不同程度上为 21 世纪海上丝绸之路沿线地区人民币区域化战略的推进提供了制度上的保障。

（二）海上丝绸之路沿线地区人民币区域化的行政立法建议

基于推进海上丝绸之路沿线地区人民币区域化战略的视角，结合前述现有行政立法的不足之处，本部分将分别从人民币资本项目自由兑换、人民币出入境监管、人民币跨境结算、人民币汇率政策等几个方面，提出一些粗浅的法律建议，以期进一步完善与人民币区域化相关的行政立法的内容。

1. 稳步推进人民币资本项目自由兑换立法

为了平稳地促进人民币关于资本项目的自由兑换，相关法律不能出现漏洞。中国政府于 1996 年 12 月 1 日接受了"《国际货币基金协定》第八条款"，使得人民币能在经常项目之间实现自由兑换。此前，国家外汇管理局对我国资本项目的管制状况进行了检查及评估，将 43 种资本项目分成 4 大类。到 2005 年底，在这 43 项交易中，我国已实现自由兑换的项目共有 11 项；较少限制兑换的有 11 项；较多限制兑换的有 15 项；严格管制兑换的有 6 项。其中，超过一半的资本项目已实现可兑换，而其中实行严格管制兑换的项目不到 1/5。

由于人民币币值的稳定及中国经济规模的扩大，境外对人民币的需求越来越强烈。我国人民币境外开放政策的出台是循序渐进的，有利于控制投机活动对我国经济的影响。此前出台的一些对人民币境外开放政策的管控措施仍是具有一定必要性的。从《中华人民共和国外汇管理条例》第三章中可以了解到，该条例主要从微观层面详细说明了相关主管机关对资本项目外汇管理的详细义务。为了使人民币资本项目的开放变得可预测且稳定，须严格监督人民币资本项目开放的主管机关的行为，并规定相关主体的职权及义务。相关立法可以将人民币资本项目的开放顺序纳入法律条文。此外，对于刚开放的子项目可进行一个关于我国货币政策有效性的干扰程度及流量的预估，建立一个风险评估制度，监测资本项目下人民币的出入境情况及流量，进一步明确监管机关的职责及其不作为的法律后果。

2. 强化人民币出入境监管制度

强化对人民币出入境的监管力度，有利于降低金融风险并稳定国内经济。为了能更好地实现对人民币出入境流量的监管，我国应鼓励监管方式多元化。《跨境贸易人民币结算试点管理办法》第二十二条提出了中央银行可通过其自身的信息管理系统来对人民币的跨境情况进行监控。但是此方法只适用于境内外企业之间的正当合法的交易，法律之外并且是现金结算的交易仍在规制之外。因此，仍需要考虑采用其他方法来应对境内外企业间的交易。比如，《跨境贸易人民币结算试点管理办法》规定，如果企业之间想要进行现金交易，那么该交易必须实行"一次交易，一次登记"的制度，并且要明确标出实施方、登记过程、交易方、合约的额度、支付方式等内容。实施该登记制度，可以让该规定的效果更加完美地展现，也能使对入境流量的掌控更加透彻。

此外，为了更加清晰地掌握人民币的出入境情况，我国可以同海上丝绸之路沿线国家政府进行一定程度的合作，加强双方之间的数据共享。人民币流量及流向在一定程度上反映了双边贸易的紧密程度，且对人民币的贸易额度、贸易标的物等的统计也具有重要作用，有利于形成人民币流量的双向监控。双向监控比单向监控多了一个反馈数据，能更好地进行数据分析，增强了监控结果的真实性。

3. 鼓励并完善人民币跨境结算奖惩制度

鼓励企业走出国门，积极推行出口退税政策。出口退税是在国际贸易中被各国所接受，用于保证各国出口的货物能公平竞争的一种税收措施，它也是一项调和外贸发展的重要政策。由财政部、国家税务总局联合发布的《关于边境地区一般贸易和边境小额贸易出口货物以人民币结算准予退（免）税试点的通知》提到，边境省份企业在中国与邻国的贸易中要通过商业银行进行人民币的转账交易，这对中国企业家而言无疑是一项具有重要意义的做法，可把滞留在国外的人民币现金用银行转账的方法纳入正确且合法的渠道中，可以说，出口退税政策给了滞留在国外的人民币现金一个实现回流的机会。由于我国对外贸易规模日渐扩大，为了能使更大范围的出口企业享受到该政策的优惠，我国应创新方法使企业通过相应金融机构来进行合法的人民币跨境结算。为了保障出口企业用人民币结账的意愿有增无减，我国应通过配合《跨境贸易人民币结算试点管理办法》及《境外直接投资人民币结算试点管理办法》来达到协调境内外人民币结算的合作机制，以及在企业享受该政策的同时实现推进人民币区域化进程的目的。

4. 细化人民币汇率制度

汇率制度对人民币区域化的推进具有重要意义，完善的汇率立法，将有利于提高我国对汇率波动的应变能力。因此，我国有必要结合 2008 年修订的《中华人民共和国外汇管理条例》，通过其实施细则及相应的行政规章，进一步细化现有汇率制度。至于使人民币的汇率保持稳定，及时对金融危机做出防范，现在市场上的基础的、单一的且有管理的浮动汇率制度正好能做到。但汇率浮动方面的制度尚不完善，故为了适应人民币进行跨境贸易结算的变化，我国可对其管理制度进行部分改革。例如，首先，为了让市场能在汇率决定中起到基础性的作用，且限制中央银行对市场的干预力度，应对人民币汇率制度不断地进行完善，且应辩证地看待运用汇率的政策；其次，在汇率安排方面，对于短期的情况应将平稳作为其主要任务，而对于中期的情况应将扩大其弹性作为其主要任务，对于长期的情况则应把完善汇率形成机制作为其首要任务；再次，要在长期目标的实现过程中形成统筹兼顾的局面；最后，应根据贸易的重要性来选择将哪种货币作为其储蓄货币，用多种方法来将每种货币进行对比，为了将汇率的风险降到最低，应合理地选择货币币种。

5. 协调政府间法律政策

应深入协调政府间的法律政策，增加与海上丝绸之路沿线国家或地区的合作。为了防止美元汇率波动的连带影响，我国先后和东盟国家签订了货币互换协议，在人民币资本项目还未完全自由兑换的基础上，以直接进行货币互换的方式来省略中间兑换美元的环节，开创了一个双方合作的新方式。[①] 在海上丝绸之路沿线区域内还没有形成关键货币且美元仍为国际货币的前提下，该区域内国家应当不断寻求新的形式来实现货币合作。例如，在货币互换框架内，为促进外汇储备货币的多元化，合作国之间可以加大允许货币互换的最大额度，并依据自身的发展情况来克服国际贸易收支不平衡问题，此类方法对于应对汇率变化所带来的影响具有积极作用。与之相应，可以考虑将货币互换的具体规定体现在国内行政立法中，明确自身应遵守的基本原则，并对货币互换规则的漏洞进行填补。

此外，中国可通过与海上丝绸之路沿线国家或地区平等协商来达成一系列合作协议，适当选择一些项目以人民币作为结算货币。在双方进行交易时，如是经常项目或是中方建设的项目则可使用人民币作为结算货币，而区域内国家则需要支付相应的人民币，从而以此来实现人民币的流通，且中国必须无偿帮助区域内国家进行基

---

① 文龙光：《人民币自由兑换的实现及对策》，《山东社会科学》2011年第5期。

础设施的建设，这一举措对人民币的跨境结算具有重要意义。

6. 简化贸易和投资程序性立法

精简贸易和投资手续流程、放宽其限制，可促进贸易和投资便利化。我国应按照促进贸易和精简投资手续这一 WTO 义务规定来制定外汇立法。比如，首先，为了使企业正规合法地办理业务，可规范我国进出口的核销工作并提高技术手段，抓紧时间制定符合独立个人外贸经营的结算方法及核销管理手段。其次，为了方便民营企业商务目的性境外用汇，应提高独立个人贸易外汇收入的监管效率，并紧抓中外合作办学和一些承包工程的外汇管理，而对于中资企业集团或跨国公司应规范其全球运作方法等。

三 海上丝绸之路沿线地区人民币区域化的地方性立法完善

（一）海上丝绸之路沿线地区人民币区域化地方性立法情况概述

人民币区域化战略的推进主要是在中央层面展开的，因此相关立法主要体现为全国人大及其常务委员会制定的货币金融法律、国务院制定的行政法规，以及国务院各部委规章。在地方权力机关及政府制定的地方性法规和规章中，也有一些关于货币金融的立法规定如《中国（上海）自由贸易试验区条例》《中国（天津）自由贸易试验区条例》《中国（福建）自由贸易试验区条例》《中国（广东）自由贸易试验区条例》《上海市推进国际贸易中心建设条例》《中国人民银行广州分行关于支持中国（广东）自由贸易试验区扩大人民币跨境使用的通知》《上海市境外机构境内人民币银行结算账户管理暂行办法》《关于上海市支付机构开展跨境人民币支付业务的实施意见》等。

2013 年 8 月，中国（上海）自由贸易试验区成立。此后，它相继出台了多项货币金融立法，强调在风险可控的范围内进行人民币资本项目自由兑换、利率市场化的试验，取得了与区外不同的金融效果。从上海自贸区现阶段的发展情况来看，中国的人民币市场在不断地放开，区内的金融服务也由于多家金融机构的入驻逐渐变得完善，我国正在不断地将人民币推向国际市场并扩大其交易范围。上海自贸区的金融法律试点，给人民币国际化提供了一定的制度保障。下文将着重结合上海自贸区的建设，提出一些立法完善建议。

（二）海上丝绸之路沿线地区人民币区域化的地方性立法建议

1. 完善自贸区人民币离岸市场法律制度

首先，以上海自贸区建设为基础，完善相关法律制度，加大人民币离岸市场立法的工作力度，为推动上海人民币离岸市场的建设提供法律保障，有利于进一步推进人民币国际化的进程。目前，人民币离岸市场和在岸市场都拥有人民币汇率定价权。其中在岸市场人民币汇率指的是银行与银行之间受管理的人民币浮动汇率，也被称作境内人民币即期汇价。而离岸市场人民币汇率则为境外市场人民币对主要货币的汇率，其变化要由离岸市场的交易双方来决定。在许多情况下，离岸市场人民币汇率并不受任何交易管制，它最能反映人民币在国际市场的变动情况。香港的人民币离岸市场并没有交易管制，且其中的对人民币的需求都源自境外。故其离岸市场有来自两个不同市场的投资人，且来自不同市场的投资的汇率是不同的，在金融机构不清楚其具体来源时，其汇价差为套利者提供了获利的空间。而自贸区设立的作用正是为两个市场设立一个缓冲的空间。如此，或可将境内区外的外汇交易市场拓展到自贸区内，或者可允许境外金融机构在自贸区内进行人民币交易。若此，上海自贸区就能成为一个类似于香港的离岸人民币汇率市场，这将进一步推动人民币的国际化进程。

其次，以法律制度的形式确定自贸区离岸人民币债券市场建设的重要性，以制度保障推动自贸区离岸人民币债券市场的建设进程。目前，我国的离岸人民币债券市场仍存留着类似于规模较小的问题。① 与此同时，香港的人民币债券业务也饱受坎坷。离岸人民币债券市场运营的动力源泉之一就是自贸区的发展。可以允许境内外的金融机构在自贸区内建立人民币证券市场，并发行人民币计价债券。境内外多种多样的债券市场如金融债券市场、企业债券市场等会为自贸区内提供一个人民币投资的平台，故可将境内外的人民币债券市场引入自贸区内，人民币债券市场将变为更具深度的市场。而人民币债券市场的形成将有助于人民币流通形成良性循环，不断吸引境外投资人的投资，使存留在境外的人民币流回境内，而境内区外的资金自然也会通过自贸区中的这个市场流向境外。在自贸区建成人民币在岸市场和人民币离岸市场两个市场后，它将依靠中国内陆坚实的人民币市场来推动上海成为人民币的离岸中心，从而推动人民币国际化的进程。

为推动上海成为人民币离岸交易中心，有必要加强人民币离岸市场的法制建设，构建人民币离岸市场的法规体系，将自贸区人民币离岸市场的交易行为纳入法制化进程。

2. 在进行金融创新的同时不断推进自贸区法制建设

上海自贸区改革了现有的金融体系，其试点改革强度大、内容多，使融资项目的运行更加便利。自上海自贸区的设立获得国家批准之后，其他城市也纷纷要求设立自贸区，并提交了其自贸区改革方案，如天津、重庆、厦门等。但如上所述，只有上海自贸区设立成功，且能够控制住相关风险，并总结出先进经验，故自贸区不能贸然设立，自贸区全国化的道路还很长远。上海自贸区对现今的金融体系进行了一系列的改革，如针对居民与非居民设立了区内、区外两种新账户，并对其账户体系进行了改革创新，使得这种账户模式下的资金在交易进行中能自由流动。企业可利用这些账户来实现

---

① 江欢：《上海自贸区成立对人民币国际化影响分析》，《商场现代化》2015 年第 12 期。

货币的自由兑换。这种情形对我国金融监管部门提出了新的要求。因此，有必要制定有针对性的法律法规，进一步规范货币交易行为，防止境内外及区内的某些套利行为的扩大化，对创新机制改革进行更深层次的思考，完善法规体系，实现依法监管。

另外，许多机构都将与上海自贸区原有的金融机构进行竞争，其中包括由国外引进的境外机构，以及国内的民营机构。在竞争的同时，这些金融机构也积累了经验，能够使其金融产品变得更加出众，同时也拥有了更大的发展空间及更多业务。我国金融监管部门应积极根据经济、金融领域的相应法律法规，针对自贸区的实际状况采取相应措施，实现自贸区金融机构竞争有序化，建立金融机构创新激励机制，鼓励我国金融体制与国际金融机制的融合，充分利用上海自贸区金融试点来实现我国金融市场的逐步开放，为国内其他自贸区的设立提供成功的范本。

3. 建立自贸区制度风险防范法律应用程序

由于上海自贸区金融改革力度非常之大而国内毫无经验可借鉴，面对可能存在风险，应该如何防范是当前我们面临的新课题。一方面，我们要加强规范制度建设，建立自贸区金融风险防范机制；另一方面，我们要依据现有法律法规，做好风险防范及监测工作。

首先，区内外不同的汇率可能引发国际不法分子进行套利圈钱。相关部门可以利用区内账户的交易记录来检查其投资者的交易是否合法，以此阻止套利活动的发生。现代科技信息技术极其发达，可以为监管部门提供追责的证据。与此同时，应对不法分子予以重罚。国家司法部门应与金融监管部门合作，当金融监管部门发现有不法分子进行违法活动，如操纵汇率、洗钱等时，国家司法部门应严格执法，以起到强大的威慑作用。

其次，为了防止现行的法律制度出现冲突，应针对区内外不同政策的实施情况，出台关于自贸区的专门法律规定。根据《中华人民共和国外资企业法》、《中华人民共和国中外合资经营法》和《中华人民共和国中外合作经营企业法》这三部法律，外资想要进入中国市场需要经过繁杂的审批手续，但以上三部法律在自贸区内可以不予适用，以放宽外资进入国内市场的条件。为保障人民币国际化的进程不受影响，我国应把上海自贸区的金融改革作为入场券，出台一系列严谨的防范措施来抵御其所带来的风险。

第二节 海上丝绸之路沿线地区人民币区域化法律实施机制的建构

国际金融秩序的稳定不仅需要以良好的立法制度为基础,而且需要有配套的法律实施机制来做保障。21世纪海上丝绸之路横跨亚、欧、非多个区域,其货币金融法律制度的良好实施有时会涉及多国合作。由于海上丝绸之路沿线国家或地区的社会意识形态、传统文化观念以及法律制度的不同,各个国家或地区追求的社会价值存在差异性。因此,如何协调不同国家间的法律适用,也是人民币区域化进程中无法回避的问题。本节将重点从法律适用的角度对海上丝绸之路沿线地区的司法协助机制进行分析。

21世纪海上丝绸之路沿线地区人民币区域化的司法协助问题的解决,可以借鉴现有的国际司法协助制度。关于"国际司法协助",目前国际上尚无统一的称谓,有的国家称之为"国际司法协助",有的国家称之为"国际司法合作",还有的国家称之为"国际司法联系"。[①] 学者对其定义虽然有很多,但都大同小异。主流的观点认为,国际司法协助是指一国法院或其他主管机关,根据另一国法院或其他主管机关或有关当事人的请求,代为实施或协助实施

---

① 黄骅:《国际民事司法协助制度研究》,硕士学位论文,华东政法大学,2013。

一定的司法行为。[①] 这些司法行为一般包括文书送达、调查取证、承认和执行外国法院的判决和仲裁的认可和执行等。本节希望一方面通过倡导《海上丝绸之路沿线地区司法协助公约》的通过和签署，为海上丝绸之路沿线地区司法协助设定基本的思路和框架，另一方面稳步开展具有梯度性的具体司法制度安排，协调海上丝绸之路沿线各国或地区的诉讼法，初步对海上丝绸之路沿线地区人民币区域化司法救济机制的构建进行思考。

一 积极倡导《海上丝绸之路沿线地区司法协助公约》的通过和签署

首先，对海上丝绸之路沿线地区区域司法协助总体框架设定基本思路，借人民币"入篮"之机，引导海上丝绸之路沿线国家或地区确立区域司法协助的意向，倡导区域内各国家或地区通过和签署《海上丝绸之路沿线地区司法协助公约》。

关于如何倡导海上丝绸之路沿线区域内各国家或地区通过和签署《海上丝绸之路沿线地区司法协助公约》，本节认为该公约的内容是重中之重。由于各个国家或地区社会价值、法律体制的差异性，海上丝绸之路沿线地区司法协助何时开展、如何开展以及开展的范围等具体问题要留给"当事国"通过协商解决。公约应该立足于海上丝绸之路沿线地区司法协助的总体设定思路和框架，求同存异，设立具有原则性的规定，充分发挥自身的宏观指导和全局协调作用，促进海上丝绸之路沿线地区司法协助的进程。

其次，《海上丝绸之路沿线地区司法协助公约》的签署可以考虑以事先签署双边公约、部分国家间公约为基础。例如，截至目前，中国已经同全球70多个国家和地区签订了司法协助公约，包括刑事司法协助公约和民商事司法协助公约，如《中华人民共和国

[①] 肖永平：《国际私法原理》（第2版），法律出版社，2007，第389页。

和大不列颠及北爱尔兰联合王国关于刑事司法协助的公约》《中华人民共和国和波斯尼亚和黑塞哥维那关于民事和商事司法协助的公约》。两个国家之间存在着司法互助的公约或者协定，意味着双方都有意愿促进国际司法协助；从双边公约、多边公约稳步扩展至《海上丝绸之路沿线地区司法协助公约》，有助于消除缔约方的顾虑，将有利于该公约的通过和签署。

二 稳步开展具有梯度性的司法制度安排

（一）区域间"文书送达、调查取证"的制度安排

"文书送达、调查取证"制度直接关系区域司法协助的公正性与效率性。一般区域间文书送达、调查取证的有效性取决于相关两地法律的规定以及相关当事人的配合。由于海上丝绸之路沿线国家或地区的社会意识形态、法律文化观念以及价值判断上存在较大的差异，因此有必要对它们各自的司法制度进行细致的了解，提高它们对相互委托司法协助事项的重视，求同存异，倡导通过并签署《海上丝绸之路沿线地区司法协助公约》，消除认识的错误和偏见，稳步推进海上丝绸之路沿线国家或地区间"文书送达、调查取证"的制度安排。

目前，国（区）际文书送达存在着复杂的送达路径，如中国内地与澳门之间的法律文书送达，必须通过省高院统一转交，文书送达后，送达回证（证明类文书）还要按照原路径返回，耗时长、程序复杂。这种国（区）际法律文书送达方式，无法满足海上丝绸之路沿线地区日益增加的区域文书送达案件的需求，不仅增加了相应的文书送达成本，而且影响了法律文书送达工作的顺利开展，不利于海上丝绸之路沿线地区法律文书送达的成功率。因此在构建海上丝绸之路沿线地区司法制度安排的过程中，可以采取以下措施。一是由一国最高法院直接授权中级法院与委托方同级的相关法院直接送达法律文书，减少送达环节。例如，澳门与中国内地的区际法律

文书送达，都由高院进行转委托，程序复杂、效率不高。如果由最高院授权中级法院直接与同级的法院进行相关的国（区）际文书送达，可减少高院转委托环节，从而可节约时间和司法成本，提高海上丝绸之路沿线地区法律文书送达的成功率。二是有条件地设立专门机构转送法律文书。[①] 专门机构对委托方要求送达的法律文书进行形式审核，符合海上丝绸之路沿线地区法律文书送达要求的，由专门机构统一负责送达。2013年4月7日，最高人民法院印发《最高人民法院关于依据国际公约和双边司法协助条约办理民商事案件司法文书送达和调查取证司法协助请求的规定实施细则（试行）》，该实施细则第五条明确规定了省高院应探索建立专人专门负责区际法律关系的制度，只是目前我国法院关于区际司法协助的制度正在逐步完善，相关基础设施也正在逐步完善。一旦时机成熟、条件具备，海上丝绸之路沿线地区法律文书送达专门机构将设立，而这将极大减轻法院的负担，便利当事人。

对于海上丝绸之路沿线各个国家或地区间调查取证的制度安排，应当充分简化程序，降低取证成本，解决取证难的问题。目前，国（区）际司法协助中大多采用委托方间接取证方式。例如，中国内地与港澳之间的区际调查取证，一般由受托法院代为询问诉讼参与人，代为进行司法鉴定以及调取其他诉讼材料；委托方只有在必要的时候，可以派司法工作人员参与受托方的调查取证过程，并且只有经受托方法院的同意，才能向鉴定人、证人发问。这种间接取证的方式不仅成本高、程序复杂，而且使委托方法院处于极其被动的状态，调查证据的成功率完全取决于受托方法院的配合程

---

① 例如，《关于向国外送达民事或商事司法文书和司法外文书公约》（简称《海牙送达公约》）第十条规定："如送达目的地国不表异议，本公约不妨碍：（一）通过邮寄途径直接向身在国外的人送交司法文书的自由；（二）文书发出国的司法助理人员、官员或其他主管人员直接通过送达目的地国的司法助理人员、官员或其他主管人员完成司法文书的送达的自由；（三）任何在司法程序中有利害关系的人直接通过送达目的地国的司法助理人员、官员或其他主管人员完成司法文书的送达的自由。"

度。一旦受托方法院消极回避,协助不到位,就会出现取证难的困境,委托方法院受理的案件也会因此而无法结案。因此,应当立足于海上丝绸之路沿线国家或地区的司法制度情况,探索建立委托方式间接调查取证与直接调查取证并行的制度模式,完善间接取证方式的程序,允许当事人的代理律师①按照相关程序直接调查取证并且有权向当事人、证人以及鉴定人等直接发问,法院也可直接派出专门的司法工作人员进行调查取证。在海上丝绸之路沿线地区内,平行赋予各个国家相关法院直接调查取证的权力,有利于简化域外调查取证程序,节约成本,提高海上丝绸之路沿线地区司法协助的成功率。

(二) 判决的承认与执行制度

判决的承认与执行是法律适用的直接效果,不被承认或难以获得执行的司法判决事实上并不能对当事人的权益提供有效的法律救济,因此也将使司法保障流于形式。在海上丝绸之路沿线地区内,由于各个国家的社会意识形态、法律文化观念以及法律制度的不同,判决追求的社会价值有一定的差异性。在人民币加入SDR货币篮子后,为了更好地促进海上丝绸之路沿线国家或地区之间的交流和合作,判决的相互承认与执行须扮演重要的角色。目前,从现有国(区)际司法协助来看,一国的判决在域外获得承认与执行,主要存在着3个方面的障碍:①公约关系障碍;②互惠关系障碍;③公共秩序障碍。以下将着重分析这3种障碍对海上丝绸之路沿线地区司法协助可能产生的影响,进而探索可行的区域合作道路。

1. 公约关系障碍之克服

公约关系障碍主要指海上丝绸之路沿线部分国家或者地区,以相互承认协议的存在作为承认和执行外国法院判决的条件,否则起

---

① 律师与其他诉讼代理人的权利有所差别,律师可以按照程序直接调查取证,而其他诉讼代理人不享有该项权利。

诉人只能就该案件重新向被请求国起诉。虽然该项规定是不合理的，但是海上丝绸之路沿线区域还是存在着遵守该项规定的国家或地区。我国从改革开放至今，已经和世界上70多个国家或地区签订了70多份司法协助协议，但海上丝绸之路沿线地区中还存在部分未与我国签订司法互助协议的国家。为了妥善解决这个问题，本书立足于海上丝绸之路沿线地区的整体利益，充分尊重各个国家或地区的司法制度和社会价值特殊性，求同存异，建议在《海上丝绸之路沿线地区司法协助公约》中进行类似的原则性规定，破解海上丝绸之路沿线地区存在的公约关系障碍。

2. 互惠关系障碍之破解

互惠关系障碍是指互惠原则本身的缺陷以及其在运用上的多样性导致的各国在相互承认与执行判决上的现实困难，它使得各国国内法中规定的互惠原则很难在事实上起到促进各国在判决的相互承认与执行方面进行合作的积极效果；相反，却被各国用作防范他国的工具。[1]对于互惠关系障碍，应当逐步考虑破解它。例如，瑞士等国在立法上基本放弃了互惠原则，采取了更加开放的模式。但是出于海上丝绸之路沿线地区全局性的考虑，对于互惠关系障碍的破解，可以分两个阶段进行。第一阶段：不能一刀切地放弃互惠原则，可以对互惠原则采取过渡性措施，鼓励海上丝绸之路沿线地区各个国家或地区放弃互惠原则，但是不强制要求加入《海上丝绸之路沿线地区司法协助公约》的各个国家或地区立即放弃该原则，可以设置过渡性义务条款。例如，借鉴《国际货币基金协定》第十四条对成员国规定的过渡性方法，海上丝绸之路沿线国家或地区可以选择放弃互惠原则，抑或决定采用过渡性办法。采用过渡性办法的国家或地区应当在《海上丝绸之路沿线地区司法协助公约》中被备注说明。第二阶段：对互惠原则进行软化处理，即采取推定为互惠

---

[1] 王吉文：《互惠原则在判决承认与执行上的缺陷》，《云南大学学报》（法学版）2008年第3期。

原则。具体如下：如果海上丝绸之路沿线地区内两个国家之间从来没有进行过司法互助协议，只要能够确定外国法院没有拒绝本国法院判决的先例，则推定为它们之间存在互惠关系[1]，以此鼓励海上丝绸之路沿线地区各个国家间相互承认和执行外国法院的判决，保障海上丝绸之路沿线地区民商事的繁荣交往。

3. 公共秩序障碍之避免

公共秩序障碍主要是指海上丝绸之路沿线部分国家在国内法中规定了，判决内容或诉讼程序若有违背本国公共秩序或善良风俗的，不认可其效力，从而形成国外判决在本国承认与执行之障碍。对于公共秩序障碍的避免，各个国家的规定还未取得实质性的突破，原因在于：公共秩序保留是一把双刃剑，其最大的特点就是灵活性与不确定性。一方面，公共秩序保留是一项维护国家主权的正当利器，一个国家如果认为某判决的承认和执行将给国内带来不利的影响，即可将其认定为违背了国内的公共秩序而拒绝承认和执行该判决。另一方面，公共秩序的模糊性和不确定性，以及它缺乏统一的适用标准，给法院的判决带了不确定性，存在当事人虽然在形式上赢得了法院的判决，但是由于被申请方的法院直接以所谓的违反该国的公共秩序而拒绝承认和执行该判决，造成当事人实际上却没有得到任何的经济利益。这不利于当事人合法权益的保护，同时严重损害了司法的权威性以及良好、和谐的法治环境。故有的学者担忧："公共秩序保留就好比一匹脾气暴躁的烈马，一旦骑上，便会很难控制，稍有不慎，就不知被带到何方？"[2]

目前海上丝绸之路沿线各个国家或地区对公共秩序原则的立法比较薄弱，在涉及国际司法协助的事项上，将公共秩序的范围界定

---

[1] 李广辉、王瀚：《我国区际法院判决承认和执行制度比较》，《法律科学（西北政法大学学报）》2009年第2期。

[2] 霍政欣：《公共秩序在美国的适用——兼论对我国的启示与借鉴》，《法学评论》2007年第1期。

得太宽，对部分无害于被申请国公共秩序和国家利益的判决，也以违反本国的公共秩序为由拒绝承认和执行，从而不利于构建良好、和谐的法治环境。故，在构建海上丝绸之路沿线地区司法协助制度中，相对明确地界定公共秩序的含义和范围，以及制定可操作性的《海上丝绸之路沿线地区司法协助公约》，是外国法院判决的承认和执行制度的重要环节。这里可以借鉴美国关于公共秩序保留的适用和做法。首先对公共秩序原则进行限制性解释：被申请国的法院不能因为申请国的法律与本国存在差异而拒绝承认和执行申请国的法院判决，只有当被申请国的重大政策被侵犯，或者承认和执行外国判决将违背正义的重大原则与道德的基本观念时，才能以之为由拒绝承认和执行该判决。其次，在选择准据法阶段就考虑被申请国的公共秩序，避免适用该国公共秩序的法律，防止做出的判决因违背被申请国的公共秩序而被拒绝承认和执行。与其亡羊补牢，在选定准据法后再援用公共秩序不予适用该法，不如未雨绸缪，在选择准据法阶段就将违反被申请国公共秩序的法律予以排除，这样不仅节约司法成本，而且能保证判决结果被承认与执行的确定性、可预测性。

因此，公共秩序原则不仅仅具有"事后排除"的保护作用，更具有"事前指导"的积极功能，我们应转变观念，充分发挥公共秩序原则"事前指导"的积极功能。特别是海上丝绸之路沿线地区的司法协助制度，应灵活运用公共秩序的"事前指导"功能，选择正确的准据法审理案件，这将极大提高外国判决的承认与执行的成功率，有利于在海上丝绸之路沿线地区营造良好、和谐的法治环境。

（三）仲裁的相互认可与执行

仲裁的相互认可与执行同样是在制定海上丝绸之路沿线地区司法协助制度时需要考虑的问题。对于海上丝绸之路沿线各个国家或地区的多个仲裁机构做出的仲裁裁决在区域内是否都应被认可与执行，目前立法尚无明确规定。基于前文分析，海上丝绸之路沿线地区区域性仲裁制度的设计与选择可分为两种情形。一是通过《海上丝绸之路沿线区域内仲裁执行安排》，但并不涉及要求区域内国家或地区提供国内特定的仲裁机构名单的问题，以此表明对海上丝绸之路沿线区域内仲裁机构的信任。然而该种仲裁制度安排可能存在以下几个弊端：首先，仲裁机构数量繁多的国家或者地区，仲裁机构的信誉、仲裁人员的业务水平参差不齐，如果认可与执行区域内所有仲裁机构的仲裁裁决略欠稳妥，操之过急，不一定有利于稳步推进海上丝绸之路沿线区域内的司法合作；其次，由于海上丝绸之路沿线区域内各个国家或地区的仲裁机构的受案范围不同，对于胜诉方向区域内相关法院申请裁定仲裁裁决的认可和执行，存在相关中级法院能否受理等问题。

二是通过《海上丝绸之路沿线区域内仲裁执行安排》，但明确规定区域内国家或地区仲裁机构的名单，在名单之内的仲裁机构所做出的裁决，当事人可以依照程序在海上丝绸之路沿线区域申请仲裁裁决的认可和执行，相关中级法院应当受理。除了名单之外的其他仲裁机构所做出的仲裁裁决，区域内的相关法院没有义务受理。该种仲裁制度安排可以有效防止区域内仲裁机构的差异性所导致的裁决的认可和执行问题，但是会造成可申请认可和执行的仲裁裁决数量受到极大的限制，使符合申请要求执行地法院的范围比较狭窄，如《中华人民共和国民事诉讼法》规定：当事人可以向被申请人住所地、经常居住地或者财产所在地的有关法院申请认可和执行。因此，在双重条件的限制下，符合申请执行的仲裁裁决范围就受到极大的限制。

对于这两种仲裁制度的安排，首先都应该确保其下受理法院审查仲裁案件的效率达到一定水平。目前，海上丝绸之路沿线区域的国家或地区对受理法院审查仲裁案件的速度没有做出具体的规定，造成申请认可和执行的仲裁裁决案件久拖不决。例如，在澳门的仲裁裁决制度中，只规定了受理法院应该尽快审查认可和执行的请求，并依法做出裁定。① 由于"尽快"二字是一个不确定的时间概念，对时间的限定因人而异，容易产生偏差，因此在司法实践中，发生过法院受理案件 2 年多还未对仲裁案件做出生效裁定的情况。② 因此，在设计仲裁制度安排时，应排除模糊的时间概念，同时应充分考虑海上丝绸之路沿线各个国家或地区的差异性，根据实际情况，合理制定法院审查的时间上限，既统筹海上丝绸之路沿线各个国家或地区的意识形态差异，又保障当事人的合法权益。

三　海上丝绸之路沿线各国或地区的诉讼法协调

即便存在着海上丝绸之路沿线区域总体的司法协助框架和司法协助的制度安排，海上丝绸之路沿线区域内的司法协助的实施仍离不开区域内各个国家或地区的诉讼法。由于司法协助属于诉讼程序范畴，法律程序问题往往取决于法院所在地的法律，因此海上丝绸之路沿线国家或地区各自的诉讼程序法在区域司法协助中的作用是无法替代的。但是，海上丝绸之路沿线地区司法协助毕竟涉及主权因素，如果采用过激的规定（如要求海上丝绸之路沿线区域内各个国家或地区按照司法协助公约修改本国的诉讼法），那么将引起其他国家的反对意见以及警惕心理，不利于海上丝绸之路沿线地区人民币的区域化以及司法协助制度的构建。

因此，在协调海上丝绸之路沿线各国或地区诉讼法的过程中，无须强制要求将司法协助公约转化国内法加以适用。按照国际法学界的观点，公约在国内法的适用主要有以下三种模式：一是并入模式，即成员国国内可以直接适用国际公约，也就是通常所说的公约

---

① 《内澳认可与执行仲裁安排》第十条规定："受理申请的法院应当尽快审查认可和执行的请求，并作出裁定"。
② 在司法实践中，澳门中级法院曾于 2008 年受理过 2 宗内地仲裁机构做出的仲裁裁决，但直到 2011 年，该仲裁裁决仍处于审查阶段，更不用说通过澳门初级法院执行了，参见宋锡祥《中国内地与澳门区际民商事司法协助的成效、问题及其完善建议》，《政治与法律》2011 年第 8 期。

的直接适用;二是转化适用模式,即成员国依据公约的规定来废、改国内法,以达到适用公约的目的,也就是通常所说的间接适用;三是准并入模式,该模式认为虽然公约不能直接在国内适用,但是司法机关可以行使自由裁量权,解释和发展国内法使之与公约相接近。① 采取并入模式的国家有法国、德国、俄罗斯以及芬兰等,采取转化适用模式的国家主要包括英国、澳大利亚、新西兰等英联邦国家。我国混合采用并入模式与转化适用模式,虽然我国宪法没有直接规定公约在中国的适用问题,但具体的法律制度,如《中华人民共和国民事诉讼法》、《中华人民共和国行政诉讼法》以及《中华人民共和国民法通则》等,规定了一些公约在中国的直接适用,再如我国通过修改《中华人民共和国商标法》《中华人民共和国著作权法》等,使之内容与国际公约相一致,采取转化模式达到了适用公约的目的。各国虽然采取了不同的公约适用模式,但是它们之间有着共同特点,即公约可分为"自动执行性"与"非自动执行性"。"自动执行性"的标准大概包括:一是公约的条款表达清楚明确,可在国内层面产生具体的法律后果;二是公约条款赋予了个人以权利与义务,而不仅仅要求国家做出某种具体行为;三是公约的条款无须国内法的履行即可得执行或者有效。故,"自动执行性"公约可以直接适用,"非自动执行性"公约则需通过转化适用。

因此,对于《海上丝绸之路沿线地区司法协助公约》的适用,区域内各国家或地区基本都应通过直接或者间接的方式,达到适用公约的目的。而其司法协助内容一般出现于各国的诉讼程序法中,我们只需在该公约中做原则性的规定,以协调海上丝绸之路沿线各个国家或地区的诉讼法。

---

① 罗国强:《论国际公约的国内适用问题》,《兰州学刊》2010年第6期。

参考文献

[1]〔美〕波斯纳:《法律的经济分析》,蒋兆康译,中国大百科全书出版社,1997。

[2]〔美〕费正清:《剑桥中华民国史》(第二部),章建刚等译,上海人民出版社,1992。

[3]〔日〕冈崎敬:《东西交涉考古学序说——丝绸之路与白银之路》,载《东西交涉的考古学》,东京:平凡社,1973。

[4]〔日〕镰田信男:《阿根廷金融危机发生的体制原因》,汪慕恒译,《经济资料译丛》2003年第1期。

[5]〔英〕亚当·斯密:《国民财富的性质和原因的研究》(上卷),郭大力、王亚男译,商务印书馆,2003。

[6]巴曙松、杨现领:《货币锚的选择与退出:对最优货币规则的再考察》,《国际经济评论》2011年第1期。

[7]曹婧、韩金凤、孙欣:《新加坡金融监管经验及启示》,《新加坡金融监管经验及启示》2014年第8期。

[8]柴佐君:《货币体系的发展史及其矛盾分析》,《东方企业文化》2010年第15期。

[9]陈彪如:《国际金融概论》,华东师范大学出版社,1988。

[10]陈宏:《中韩货币互换对双边贸易及人民币国际化的推动作用》,《北京工商大学学报》(社会科学版)2010年第2期。

[11] 陈坚：《特别提款权——国际货币基金组织创设的储备资产工具》，《国际金融研究》1989年第6期。

[12] 陈利君：《建设孟中印缅经济走廊的前景与对策》，《云南社会科学》2014年第1期。

[13] 陈柳钦：《金融危机下国际金融体系改革的思考》，《当代经济管理》2009年第10期。

[14] 董彦、陈玉洁、周晓燕等：《三解21世纪"海丝"之路》，《今日中国》2015年第3期。

[15] 樊亢等编著《主要资本主义国家经济简史》（增订本），人民出版社，1997。

[16] 付俊文：《美联储货币互换工具的实践及对我国央行的启示》，《亚太经济》2011年第5期。

[17] 桂詠评：《试论特别提款权定值的缺陷》，《中国经贸》2009年第8期。

[18] 国务院发展研究中心课题组：《人民币区域化条件与路径》，中国发展出版社，2011。

[19] 何迎新：《印度资本项目可兑换的经验与启示》，《区域金融研究》2011年第9期。

[20] 何运信：《中国能进一步提高央行独立性以改善货币政策可信度吗？》，《广东金融学院学报》2011年第2期。

[21] 洪波、虞红丹：《从制度经济学角度看牙买加体系的特点与问题》，《南方金融》2012年第4期。

[22] 胡斌：《美元与黄金之间关系的教学反思》，《历史教学》（中学版）2010第11期。

[23] 黄梅波、熊爱宗：《特别提款权与国际货币体系改革》，《国际金融研究》2009年第8期。

[24] 黄燕君、包佳杰：《国际贸易结算货币理论及其对我国的启示》，《国际商务（对外经济贸易大学学报）》2007年第6期。

[25] 黄余送、裴平：《民国政府的货币改革》，《中国社会经济史研究》2006年第4期。

[26] 黄志忠、谢军：《宏观货币政策、区域金融发展和企业融资约束——货币政策传导机制的微观证据》，《会计研究》2013年第1期。

[27] 霍政欣：《公共秩序在美国的适用——兼论对我国的启示与借鉴》，《法学评论》2007年第1期。

[28] 季勇、曹云祥：《国际货币体系演进规律及中国应对策略——基于金融危机的视角》，《现代管理科学》2016年第2期。

[29] 贾辉艳：《对人民币国际化进程中金融监管问题的探讨》，《经济研究参考》2012年第31期。

[30] 江欢：《上海自贸区成立对人民币国际化影响分析》，《商场现代化》2015年第12期。

[31] 江鲁：《关于积极参与21世纪海上丝绸之路建设推进宁波城市国际化的几点思考》，《宁波通讯》2014年第14期。

[32] 姜伯勤：《广州与海上丝绸之路上的伊兰人：论遂溪的考古新发现》，载广东省人民政府外事办公室、广东省社会科学院编《广州与海上丝绸之路》，广东省社会科学院，1999。

[33] 姜建清、孙彬：《重建市场信心是缓解流动性危机的有效途径》，《金融论坛》2009年第1期。

[34] 焦继军：《人民币跻身于国际货币之列的效应分析》，《经济问题》2005年第1期。

[35] 金明：《人民币实现经常项目可兑换的历程及经验》，《南京金专学报》1997年第1期。

[36] 李翀：《关于国际铸币税收益的再探讨》，《南方经济》2014年第1期。

[37] 李广辉、王瀚：《我国区际法院判决承认和执行制度比较》，《法律科学（西北政法大学学报）》2009年第2期。

[38] 李婧：《人民币国际化与"一带一路"建设：公共产品提供的视角》，《学海》2016年第1期。

[39] 李婧：《人民币区域化对中国经济的影响与对策》，中国金融出版社，2009。

[40] 李莉莎：《国际货币体系变革中的组织机制重构——以国际货币基金组织为视角》，《理论月刊》2011年第3期。

[41] 李庆新：《南宋海外贸易中的外销瓷、钱币、金属制品及其他问题——基于"南海Ⅰ号"沉船出水遗物的初步考察》，《学术月刊》2012年第9期。

[42] 李树：《经济理性与法律效率——法经济学的基本理论逻辑》，《南京社会科学》2010年第8期。

[43] 李向阳：《布雷顿森林体系的演变与美元霸权》，《世界经济与政治》2005年第10期。

[44] 李新功：《国际货币体系错配与中国制造业技术创新途径探析》，《当代经济研究》2012年第10期。

[45] 廖凡：《国际货币体制的困境与出路》，《法学研究》2010第4期。

[46] 林文勋：《钱币之路：沟通中外关系的桥梁和纽带》，《思想战线（云南大学人文社会科学学报）》1999第5期。

[47] 蔺捷：《金融危机背景下IMF贷款条件性改革》，《国际商务研究》2011年第5期。

[48] 凌慧：《浅析跨境贸易人民币结算对外贸企业的影响》，《现代商业》2011年第3期。

[49] 刘波：《敦煌所出粟特语古信札与两晋之际敦煌姑臧的粟特人》，《敦煌研究》1995年第3期。

[50] 刘海峰：《人民币货币互换与人民币的国际化》，《特区经济》2009年第12期。

[51] 刘金全、刘兆波：《我国货币政策的中介目标与宏观经济波

动的关联性》，《金融研究》2008 年第 10 期。

[52] 刘军：《明清时期海上商品贸易研究（1368－1840）》，博士学位论文，东北财经大学，2009。

[53] 刘俊宇、于宝春、王星：《特别提款权的现状及发展趋势》，《国际金融研究》1997 年第 10 期。

[54] 刘力臻、徐奇渊等：《人民币国际化探索》，人民出版社，2006。

[55] 刘鸣：《2015 年东盟经济共同体：发展进程、机遇与存在的问题》，《世界经济研究》2012 年第 10 期。

[56] 刘淑娟：《生产要素流动性变迁及其效应探析》，《当代经济》2009 年第 3 期。

[57] 刘文娟：《当前跨境贸易人民币结算的障碍与对策分析》，《经济师》2011 年第 12 期。

[58] 刘小雪：《保持定力的印度货币政策》，《中国金融》2015 年第 6 期。

[59] 刘轶、董敏：《民国时期货币发行和币制改革探析》，《兰台世界》2014 年第 28 期。

[60] 罗成、车维汉：《人民币汇率变动与中美关系的演变——基于财富权力转化机制的实证分析》，《国际金融研究》2014 年第 5 期。

[61] 罗国强：《论国际公约的国内适用问题》，《兰州学刊》2010 年第 6 期。

[62] 吕江林、黄光：《"三位一体"监管视角下的我国商业银行监管绩效研究》，《当代财经》2014 年第 4 期。

[63] 马蓉、王文帅：《跨境贸易人民币结算两周年》，《金融世界》2011 年第 8 期。

[64] 马先仙、杨文武：《后金融危机时代中印货币合作探析》，《南亚研究季刊》2013 年第 4 期。

[65] 马之騆：《国际货币基金组织的性质和作用》，《世界经济》

1980 年第 7 期。

[66] 孟凡宇：《人民币汇率制度与货币政策探析》，《现代经济信息》2015 年第 1 期。

[67] 聂利君：《货币国际化问题研究——兼论人民币国际化》，光明日报出版社，2009。

[68] 彭信威：《中国货币史》（第 2 版），上海人民出版社，2015。

[69] 潜旭明：《"一带一路"战略的支点：中国与中东能源合作》，《阿拉伯世界研究》2014 年第 3 期。

[70] 邱兆祥：《人民币区域化问题研究》，光明日社出版社，2009。

[71] 全汉升：《中国经济史研究》（第 1 期），台北：新亚研究所，1991。

[72] 全毅、汪洁、刘婉婷：《21 世纪海上丝绸之路的战略构想与建设方略》，《国际贸易》2014 年第 8 期。

[73] 阙澄宇、马斌：《中国—东盟经济合作中的人民币区域化研究》，中国金融出版社，2015。

[74] 舒雄：《人民币跨境结算支付系统制度安排的缺陷及其完善》，《新会计》2011 年第 6 期。

[75] 孙立行：《基于人民币国际化视角的人民币汇率形成机制改革问题研究》，《世界经济研究》2010 年第 12 期。

[76] 唐果、贺翔：《国际货币体系起源发展及其理论综述》，《云南财经大学学报》（社会科学版）2009 年第 2 期。

[77] 唐柳硕：《从中国境内出土发现的古代外国钱币看丝绸之路上东西方钱币文化的交流与融合》，《甘肃金融》2002 年第 2 期。

[78] 涂永前：《人民币国际化的法律路径及法治建设》，《政法论丛》2015 年第 5 期。

[79] 王彬：《人民币汇率均衡、失衡与贸易顺差调整》，《经济学》2015 年第 4 期。

[80] 王吉文:《互惠原则在判决承认与执行上的缺陷》,《云南大学学报》(法学版) 2008 年第 3 期。

[81] 王丽:《印度经济发展方式转变的实证分析》,《南亚研究季刊》2009 年第 3 期。

[82] 王倩:《东亚经济体汇率的锚货币及汇率制度弹性检验——基于新外部货币模型的实证分析》,《国际金融研究》2011 年第 11 期。

[83] 王琼、张悠:《跨境贸易人民币结算影响因素的经验分析——基于国际计价结算货币选择的视角》,《财经问题研究》2013 年第 7 期。

[84] 王帅:《人民币在东盟区域化的可行性及路径研究》,硕士学位论文,河北大学,2014。

[85] 王铁崖主编《中华法学大辞典》(国际法学卷),中国检察出版社,1996。

[86] 王哲:《人民币汇率定价机制改革对货币政策自主性的影响研究》,硕士学位论文,外交学院,2016。

[87] 文富德:《莫迪上台后印度经济增长"新常态"》,《亚太经济》2015 年第 2 期。

[88] 文龙光:《人民币自由兑换的实现及对策》,《山东社会科学》2011 年第 5 期。

[89] 吴崇伯:《深化与海丝沿线国家合作推动海上丝绸之路核心区建设》,《福建理论学习》2015 年第 8 期。

[90] 吴福环、韦斌:《丝绸之路上的中外钱币》,《西域研究》2004 年第 3 期。

[91] 吴念鲁、杨海平:《关于中国外汇储备管理主导权的探讨》,《国际金融研究》2015 年第 4 期。

[92] 吴平:《海上丝绸之路货币探索》,载《福建省钱币学会第二次会员代表大会、第五次东南亚历史货币暨海上丝绸之路货

币研讨会专辑》，1994。

[93] 武广、冯文伟：《人民币国际化问题探究——人民币国际化对国际清偿力的影响》，《金融理论与实践》2008年第3期。

[94] 习辉：《区域货币合作理论与路径》，中国金融出版社，2011。

[95] 向雅萍：《人民币国际化的法律路径探析》，《河北法学》2013年第5期。

[96] 肖茂盛：《中国货币文化简史》，中国书籍出版社，2013。

[97] 肖永平：《国际私法原理》（第2版），法律出版社，2007。

[98] 徐慧玲：《人民币自由兑换的必要性及条件分析》，《经济师》2005年第11期。

[99] 徐澜波：《我国宏观调控权配置论辨正——兼论宏观调控手段体系的规范化》，《法学》2014年第5期。

[100] 鄢莉莉、宋芳秀：《跨境贸易人民币结算、经济政策有效性与福利分析》，《经济科学》2013年第5期。

[101] 杨飞：《牙买加体系缺陷及其改革思路》，《现代物业》2010年第2期。

[102] 杨继梅、齐绍洲：《欧洲银行业联盟初探》，《国际金融研究》2013年第8期。

[103] 杨小平、孙仲文：《中国货币在东南亚区域化的历史进程——历史与展望》，《中国金融》2009年第7期。

[104] 杨雪峰：《日元作为国际储备货币的实证分析》，《世界经济研究》2010年第11期。

[105] 叶彩文：《特别提款权的由来及展望》，《国际贸易问题》1984年第5期。

[106] 易纲：《外汇管理方式的历史性转变》，《中国金融》2014年第19期。

[107] 映如：《国际货币基金组织》，《中国金融》1980年第6期。

[108] 喻海燕：《中国外汇储备有效管理研究》，中国金融出版

社，2010。

[109] 曾文革、陈璐：《逐步实现人民币自由兑换的法律思考》，《云南大学学报》（法学版）2008年第1期。

[110] 张行：《关于特别提款权第三轮分配的新论章》，《世界经济文汇》1997年第5期。

[111] 张会玉、王森亮：《浅析WTO与IMF对于汇率问题的管辖权界限：以GATT第15条分析为例》，《山西经济管理干部学院学报》2013第2期。

[112] 张健：《特别提款权》，《国际贸易》1983年第3期。

[113] 张卢鸽、胡列曲：《中印金融合作的动因及制约因素分析》，《时代金融》2014年第2期。

[114] 张萌、蒋冠：《人民币国际化路径研究——基于"东盟10+3"发展模式的分析视角》，《思想战线》2013年第5期。

[115] 张明、肖立晟：《国际资本流动的驱动因素：新兴市场与发达经济体的比较》，《世界经济》2014年第8期。

[116] 张明：《全球货币互换：现状、功能及国际货币体系改革的潜在方向》，《国际经济评论》2012年第6期。

[117] 张生举：《人民币可兑换进程大事记》，《中国货币市场》2002年第9期。

[118] 张涛：《中国-东盟金融合作中人民币区域化的金融政策法规研究》，《云南财经大学学报》2010年第6期。

[119] 张伟红：《构建顺畅的人民币回流渠道促进人民币国际化》，《中国商贸》2012年第31期。

[120] 张昱、田兴：《国际贸易，金融市场及国际经济政策协调——中国—东盟经济周期同步性的影响因素分析》，《中山大学研究生学刊》（社会科学版）2011年第3期。

[121] 张远军：《中俄间人民币跨境流通的理论与实证研究》，《金融研究》2011年第6期。

[122] 赵江林：《21世纪海上丝绸之路：目标构想、实施基础与对策研究》，社会科学文献出版社，2016。

[123] 赵金蕾：《浅析海外投资的政治风险》，《楚天法治》2015年第9期。

[124] 赵柯：《货币国际化的政治逻辑——美元危机与德国马克的崛起》，《世界经济与政治》2012年第5期。

[125] 赵维田：《最惠国与多边贸易体制》（第1版），中国社会科学出版社，1996年。

[126] 郑凤想、丁安国：《从丝绸之路到钱币之路：中国货币的世界性融合》，《武汉金融》2011年第12期。

[127] 中国人民大学国民经济史教研室编辑《中国近代国民经济史参考资料》（二），中国人民大学出版社，1962。

[128] 钟伟、魏伟、陈骁：《SDR助推人民币国际化进程》，《金融市场研究》2015年12期。

[129] 周先平、李标、冀志斌：《人民币计价结算背景下汇率制度选择研究——基于汇率变动时变传递效应的视角》，《国际金融研究》2013年第3期。

[130] 周先平：《国际贸易计价货币研究述评——兼论跨境贸易人民币计价结算》，《国外社会科学》2010年第4期。

[131] 周玉渊：《从东盟自由贸易区到东盟经济共同体：东盟经济一体化再认识》，《当代亚太》2015年第3期。

[132] 朱加凤、张琼：《发展中国家国际储备合理规模分析》，《求索》2006年第2期。

[133] 朱景文主编《法理学》，中国人民大学出版社，2008。

[134] 邹立刚：《中国-东盟共建南海海上丝绸之路的战略思考》，《海南大学学报》（人文社会科学版）2014年第4期。

索　引

21世纪海上丝绸之路　4～5，9，44～46，48，75～76，82，88，101，167～168，176，184，193，201，207～208，294，303
边境贸易　37，54，151～154，169，195，207～209，212～213，246，266
布币体系　109
布雷顿森林体系　13～14，16，24～25，40，51，57～59，65，68，78，153，159，163～164，262
操纵汇率　255，262～264，301
出口退税　211，213，242，293，296
大额支付系统　240
单一货币　77，86，149，161，191
刀币体系　109
地方性法规　298
地摊银行　151，209，245～246
地下钱庄　150，154，245～246
东盟10+3　173～174，182，187～189

东盟经济共同体　177～179
法币　136～137，142～145，147～149
浮动汇率制　41，77，84，153，160，164，186，191，201，218，224～225，249～250，252，292，296
浮动汇率制度　77，84，153，160，224，249～250，292，296
复汇率　260
关键货币　37，39～40，60，62，77，297
管辖权　254～256，258～260
国际货币互换机制　171～172
国际货币基金组织（IMF）　13
国际货币体系　13～14，20，24～29，42，53，57，65，67，72，76，85，159，162～163，165，168，175，189，192
国际收支　14，17，25，55，58，60，67，69，160～162，164，

167，174，183，185～186，197，203，205，212，215，218，222，233，238，246，254～255，259，262～263

国际收支调节机制 162，164，263

海上丝绸之路 4～9，11，44～50，63，65，68，70～86，88～92，97，99～102，105，118～120，128，132～133，135，137～138，157，167～168，176，184，187，193，201，204，207～208，211，215，217，229，269，287，289，291～292，294～295，297～299，303～313

海上陶瓷之路 99

互换基金池 175

环钱体系 109

汇率制度 13，77，83～84，153，160，164，167，175，177，185，191，195，207，218，222～224，226～227，249～250，252，256，258，260～262，264，284，292，296

汇率主权 222，261～264

会子 130～131

货币 3～7，9，11，13～44，46～69，71～86，89～93，95，97，99，102～114

货币互换协议 42，73，155，171～172，174～175，195，210，297

货币经济 102，106，109，111～113，117～121，130，132～133，147

货币篮子 3～4，6～7，9，11，13～15，17～20，27～32，34～35，41～44，46～56，65，73，85，102，161，163，188，191，197，201，203，208，214，227～228，307

货币流通 6，43，68，72～73，102～103，105，109～110，112～113，118～119，121，128，132，135，147，149～150，201

货币替代 40，149

货币文化 102～104，107～108，120，124，132～133

货币形制 102，111，125，128

货币政策 6，29，62，69，80～81，135，139，142，144，162，164，170，176，180～185，190～191，201，203，206～207，217～218，228，252～253，255，261，270～271，284～285，293，295

货币职能 41，44，55～56，86，113，121，123，130～131

货币自由兑换 55，83，199

基本法律 282，292

集体保险机制 76～78

计价结算货币 75，153，167，

170，207，209，211

交子　103，130

结售汇　201，214，218，227，250~251，274

金本位制度　66~67，73

金融自由化　64~65，162，176，179~182，204

经常项目自由兑换　83~84，198~199，201，218，252

纠纷解决机制　243~244

开元通宝　121，124~125，127~129

跨境本息保　214

跨境通　214

离岸金融中心　53，153

南方丝绸之路　99

票证通　214

普通法律　282，292

钱币学　103~105，132，135

钱币之路　120，133

强制结售汇制　218

清迈协议　65，173~175，182，188~189，192

人民币国际化　3~4，41，53~54，59，66，75，84，90，93~95，150，153，159，161，166~169，171，174，188，201，211，227，243，247~249，253，291，299~300，302

人民币结算　44，93~95，152，154~155，188，193~194，208~211，213~215，237~244，248，273，292~296

人民币跨境支付系统（CIPS）　94，241

人民币清算　93，95，211~212，238，241

人民币区域化　4~11，32，36~45，51~56，59，63~65，68，70~71，73~86，90~93，102，105，149~151，154~155，157，175~176，178，184，187，189，193，197~198，202，203，207，210，212，229~231，233，237，240~241，244，246，253~254，269~278，280~282，284~289，291~294，296，298~299，303~304

世界银行（WB）　13

收盘汇率　84

双重汇率制度　223~224

司法协助　303~310，312~313

特别提款权（SDR）　4

通货紧缩　105

通货膨胀　62，105，121，135，142，144~145，148~149，152，162~163，179，184，206，252，285

外汇储备　39~40，61，64，78~79，155，159，163~164，167，172~173，175，185，199，201，

204，215～221，230，234，252，274，284～285，297

外汇管制　83，90，180，185～187，198～200，209，217，234，254，258～259，260，268

完全自由兑换货币　83

五铢钱　117～121，124～125

信用货币　104，118

行政法规　220，226，280，283，291～292，298

行政规章　296

牙买加体系　159～166，262

亚洲金融危机　63～64，79

一般等价物　3，75，106～108，121

一带一路　3～4，43，45～46，73，75，94，101，235，247

一篮子货币汇率　84～85

蚁鼻钱体系　109～110

圆形方孔钱文化圈　120

证券　84，95，146，162，164，182，187，204～205，215，217，220，235，247～248，250，269，278～281，283～284，292，300

中央银行　72，81，89～90，144，146，155，171，174，176，190，243，246，249，270，282，285，295～296

主权债务危机　62，171，188

铸币税　8，32～34，71～73，165～166，230，244

资本项目自由兑换　83～84，92，197，202，204，294，299

资本账户管制　92，219

资源转移效应　8，73～74

自贸区　88，168，170，188，197，205～207，299～302

后 记

"海上丝绸之路"的复兴举世瞩目。如何贯彻落实国家建设"21世纪海上丝绸之路"重要战略构想,把握好人民币"入篮"的历史契机,进一步推进海上丝绸之路沿线国家或地区的人民币区域化进程,已成为令诸多法学人夙兴夜寐之愿景。福州大学法学院依托福建省地方法制建设研究中心、福州大学海上丝绸之路核心区法律研究中心等科研机构,针对"海上丝绸之路沿线地区货币合作法律问题"这一主题,展开了多方研究与讨论。相关研究思路,有幸获得了"海上丝绸之路与海洋强国建设丛书"出版计划的首肯。

为了更加系统地展开本研究,我院成立了专门的"海上丝绸之路建设中人民币区域化法律制度保障"项目组,分别就特别提款权机制、中国货币区域化法制史、现行人民币区域化法律文本、海上丝绸之路沿线区域货币司法判例等问题进行了分项讨论与调研。感谢福建省人民政府法制办、福建省人大常委会法工委、福建省档案馆、福州大学社科处、福州大学闽商文化研究院、福州大学图书馆等部门对调研工作的开展所给予的帮助。此外,我院众多师生曾积极参与到本项目中,提供建议建言,体现了对21世纪海上丝绸之路建设的关注,从而也为本书的成稿提供了大量的智力支持。

从组建专项研究小组,到成稿,短短一年时间着实颇为紧凑。在此,要衷心感谢所有为项目积极推进而努力付出过的领导、同仁及同学们。感谢社会科学文献出版社的谢寿光社长、恽薇老师、陈凤玲老师，以及福州大学社科处的高明处长，在"海上丝绸之路与中国海洋强国战略丛书"编纂工作座谈会上对本书研究思路提出的中肯建议。感谢闽商研究院苏文菁教授在本书出版及撰写工作中，自始至终的关心与指导。本书的完成，可以说是法学院及项目组成员共同努力的结果。在此，尤其要感谢项目组的高炳巡、苏忠康、林星阳、吴仕清、吴菁敏、牛佳乐、郭仕捷、连雨菲。没有大家在项目调研、法规梳理、资料汇总等方面的辛勤付出，本书不可能这么顺利地完成。感谢百忙之中对本书进行审阅校对的诸位编辑，以及为本书研究提供了重要思路的引文及参考文献的作者。

受研究水平与研究时间所限，书中还存在着诸多不足之处，每每念及，便诚为惶恐。在此抛砖，只为引玉，希望获得社会同仁的共识与包容，更希望大家不吝赐教！

丁国民、陶菁
2016年7月

图书在版编目(CIP)数据

人民币区域化法律问题研究：基于海上丝绸之路建设的背景／丁国民，陶菁著. -- 北京：社会科学文献出版社，2016.12（2017.11 重印）
（海上丝绸之路与中国海洋强国战略丛书）
ISBN 978-7-5201-0094-6

Ⅰ.①人… Ⅱ.①丁… ②陶… Ⅲ.①人民币 - 区域化 - 货币法 - 研究 - 中国 Ⅳ.①D922.285.4

中国版本图书馆 CIP 数据核字（2016）第 300520 号

海上丝绸之路与中国海洋强国战略丛书
人民币区域化法律问题研究
——基于海上丝绸之路建设的背景

著　　者／丁国民　陶　菁

出 版 人／谢寿光
项目统筹／陈凤玲
责任编辑／陈凤玲　田　康

出　　版／社会科学文献出版社·经济与管理分社（010）59367226
　　　　　地址：北京市北三环中路甲29号院华龙大厦　邮编：100029
　　　　　网址：www.ssap.com.cn

发　　行／市场营销中心（010）59367081　59367018
印　　装／三河市尚艺印装有限公司

规　　格／开　本：787mm×1092mm　1/16
　　　　　印　张：21.5　字　数：280千字
版　　次／2016年12月第1版　2017年11月第2次印刷
书　　号／ISBN 978-7-5201-0094-6
定　　价／88.00元

本书如有印装质量问题，请与读者服务中心（010-59367028）联系

▲ 版权所有 翻印必究